당신은 행복한 사람인가

당신은 행복한 사람인가

초판 1쇄 인쇄일 2017년 9월 18일
초판 1쇄 발행일 2017년 9월 22일

지은이 조현규
펴낸이 양옥매
디자인 남다희 송다희
교 정 조준경

펴낸곳 도서출판 책과나무
출판등록 제2012-000376
주소 서울특별시 마포구 방울내로 79 이노빌딩 302호
대표전화 02.372.1537 팩스 02.372.1538
이메일 booknamu2007@naver.com
홈페이지 www.booknamu.com
ISBN 979-11-5776-474-7 (03100)

이 도서의 국립중앙도서관 출판시도서목록(CIP)은 서지정보유통지원 시스템
홈페이지(http://seoji.nl.go.kr)와 국가자료공동목록시스템
(http://www.nl.go.kr/kolisnet)에서 이용하실 수 있습니다.
(CIP제어번호 : CIP2017024401)

조현규

—

당신은
행복한
사람인가

진정한

자신을

찾기 위한

빛나는

변화

책과나무

  글쓴이는 동서양 철학을 두루 공부하였지만, 박사논문으로 주자학(朱子學)을 다루었으니 주 전공은 동양철학이라 할 수 있다. 물론 그 동안 주로 동양철학 관련 연구물을 발표해왔다. 그런데 왜 불현 듯 '행복(happiness)'에 대한 이야기를 하고자 하는 것인가? 이에 대한 해명부터 해보자.

  글쓴이는 최근 들어 다양한 학문 분야에 관심을 갖기 시작했다. 먼저 신(神)과 종교 분야에 관심을 가지고 오랜 시간 탐구를 한 결과물로 『신 앞의 침묵』이란 제목의 종교철학서를 펴낸바 있다.

  다음으로 관심을 가지고 탐구를 한 분야가 바로 '행복 철학'이다. 인간이라면 누구나 행복해지기를 바라지 불행하기를 원하는 사람은 없을 것이다. 그렇지만 세상에는 수많은 사람들이 불행의 늪에 빠져있다. 이러한 현실 속에서 글쓴이는 '불행과 행복'이라는 주제를 놓고 탐구하기 시작했고, 그동안 많은 행복철학을 연구한 학자들의 안내자적 도움을 받았다. 그들의 연구물이 바로 글쓴이의 지적활동을 자극했고, 또한 지적 영역을 넓혀 주었다.

　그 중에서도 특히 버트런드 러셀의 행복철학은 전 세계에 많은 영향력을 끼쳤듯이, 글쓴이에게도 큰 울림으로 다가왔다. 그의 글들을 글쓴이의 철학적 사유와 논리로 분석하고 정리해보면서, 이를 우리 정서의 관점에서 재해석해보면 좋겠다는 생각을 하게 됐다. 이러한 의도로 최대한 우리의 정서에 맞도록 새로운 내용의 글로 재구성해보았다. 그러면서 글의 제목을 『당신은 행복한 사람인가』라고 붙였다. 어쨌든 이 책은 러셀의 사유체계가 바탕이 되어 글쓴이의 철학적 논리로 새롭게 쓰여 진 것임을 분명히 밝혀둔다.

　단지 이 책을 통하여 불행을 겪고 있는 수많은 사람들 가운데 몇 사람이라도 자신이 처한 상황을 진단하고 거기에서 탈출할 수 있는 방법을 찾기를 바람에서 용기를 내었다. 끝으로 부족한 원고를 아름다운 형태의 책으로 만들어주신 '책과 나무' 식구들에게 고마운 마음 전한다.

2017년 9월 일도서방(一道書房)에서

조현규 識

누구나 행복해질 수 있다

...

오늘날 현대를 사는 사람들은 '행복이란 무엇인가'라는 문제를 두고 그다지 심각하게 고민하거나 번민하지 않는다. 그리고 '어떻게 하면 행복해질 수 있는가'라는 문제에도 비교적 무관심하다. 이러한 현상을 두고 두 가지 정도로 생각해 볼 수 있을 것 같다. 하나는 만인이 행복한 오늘날에는 행복의 문제를 그리 심각하게 생각할 필요가 없다는 의미로 볼 수 있다. 그리고 또 다른 하나는 행복이라는 말이 적용될 수 없을 정도로 불행으로 가득 차 있음을 의미한다. 그러나 두 가지 해석 모두 불완전한 것이다. 불행의 그림자가 전혀 없는 사람은 있을 수 없고, 반면 행복이라는 말이 전혀 적용될 수 없을 정도로 불행한 사람도 없다.

결국 오늘날 현대를 사는 사람들은 행복을 망각하고 살아가는 경우가 많다고 해석하는 것이 맞을 듯하다. 현대인들은 행복을 생각할 여가가 없을 만큼 분주하게 살고 있거나, 아니면 현대인들에게 있어 행복이 자명한 사실처럼 되어 버린 것이다. 만일 너무나 분주해서 행복을 생각할 틈이 전혀 없다면, 현대인의 생활은 목적은 상실되고 수단만이 남은 생활이라고 할 수 있다. 인간이 생활을 위해 투쟁하는 것은 자신의 행복을 성취하겠다는 지고의 목표를 가지고 있기 때문이다.

한편 행복이 자명한 사실처럼 여겨진다는 것도 현대인이 가진 심각한 질환 중의 하나이다. 흔히 현대에 와서 행복의 기준은 의심할 여지없이 확립되었다고 생각한다. 세속적인 의미에서의 권력과 재산이 행복의 절대적인 기준이라고 하는 것은 현대인의 획일성을 보여 준다. 획일적인 사회의 통제받는 사람을 제외하고는 행복의 기준이 확고하다거나 행복이 자명한 사실이라고 생각하는 사람은 아마 없을 것이다.

행복에 대한 의지를 상실했다는 것은 어느 의미에서는 진정한 삶을 포기했다는 뜻이기도 하다. 진정한 삶이 어떠한 것인가 하는 점 역시 한마디로 규정할 수는 없는 문제지만 현대인들이 행복에 대한 의지를 상실했다는 것, 따라서 진정한 삶을 포기했다는 것은 비극이 아닐 수 없다. 정녕 현대가 이와 같이 비극적인 사람들이 사는 시대라면 지금 우리가 해야 할 가장 시급한 일은 행복에 대한 감각을 회복하는 일일 것이다. 행복해지기를 원하는 사람이라면 피할 수 있는 불행과 피할 수 없는 불행, 병과 심리적 갈등, 투쟁과 가난과 악의로 가득 찬 세계에서 각 개인에게 맹공을 퍼붓는 불행의 무수한 원인을 극복할 수 있는 방법을 찾아야만 한다. 행복은 내세의 '약속된 땅'도 아니며, 필연의 힘에 의해 주어지는 '불가피한 운명'도 아니다. 행복이 우연히 주머니 속으로 굴러들어 오는 일은 결코 없다.

행복은 스스로 성취해 나가는 것이다. 따라서 행복은 등산에 비유된다. 까마득한 정상을 바라보고 아득한 아름다움에 취해 있거나, 험로를 미리 염려하여 산을 오를 용기를 내지 못하는 사람이 산 정상에 올라 호연지기를 기른다는 것은 불가능하다. 다만 어떠한 길을 택하든 산을 정복한 사람만이 자연의 아름다움을 만끽하며 자신의 기상을 더 높일 수 있다. 행복도 마찬가지이다. 수만 가지 이론과 염원이 문제가 아니라, 실제 삶 속에서 행복을 얼마나 착실히 정복해 나가느냐가 문제이다. 요컨대 행복은 그냥 주어지는 것이 아니라 정복되는 것이다.

그렇다면 먼저 불행의 원인을 규명해야 한다. 즉, 정복할 대상에 대해 분명히 알아야 그를 정복할 수 있는 것이다. 현대 사회에 있어 중요하고 일반적인 불행의 원인으로는 주로 어두운 인생관이나 세계관, 지나친 경쟁으로 인한 피로와 권태, 그리고 심한 질투심, 불합리한 죄의식, 피해망상으로 인한 좌절 등을 들 수 있다. 이러한 것들은 어렵긴 하지만 실제 삶 속에서 최대한 노력하면 극복할 수 있는 문제들이다.

인생에 대한 열의를 갖고 따뜻한 사랑을 주고받으며, 원만한 가정과 헌신할 수 있는 일을 가지고 있는 한, 인간은 누구나 이를 극복하고 행복해질 수 있다. 자기 자신의 운명이나 불행에 집착하지 말고 대외적인 관심의 폭을 넓혀서 옹졸함에서 벗어나야 한다. 세상에는 우리의 조그만 불행이나 보잘것없는 번민을 잊게 할 무수한 관심사들이 있다. 이러한 대외적 관심으로 우리의 경험을 풍부하게 해놓으면 우리는 적절한 노력과 체험을 통해 어떠한 불행이 닥쳐도 능히 그 불행을 극복할 수 있다. 결국 인생은 살 만한 가치가 있다는 것을 알게 될 것이며, 누구나 노력만 하면 행복에 도달할 수 있게 된다.

2017년 9월
조현규

| 차례 |

1

행
복
하
지
못
한
사
람

행복하지 못한
사람

자기 안에
갇힌 사람

그가 불행을 치유할 수 있게 하려면
새로운 꼬리를 키울 수 있는 방법을 알려 주어야 한다
이것이 곧 본 글을 쓰는 목적이기도 하다

　무리지어 있는 동물들을 가만히 바라다보라. 그들은 자신이
처한 상황을 걱정하거나 불평하지 않는다. 어둠 속에 깨어 자신
의 잘못을 뉘우치며 눈물짓지도 않고, 하나님에 대한 의무를 들
먹여 고뇌하지도 않는다. 불만을 드러내지도 않고, 소유욕에 혼
을 빼앗기지도 않는다. 다른 힘센 동물이나 자신들의 조상에게
무릎 꿇는 일도 없다. 아무리 둘러보아도 어느 한 마리 점잔 빼
는 일이 없고, 불행하다고 슬퍼하지도 않는다. 단지 동물들은
몸이 성하고 배만 부르면 족하다.

　　　　　　　　　　　　당신은 행복한 사람인가

흔히 '인간들도 동물의 일종이기에 다른 동물들과 마찬가지가 아니겠는가?'라고 생각하기 쉽다. 즉, 몸이 건강하고 먹을 것만 충분히 있으면 행복하다고 생각할 수 있다. 그런데 인간들은 다른 동물들과는 다르다. 현대 사회에 살아가는 대부분의 사람들은 이러한 물질적 조건들이 충족된 상태임에도 행복을 느끼지 못하는 경우가 많다. 지금 당신이 물질적으로는 그다지 부족하지 않으나 큰 행복 속에 살아가지 못한다는 생각이 든다면, 아마도 이러한 주장에 동의할 것이다.

그런데 다행히도 만약 당신이 나는 참 행복한 삶을 살아가고 있다고 생각한다면, 당신의 친구들 중 과연 몇 명이나 참으로 행복한 삶을 살아가고 있는지를 곰곰이 생각해 보라. 그러고 나서 주변의 만나는 사람들의 표정과 그들의 기분을 유심히 살펴보라. 찡그린 얼굴과 고뇌의 표정들, 종류야 가지가지겠지만 당신은 어딜 가나 불행한 모습의 그림자를 보게 될 것이다.

물질적 풍요로움이 넘실대는 서울과 같은 대도시의 모습을 한번 떠올려 보라. 그들의 출근길! 바로 전쟁을 연상케 한다. 남보다 먼저 가지 않으면 뒤처진다. 콩나물시루와 같은 전철 속의 나, 꽉 막힌 도로 위에 멈춰 있는 자동차 속의 나, 초조함과 긴장감이 나를 옥죈다. 근무 시간의 중압감, 늦은 퇴근, 이어지는 저녁 술자리 등등. 자신의 불행을 조금이라도 만회해 보고자 발악을 해 보지만, 지나고 나면 허망함만이 가중된다.

이제 자신에 대한 생각은 잠시 잊고, 대신 주위 사람들의 존재를 차례차례 마음속에 한번 새겨 보라. 그러면 그 한 사람 한 사람이 저마다 수많은 고민과 슬픔 속에 있음을 알게 될 것이다. 행복과는 거리가 먼 그들의 모습과 적나라하게 마주하게 될 것이다.

우리는 오늘날 젊은이들의 취업난을 잘 알고 있다. 설사 취업이 되었다 하더라도 근무 상황은 결코 녹록지 않다. 엄청난 경쟁 속에서 살아남아야 한다. 언제쯤 일을 그만두어야 할지 불안하고, 도저히 미래에 대한 안정감을 찾을 수 없다. 늘 긴장감 속에 소화불량은 기본이고, 타인에 대한 무관심이 팽배하여 점점 옹졸한 인간으로 변해 간다.

주말이면 그동안 즐겁지 못했던 삶을 조금이나마 만회해 보고자 즐거움을 찾아 나서는 사람들이 많다. 그런데 즐거움을 찾아가는 행렬은 아주 느린 속도에 맞추어진 채 한결같은 속도로 나아간다. 자칫 한눈을 팔다가는 사고가 나기 십상이다. 운전하는 사람은 경치를 구경하는 것은 엄두도 내지 못한다. 다들 앞차 꽁무니만 쳐다보고 달린다. 차 안에 앉은 사람들은 누구나 다른 차를 앞지르고 싶어 안달하지만, 도로가 혼잡하니 마음만 급할 뿐이다.

운전을 하는 사람이든 운전을 하지 않는 사람이든 모두 불만

당신은 행복한 사람인가

스런 표정만 가득하다. 빨리 앞질러 가겠다는 희망을 버리고 나니 시간을 보내는 것이 말할 수 없이 지루하다. 이따금 어떤 차에서는 단체로 신나게 웃고 떠들며 즐거움을 과시하기도 하지만, 지루함을 이겨 내기 위한 한 방편일 뿐 그다지 행복하지는 않다. 그러다 오히려 엉뚱한 사고를 유발하기도 한다. 결국 즐거워야 할 나들이가 엄청난 고통으로 되돌아오게 된다.

이번에는 즐거운 저녁 한때를 보내려는 사람들을 생각해 보라. 이들은 한결같이 행복해지기로 마음을 다져 먹고 나온 사람들이다. 아무리 아파도 호들갑을 떨지 않겠다고 다짐하며 치과에 들어가는 사람처럼 단호한 결심으로 무장하고 말이다. 이들은 술을 마시고 흥청망청해 보는 것이 쾌락에 이르는 길이라고 믿기에 허겁지겁 술을 들이켜 빨리 취하고 만다. 동행한 파트너의 기분 따위는 전혀 개의치 않는다. 술기운이 적당히 올라오면 소리 내어 울면서 낳아 주시고 길러 주신 어머니의 희생에 비하면 자신이 얼마나 하찮고 변변찮은 존재인지 모른다며 한탄하기도 한다. 알코올에 의지하여 평소 이성에 짓눌려 있었던 죄의식을 털어 내는 것이다.

이러한 사람들이 겪는 여러 가지 불행은 일부분은 사회제도에, 일부분은 개인적인 심리에 그 원인이 있는데, 일반적으로 개인적인 심리도 사회적인 산물인 경우가 많다. 대표적인 예로 전쟁과 경제적 착취, 잔인성과 공포심을 조장하는 교육 등을 떠올릴 수 있다. 전쟁을 피할 수 있는 제도를 찾아내는 일은 우리 문명이 안고 있는 중대한 과제다. 하지만 사람들이 서로를 죽이는 것보다 한낮의 햇빛을 견디는 일을 더 무서워할 정도로 불행하다면, 그런 제도는 결코 만들어질 수 없다.

또한 기계문명의 혜택이 그것을 절실히 필요로 하는 사람들에게 돌아갈 수 있다면 우리는 어느 정도 가난의 영구화를 막을 수 있을 것이며, 이는 반드시 필요한 일이기도 하다. 하지만 부자 자신이 불행하다면 모든 사람을 부유하게 만드는 것이 무슨 소용이 있겠는가? 잔인성과 공포심을 조장하는 교육은 물론 나쁘지만, 스스로 이러한 감정의 노예가 되어 있는 사람들에 의해 다른 종류의 교육이 실현될 수는 없을 것이다.

이런 점을 고려할 때, 결국 우리의 관심은 개인의 문제로 돌아가게 된다. 시름 많은 우리 사회에서 어떤 사람이 행복을 얻기 위해서 당장 혼자 힘으로 할 수 있는 일은 무엇일까? 여기서 나는 극단적으로 외부 요인 때문에 불행해진 사람들은 논의 대상에서 제외한다. 즉, 자식을 갑자기 모두 잃는다거나, 공개적으로 심한 망신을 당하는 것 등과 같은 불행을 이야기하려는 것이 아니다. 단지 내가 말하려고 하는 것은 일용할 양식과 몸을 온전히 누일 곳을 확보할 수 있을 정도의 적당한 소득, 일상적인 육체 활동이 가능할 정도의 건강을 가지고 있는 사람을 대상으로 한다.

다시 말해서, 이 글에서는 문명사회에서 대부분의 사람들이 날마다 겪고 있는 일상적인 불행에 대해 이야기하며, 그러한 불행에서 벗어날 수 있는 해법을 제시해 보고자 한다. 이런 일상의 불행은 대부분 세상에 대한 그릇된 견해나 잘못된 윤리관과 생활 습관에서 비롯되는 경우가 많은데, 이런 요인들은 인간이나 짐승이 누리는 행복이 근본적으로 의존하기 마련인 자연스런 열정과 욕구를 파괴한다. 그런데 이러한 문제는 개인의 능력 범위 안에 속해 있는 일이며, 따라서 나는 약간의 행운만 있다면 누구나 행복을 성취할 수 있는 변화의 방법을 제시하려고 한다.

본격적으로 행복 철학을 전개하기 전에 나의 이야기를 잠깐 하고 가자. 나는 유년 시절 행복하다는 감정을 그다지 느끼지 못하며 살았다. 집안 사정으로 부모님과 떨어져 살아야 했고, 물질적으로도 넉넉지 못했으며, 학교도 안정되게 다니지 못하였다. 앞날이 막막하기만 했다. 늘 지금까지 산 것보다 앞으로 살아갈 날이 더 염려스러웠다. 내 앞에 전개될 인생의 고단함을 어떻게 견딜까를 늘 고민했다. 그런데 다행히도 나는 공부하는 재미를 알았다. 좀 더 많은 것을 알고 싶다는 지적 호기심이 있었기에 고단한 삶을 그나마 견뎌 낼 수 있었다.

하지만 지금은 삶을 최대한 즐긴다. 한 해 한 해를 맞을 때마다 삶은 점점 즐거움으로 가득 찬다. 이렇게 삶을 즐기게 된 비결은 자신이 가장 갈망하는 것이 무엇인지를 알아내서 대부분 얻었고, 본질적으로 이룰 수 없는 것들에 대해서는 깨끗하게 단념했기 때문이다. 예를 들어, 어떤 것들에 대해 의심의 여지가 없이 명확한 지식을 얻고자 하는 욕심 따위를 단념했다. 좀 더 구체적으로 말해서, 절대자에 대한 명확한 인식 등의 문제에 매달리지 않는다는 것이다.

하지만 무엇보다도 삶을 즐기게 된 주된 비결은 자신에 대한 집착을 줄였다는 데 있다. 기독교적 교육을 받은 사람들이 흔히 그렇듯이 나 또한 자신의 죄, 어리석음, 결점 등을 깊이 생각하는 버릇이 있었다. 그랬으니 나 자신을 비참한 사람의 본보기로 여겼던 것은 당연한 일이었다. 나는 점차로 나 자신과 나의 결점을 대수롭지 않게 여기는 법을 배워 나갔다. 그리고 점점 더 외부의 대상, 즉 세간의 일이라든가 여러 가지 지식의 분야라든가 내가 애정을 느끼는 사람들에 대해서 더욱 관심을 기울이게 되었다.

물론 외부적인 대상에 관심을 기울이는 것 역시 그 나름대로 고통을 부를 수 있다. 전쟁의 위험에 빠지기도 하고, 어떤 분야에서 지식을 습득하는 데 어려움을 겪기도 하고, 사랑하는 친구들이 하나둘씩 세상을 떠나가기도 한다. 하지만 이런 종류의 고통은 자신에 대한 혐오로 생기는 고통과는 달리, 삶의 본질적인 부분까지 파괴하지는 않는다. 그리고 외부에 대한 관심은 그 관심이 생생히 살아 있는 한, 권태로움을 막아 주는 어떤 활동을 일깨워 준다.

하지만 자기 자신에 대한 관심은 어떤 적극적인 활동으로 이어지기 힘들다. 기껏해야 계속해서 일기를 쓴다든가, 승려가 된다든가 하는 결과를 가져올 수 있다. 그러나 승려도 따분한 절의 규칙적인 생활에 젖어서 자기 자신의 영혼을 완전히 잊을 수 있어야 비로소 행복을 누릴 수 있다. 따라서 승려가 종교에 귀의한 덕분에 얻었다고 믿는 행복은 그가 어쩔 수 없어서 건물청소부가 되었더라도 얻을 수 있었던 행복과 크게 다르지 않다. 이에 동의하지 않을 수도 있겠지만, 자기 자신에 대한 관심의 한계를 지적한다는 점에서 이해하면 될 것이다. 따라서 자기 자신에 대한 몰입이 지나쳐 다른 방법으로는 이를 고칠 길이 없는 불행한 사람에게는 외부적인 훈련만이 행복해질 수 있는 유일한 방법이다.

자기 자신에게 몰입하는 사람, 즉 자기 안에 갇힌 사람도 여러 유형의 종류가 있다. 우리가 흔히 볼 수 있는 세 가지 유형으로

'죄의식에 사로잡힌 사람', '자기도취에 빠진 사람', 그리고 '과대 망상에 걸린 사람'을 들 수 있다.

첫째, 죄의식에 사로잡힌 사람은 끊임없이 자기 자신을 탓한다. 이런 사람이 종교를 가지게 되면 스스로 자신을 꾸짖으면서 이를 하나님의 꾸짖음으로 생각하기도 한다. 이런 사람은 마음속에 되고 싶어 하는 자신의 모습을 형상화한다. 그런데 자신의 현실적인 모습과 마음속의 자아상이 끊임없이 갈등을 일으킨다.

어릴 적 어머니 무릎에서 배운 도덕규범을 잊은 지 오래되어서 이제 그의 죄의식은 잠재의식 속으로 깊이 가라앉아 술에 취했거나 잠들었을 때에만 나타난다. 비록 이런 죄의식은 잠재의식 속에 갇혀 있긴 하지만 모든 일에 흥미를 잃게 하기에는 충분하다. 마음속 깊은 곳에서는 어렸을 때 배운 모든 금지 사항들을 여전히 받아들이고 있기 때문이다. 욕하는 것은 나쁘다, 술에 취하는 것은 나쁘다, 업무에서 약삭빠른 태도도 나쁘다, 심지어 섹스도 나쁘다 등의 주의 사항들 말이다. 물론 그는 이런 쾌락 가운데 어느 하나도 자제하지 못한다. 하지만 이런 행동을 하면서 자신이 타락해 간다고 생각하기 때문에 행복을 느끼지 못한다.

그는 사랑으로 다독여 주던 어릴 적 어머니의 따뜻한 손길을

당신은 행복한 사람인가

갈망한다. 하지만 더 이상 이런 즐거움은 누릴 수 없기 때문에 이 세상에 가치 있는 일은 아무것도 없다고 생각한다. 그래서 어차피 죄를 짓게 될 바에야 철저하게 하자고 마음먹는다. 그는 사랑하는 사람을 만나면 어머니에게서 느꼈던 자애로운 애정을 기대하지만, 마음속에 새겨진 어머니의 모습 때문에 사랑하는 사람에게서 존경심을 느끼지는 못한다. 따라서 그는 애인의 사랑을 순수하게 받아들이지 못한다.

결국 그는 절망에 빠져 잔인하게 행동하기도 하고, 그 행동에 대해 크게 후회하기도 한다. 이런 식으로 상상 속의 죄악과 실재하는 뉘우침 사이를 지루하게 맴돌기 시작한다. 이것이 신에게서 완전히 버림받은 것처럼 보이는 사람들이 가지고 있는 심리이다. 이들을 빗나가게 만든 것은 손에 넣을 수 없는 대상, 즉 어머니 혹은 어머니를 대신할 수 있는 존재에 대한 애착과 어린 시절에 깊이 심어진 얄궂은 도덕규범이다. 이렇게 어머니에게서 배운 도덕의 굴레에 갇힌 사람이 행복에 다가서기 위해서는 무엇보다도 어린 시절에 가졌던 그릇된 신념과 애정의 폭압으로부터 벗어나야만 한다.

둘째, 자기도취는 어떤 의미에서는 습관적인 죄의식에 정반대되는 개념이다. 자기도취는 자신을 찬미하며, 또한 남들에게 찬미를 받고 싶어 하는 태도이다. 물론 자기도취는 어느 정도까지는 정상적인 것이기도 하고 탓할 수 없는 것이기도 하다. 하지만 지나친 자기도취는 큰 해악이 된다.

많은 여성들, 특히 상류 사회 여성들의 경우 사랑을 주고받는 능력이 현저히 떨어지는 반면, 대신 모든 남성들로부터 사랑을 받아야 한다는 강한 욕망에 사로잡혀 있는 경우가 많다. 이런 여성의 경우, 어떤 남자가 자신을 사랑한다는 것이 확실해지면 그 남자는 이미 별 의미 없는 존재가 되고 만다. 여성의 경우보다는 흔하지 않지만 남자에게도 이러한 현상이 드물게 발생한다.

그 전형적인 본보기가 되는 것이 바로 프랑스 작가 드 라클로[1]가 쓴 소설 『위험한 관계』의 남자 주인공이다. 아주 허영심이 가득한 사람의 모습을 잘 그려 내고 있다. 재산도 있고 미남에다가 지성을 겸비한 주인공은 전형적인 바람둥이다. 그는 파리의 사교계를 드나들며 자신의 명성에 어울리는 여자를 유혹하고 정복한 다음 가차 없이 차 버리는 냉혹한 자이다. 허영심이 이 정도로 깊어지면 다른 사람에게 진정한 관심을 가질 수 없게 되고, 결국에는 사랑을 통한 진정한 만족감도 얻을 수 없게 된다.

---

1 피에르 쇼데를로 드 라클로(Pierre Choderlos de Laclos, 1741~1803)는 프랑스의 군인·소설가이다. 아미앵에서 소귀족의 아들로 태어났다. 포병학교를 졸업하고 장교로서 시골의 주둔지를 전전했다. 그러는 중에 쓴 『위험한 관계(Liaisons Dangereuses, 1782)』는 당시 퇴폐한 귀족사회를 충실하게 묘사한 풍속 심리소설이며, 그는 이 한 작품으로 불후의 명성을 얻게 되었다. 이 외에 단시(短詩), 희가극(喜歌劇), 다수의 논문 등이 있다.

자기도취에 빠진 사람이 다른 사물에 대해 관심을 갖는 경우는 더 심각한 상황을 불러온다. 예를 들어, 자기도취적인 경향이 있는 사람이 훌륭한 화가가 되면 존경을 받을 수 있다는 사실에 이끌려 화가 지망생이 되었다고 하자. 그에게 그림이란 자신의 허영 된 목적에 이르기 위한 단순한 수단일 뿐이므로 기법에 대해서는 아무런 관심도 없고, 자신과 관련된 것 외에는 어떤 주제도 눈에 들어오지 않는다. 결국 기대했던 찬사 대신 실패와 조롱만이 그를 기다린다.

자기 소설 속에서 늘 자신을 주인공으로 삼아 이상적으로 묘사하는 소설가의 경우도 마찬가지이다. 작품이 성공을 거두느냐 마느냐는 작가가 작품과 관련된 소재에 대해 얼마나 진정한 관심을 가지고 있느냐에 달려 있다. 또한 유명한 정치가들이 잇달아 비극을 맞게 되는 원인도 사회와 정책에 대한 관심은 점차 줄이고 대신 자기도취적인 관심에 빠지기 때문이다.

자기 자신 외에 다른 관심사가 없는 사람은 절대 훌륭한 사람이 될 수 없다. 다른 사람들에게 훌륭하다는 느낌을 줄 수 없기 때문이다. 세상 사람들에게 칭찬받는 데만 관심이 있는 사람은 자신의 목적을 이루기도 어렵다. 또 설사 목적을 달성한다 하더라도 완전한 행복을 누릴 수는 없다. 인간의 본능은 완전한 자기중심성과는 거리가 멀고, 자기도취적인 경향이 있는 사람은 죄의식에 사로잡힌 사람과 마찬가지로 늘 자신을 인위적으로 제약하기 때문이다.

원시인은 훌륭한 사냥꾼이 되는 것을 자랑으로 여겼을 것이다. 그러나 동시에 그들은 사냥이라는 활동을 즐겼다. 허영심이 어느 한계를 넘어서면 모든 활동에서 얻을 수 있는 즐거움을 말살해 버리기 때문에 허영심이 지나친 사람은 결국 무기력과 권태에 빠지게 마련이다. 허영심은 자신감이 부족한 데서 비롯되는 경우가 많기 때문에 자존감을 키워야 허영심을 치료할 수 있다. 자존감을 키우는 유일한 방법은 외부적인 대상에 대한 관심으로 시작한 활동에서 성공을 거두는 것뿐이다.

셋째, 과대망상에 빠진 사람은 자기도취에 빠진 사람과는 달리 매력 있는 사람이 되기보다는 권력 있는 사람이 되길 바라고, 사랑받는 사람이 되기보다는 남들이 두려워하는 사람이 되기를 원한다. 많은 정신병자들과 역사상 위인들의 대부분이 이 부류에 속한다.

권력에 대한 사랑 역시 허영심과 마찬가지로 정상적인 인간 본성을 이루는 중요한 요소이기 때문에 사실 비난받을 만한 성질의 것은 아니다. 그러나 권력에 대한 사랑이 도가 지나치거나 뒤떨어진 현실 감각과 결합할 때는 큰 문제가 발생한다. 이런 상황에 빠진 사람은 불행한 인간이 되거나, 어리석은 인간이 되거나, 그렇지 않으면 불행하면서 어리석은 인간이 된다. 자신이 왕이라고 생각하는 정신병자는 어떤 의미에서는 행복할지도 모른다. 하지만 그런 종류의 행복은 온전한 정신을 가진 사람이라면 결코 열망하지 않을 행복이다.

세상 모두를 지배하고자 했던 알렉산드로스 대왕도 심리학적으로는 정신병자와 다를 게 없었지만 꿈을 이룰 수 있는 능력을 가지고 있었다. 하지만 그는 꿈을 실현할 때마다 점점 꿈의 범위를 넓혀 갔기 때문에 결국 자신의 꿈을 완전히 실현할 수 없었다. 위대한 정복자로 명성을 날리는 데 그친 것이 아니라, 신이 되기로 결심한 것이다. 과연 그는 행복했을까? 매일 같이 술에 젖어 지내고, 난폭하게 화를 내고, 여자들에게 무뢰하고, 자신이 신이라고 주장한 것을 보면 그는 결코 행복하지 않았던 것 같다. 인간 본성을 이루는 다른 여러 요소들을 희생해 한 가지 요소만을 개발한다고 해서 궁극적인 만족을 얻을 수는 없다. 또한 자신의 엄청난 자만심을 충족시키기 위해 온 세상을 실험 대상으로 삼는다고 해서 궁극적인 만족을 얻을 수 있는 것도 아니다.

보통 과대망상은 병적이든, 정상적이든 모두 심한 굴욕감에서 비롯된 경우가 많다. 학창 시절 가난한 장학생이었던 나폴레옹은 부유한 귀족 자제인 학우들에게서 심한 열등감을 느꼈다. 훗날 국외로 망명했던 귀족들의 귀국을 허용했을 때, 그는 예전 함께했던 학우들이 자기 앞에서 머리를 조아리는 것을 보며 만족감을 느꼈다고 한다. 얼마나 신나는 일이었을까! 이런 신나는 경험을 한 나폴레옹은 러시아 황제를 제물로 삼아 비슷한 만족을 얻으려다가 결국 세인트헬레나로 유배당하는 신세가 되고 말았다.

　인간은 누구나 전지전능하지 못하므로 권력에 지나치게 집착하면 언젠가는 극복할 수 없는 장애에 부딪치기 마련이다. 이러한 사실을 의식하지 않으려면 정신병자가 되거나 막강한 권력으로 이런 진실을 경고하는 사람들을 투옥하고 처형할 수밖에 없다. 이렇게 정신분석학적 의미의 억압과 정치적 의미의 억압은 늘 함께 나타난다. 어떤 형태로든 정신분석학적인 억압이 존재하는 한, 진정한 행복이란 있을 수 없다. 적절한 한계를 지닌 권력은 엄청난 행복감을 안겨 주기도 하지만, 인생의 유일한 목적으로 둔갑한 권력은 설사 외적인 파멸을 일으키지 않을 수는 있어도 내면의 파멸은 결코 피해 갈 수 없다.

　불행의 심리적인 원인은 다양하지만, 거기에는 분명 공통점이 있다. 전형적인 형태의 불행한 인간은 어린 시절에 정상적인 만족을 누리지 못한 경험을 가지고 있다. 결국 그는 어느 한 가지 만족을 다른 만족보다 소중하게 여기게 되고, 자신이 이룬 성과에 대해서도 자신에게 만족감을 주는 활동과는 상반되는 것이라고 과소평가하면서 인생을 외골수로만 몰아가게 된다.

그런데 요즘 들어 여기에 한 발짝 더 나간 불행한 사람들을 흔히 볼 수 있다. 이런 사람들은 절망의 늪에 빠져 어떤 만족도 추구하지 않으면서 고통을 잊으려고 기분 전환만을 추구한다. 이런 사람은 자신의 활동을 조절함으로써 삶을 견딜 만한 것으로 만들기 위해 쾌락의 광신자가 된다. 예를 들어, 술에 취하는 것은 일시적인 자살이나 다름없다. 술에 취해서 누리는 행복은 불행을 잠시 중단시키는 데서 오는 아주 순간적이고 소극적인 행복에 불과하다. 불건전한 섹스나 마약을 통한 행복감을 추구하고자 하는 사람도 있다. 이렇듯 순간적이고 찰나적인 행복을 위해서 진정한 행복이 무엇인지도 모른 채 자신의 모든 것을 잃어버리는 어리석은 사람들이 점점 늘어나고 있다.

자기도취나 과대망상에 빠진 사람은 행복을 얻기 위한 수단이 잘못되기는 했지만, 그나마 행복이 가능하다고 믿는 사람들이다. 하지만 무엇에든 취하고 싶어 하는 사람은 망각 상태가 되는 것 말고는 아무런 희망을 가지지 못한다. 이 사람에게 가장 필요한 것은 행복이 바람직한 것이라는 확신을 가지는 것이다. 잠을 설친 사람들이 그렇듯이 불행한 사람들은 늘 자신이 불행하다는 사실을 자랑하는데, 그것은 이솝우화에 등장하는 꼬리 잃은 여우가 창피함을 모면하려고 다른 여우들에게 꼬리가 없는 것이 훨씬 낫다고 자랑하는 것과 하나도 다를 바 없다. 그가 불행을 치유할 수 있게 하려면 새로운 꼬리를 자라게 하는 방법을 알려 주어야 한다. 이것이 곧 본 글을 쓰는 목적이기도 하다.

행복해질 수 있는 방법을 알고 있으면서 일부러 불행을 택할 사람은 거의 없으리라. 설혹 그런 사람이 있다고 해도 문제가 될 만큼 많지는 않을 것이다. 그리고 특히 이 책을 읽는 독자들은 불행이 아니라 행복을 원한다고 생각한다. 내가 독자들의 이러한 소망을 실현하는 데 얼마나 큰 도움을 줄 수 있을지는 미지수다. 단지 독자들을 돕고자 하는 시도가 헛되지 않기를 바랄뿐이다.

경쟁의 늪에
빠진 사람

사람들은 경쟁을 하면서
내일 아침을 먹지 못할까 봐 걱정하는 것이 아니라
옆 사람을 뛰어넘지 못할까 봐 두려워하는 것이다.

오늘날 현대 사회에서 사업하는 많은 사람들에게 즐겁게 생활하는 것을 가장 방해하는 것이 무엇이냐고 물어보라. 그들은 '생존 경쟁'이라고 대답할 것이다. 그들은 진심으로 우러나서 이렇게 말할 것이고, 또 그렇다고 믿고 있다. 어떤 측면에서 보면 이것은 실로 옳은 말이다. 그러나 중요한 다른 측면에서 보면, 이것은 대단히 잘못된 말이기도 하다.

물론 생존 경쟁은 실제로 존재한다. 만일 우리가 불행한 처지에 빠진다면 우리들 중 누구에게나 생존을 위한 치열한 경쟁이 일어날 수 있다. 예를 들어, 영국 소설가 조셉 콘래드가 쓴 단편소설 『폴크(Falk)』의 주인공이었던 폴크의 경우가 그렇다. 그는 난파선에서 살아남은 두 선원 중 한 사람이었고, 둘 중 한 사람만이 총을 가지고 있었으며, 상대방 이외에는 먹을 것이라곤 없었다. 두 사람에게 있어 진정한 의미의 생존 경쟁이 시작되었다. 결국 폴크가 이겼고, 이후에 일어난 일은 독자들의 상상력을 발휘하면 충분히 추리가 가능할 것이다. 그 후 폴크는 정신적인 충격 속에 여생을 채식주의자로 살았다는 내용이다.

하지만 사업가가 사용하는 '생존 경쟁'이란 말은 이런 의미가 아니다. 그가 사용하는 경쟁이란 단어는 부정확한 표현이다. 그럼에도 사업가는 사소한 일에도 위엄을 갖추기 위해서 이러한 표현을 즐겨 쓴다. 하지만 사업가에게 이런 질문을 던져 보라. 같은 부류의 사람 중에서 굶어 죽은 사람이 얼마나 있는가? 파산한 친구들에게 어떤 일이 일어났는가?

물질적 안락의 문제만 따진다면, 사업가가 아무리 사업을 망쳤다 하더라도 파산할 만큼의 돈을 가져 본 사람들이기 때문에 그러한 돈을 가져 본 적이 없는 사람들보다는 훨씬 풍족한 생활을 한다는 것은 누구나 아는 사실이다. 사람들이 흔히 쓰는 생존을 위한 경쟁이란 말은 실제로는 성공을 위한 경쟁을 의미한다. 사람들은 경쟁을 하면서 내일 아침을 먹지 못할까 봐 걱정

당신은 행복한 사람인가

하는 것이 아니라, 옆 사람을 뛰어넘지 못할까 봐 두려워하는 것이다.

그들은 빠져나갈 구멍이 전혀 없는 쳇바퀴에 갇혀 있는 신세가 아니다. 그들이 쳇바퀴에서 벗어나지 못하는 것은 그 쳇바퀴가 자신을 더 높은 곳으로 끌어올려 줄 수 없다는 것을 알아차리지 못하고 있기 때문이다. 이상하게도 이런 사실을 올바로 인식하고 있는 사람은 거의 없다. 물론 이것은 대규모 사업을 하면서 이미 상당한 수입을 올리고 있고, 원하기만 하면 현재 가지고 있는 재산만으로 충분히 살아갈 수 있는 사람들 이야기다. 그런데도 이들은 현실에 안주하는 것을 적을 만나 싸우지 않고 비겁하게 도망하는 것만큼이나 수치스럽게 여긴다. 하지만 사업을 통해서 공익에 어떻게 이바지하는가 물으면, 이들은 근면 성실한 생활의 가치를 선전하는 광고 문구에서 흔히 볼 수 있는 상투적인 답변들을 늘어놓는다. 그것마저 바닥나면 뭐라고 해야 할지 몰라 쩔쩔맨다.

이런 사업가들의 생활을 한번 들여다보자. 그에게는 크고 아름다운 집이 있다. 집에는 물론 매력적인 부인과 아이들이 있다. 그는 부인과 아이들이 단잠을 자고 있을 이른 아침에 일어나서 급히 회사로 향한다. 회사에 도착하여 그가 하는 일은 뛰어난 업무 처리 능력을 발휘하는 것이다. 확신에 찬 표정으로 단호하게 말하고, 직원들에게 강한 인상을 주어야 하므로 약삭빠름과 과묵함도 같이 지닌다. 각계각층의 주요 인사들과 통화도 하고, 시장 조사도 하며, 거래처 사람들과 점심 식사를 같이 한다. 오후에도 내내 비슷한 종류의 일이 계속된다. 피로에 지쳐 퇴근하지만 또 다른 인간관계를 위해서 저녁 모임을 가진다. 비슷한 처지의 지친 사람들을 만나 즐거운 척하며 술을 마신다. 이 가엾은 사람들의 늦은 만찬은 몇 시간이 걸릴지 알 수 없는 노릇이다.

이런 사람은 회사 일을 하는 동안 백 미터 경주에 나선 사람과 비슷한 심리 상태를 유지한다. 하지만 그가 달리고 있는 경주의 목적지는 바로 무덤이라는 사실을 제대로 인식하지 못한다. 백 미터 경주는 결국 도를 지나친 것이 되고 만다. 그는 자신의 아이들에 대해 무엇을 알고 있는가? 평일은 회사에서, 휴일은 골프장에서 시간을 보낸다. 그는 아내에 대해서는 무엇을 알고 있는가? 아침에 아내 곁을 떠날 때 그의 아내는 자고 있을 때가 많고, 저녁에는 남편을 기다리다 잠들기 일쑤다. 가정에서의 친밀한 대화는 거의 없는 편이다.

사업상 친밀한 관계를 유지하는 상대는 많지만 진정 소중한 친구는 아마 거의 없을 것이다. 그가 봄과 여름에 대해 아는 것은 계절이 사업에 미치는 영향에 관한 정도일 것이며, 여러 나

당신은 행복한 사람인가

라를 여행하지만 몹시 지루한 눈으로 구경할 뿐이다. 그에게 책은 무익한 것, 음악은 고상한 척하는 정도의 것에 불과하다. 해가 갈수록 그는 점점 외로워진다. 그의 관심은 사업에 더욱 집중되고 그 밖의 생활은 점점 무미건조해져 간다.

내가 유럽 여행을 하던 중, 이런 유형으로 보이는 한 중년 사업가를 만났다. 그는 아내와 딸들을 데리고 여행을 왔다고 했다. 그의 아내와 딸들은 이 남자에게 이번 여행이 휴식을 취하면서 유럽을 경험할 수 있는 좋은 기회라며 설득한 것이 틀림없어 보였다. 기쁨에 젖은 아내와 딸들은 그 남자에 찰싹 붙어 독특하다 싶은 새로운 것을 볼 때마다 남자에게 이것 좀 보라며 야단이다. 그러나 남자는 몹시 지치고 따분한 표정을 지으면서 지금 회사 사람들은 무엇을 하고 있는지, 거래 관계는 어떻게 되고 있는지만 궁금해한다. 결국 아내와 딸들은 그를 단념하고 구제불능의 불행한 인간으로 간주하고 만다.

이러한 유형의 남자는 성공을 추구하는 것은 남자의 의무이므로 성공을 추구하지 않는 남자는 가엾은 존재라는 신념에 차 있다. 그러다 보니 이런 남자는 지나치게 사업에 집중하고 지나치게 걱정거리가 많은 생활을 계속하느라 결코 행복을 누릴 수 없게 된다.

투자에 관한 문제를 생각해 보자. 자본주의 사회에 있어 많은 사람들은 안전한 투자를 해서 2%의 이익을 거두기보다 다소 위험하더라도 적극적 투자를 하여 4%의 이익을 얻고자 한다. 결국 이들은 경제적인 타격을 자주 입게 되고 끊임없는 근심과 걱정에 시달린다. 나는 간혹 마음대로 쓸 수 있을 정도의 돈이 주어진다면 최대한 여가를 즐기고 싶다는 생각을 하곤 한다. 하지만 일반적으로 돈이 있으면 그것을 이용해 더 많은 돈을 벌고자 한다. 그리고 돈이 많은 것을 과시하며 호사스럽게 살기를 원한다.

자본주의 사회에서는 사회 계층이 고정되어 있지 않고 계속 변화하기 때문에, 사회 계층이 고정되어 있는 사회에 비해서 속물성이 훨씬 강하다. 돈이 많다고 반드시 품위 있는 사람이 되는 것은 아니지만, 돈이 없는 사람이 품위 있게 사는 것도 어려운 일이다. 더욱이 벌어들인 돈의 규모가 그 사람의 능력을 가늠하는 척도가 된다. 돈을 많이 버는 사람은 똑똑하고 유능한 사람이고, 돈을 많이 벌지 못한 사람은 그렇지 못한 사람으로 간주된다. 바보 취급받는 것을 좋아할 사람은 아무도 없다. 그렇기 때문에 시장 경기가 불안정해지면 사람들은 수능 시험을 앞둔 학생들이 느끼는 것과 똑같은 감정에 시달린다.

이러한 사업가들은 경기가 나빠 망한 뒤에 빚어질 결과에 대한 비합리적이지만 진심어린 공포가 늘 그들을 괴롭힌다. 한 예로, 영국 작가 아놀드 베넷이 쓴 『클레이행어』에 등장하는 클레

당신은 행복한 사람인가

이행어는 엄청난 부자가 되어서도 늘 양로원에서 죽게 되지 않을까 하는 두려움에 떨었다고 한다. 어린 시절 가난 때문에 심한 고생을 겪었던 사람들은 자기 자식들도 똑같은 고생을 겪을까 봐 두려워하고, 아무리 많은 돈도 이런 불행을 막을 만한 든든한 보루가 되지 못한다고 느낀다. 이러한 두려움은 가난의 고통을 겪었던 첫 세대로서는 피할 수 없는 것이지만, 심한 가난을 모르고 자란 다음 세대들은 첫 세대만큼 가난에 대한 두려움에 시달리지 않는다. 행복을 앗아가는 경쟁의 문제에 있어서 이런 가난에 대한 두려움은 사실 매우 사소한 것이며, 상당히 예외적인 요소에 불과하다.

문제는 경쟁에서 이기는 것이 행복의 주요한 원천이라고 지나치게 강조하는 것이다. 성취감이 행복한 삶에 도움을 준다는 것은 누구나 아는 사실이다. 젊었을 때 세간의 이목을 끌지 못하던 운동선수가 늦게나마 실력을 인정받는다면 참 행복해질 것이다. 나는 일정한 시점까지는 재물이 행복을 증진시킬 수 있다는 사실을 절대 부정하지 않는다. 하지만 일정한 시점을 넘어선 경우에는 그렇지 않다고 생각한다. 기타 여러 가지 성공적인 일들은 행복의 작은 요소에 불과하기 때문에 성공하기 위해서 나머지 요소들을 모두 희생한다면 지나치게 비싼 대가를 치른 셈이라고 생각한다. 이런 문제는 사업의 영역에 널리 퍼져 있는 생활 철학에서 비롯된 것이다.

　유럽의 경우를 살펴보면, 사업과 같은 영역 말고도 명망을 얻고 있는 계층이 여럿 있고 심지어 귀족이 있는 나라도 있다. 나라마다 성직·법률·의학 등의 분야에서 일하는 능력 있는 지식인 계층이 있으며, 아주 작은 몇몇 나라를 제외하면 대부분의 나라에서 군인들도 상당한 존경을 받고 있다. 어떤 직업을 가진 사람이든 성공하려면 경쟁이라는 요소가 필수적이다. 하지만 사람들은 단순히 성공 그 자체를 존경하는 것이 아니라, 성공을 가능하게 한 뛰어난 능력에 대해 존경심을 갖는 것이다.

　돈을 많이 버는 과학자도 있지만, 돈을 벌지 못하는 과학자도 있다. 하지만 사람들은 어떤 과학자가 돈을 얼마나 벌었는지에 대해서는 크게 관심을 두지 않는다. 어떤 과학자가 돈을 벌지 못한다고 해서 돈을 많이 버는 다른 과학자보다 덜 존경하지는 않는다는 것이다. 위대한 장군이 가난하다는 것을 알았다고 해서 놀라는 사람은 없다. 나폴레옹이 얼마나 부유하게 살았는지, 혹은 얼마나 가난하게 살았는지가 장군의 공적을 가늠하는 데는 아무런 영향력이 없다는 것이다. 단지 위대한 일을 한 것으로 명예로운 것이다. 이런 이유 때문에 단순히 돈을 버는 것에 대한 경쟁은 특정 계층에 한정되는 것이며, 그렇다고 해서 그 계층이 가장 영향력이 있거나 가장 존경받는 것은 아니다.

당신은 행복한 사람인가

그러나 미국이나 한국과 같은 자본주의가 고도로 발전한 사회에서는 사정이 다르다. 어느 군인이 얼마나 위대한 일을 했으며, 어느 의사가 얼마나 의학에 정통한지, 어느 교수가 얼마나 위대한 일을 하고 있는지, 어느 법률가가 얼마나 법률에 정통한지 제대로 알 수가 없다. 그러므로 그들의 실력을 판단하는 손쉬운 방법은 그들의 생활 수준으로 미루어 소득을 추측해 보는 것이다. 따라서 연봉 얼마짜리 교수이며, 얼마짜리 법률가이며, 얼마짜리 의사이냐에 더 많은 관심을 두게 된다.

이런 사정 때문에 미국이나 한국 같은 나라에서 전문직에 종사하는 사람들은 유럽의 전문직 종사자들처럼 나름의 생활 양식을 확립하지 못하는 경우가 많다. 돈의 위상이 최고로 존중되다 보니 부유한 계층의 경우, 경제적 성공을 위한 살벌하고 강력한 경쟁을 완화시킬 만한 것을 찾아볼 수 없다. 미국이나 한국의 청소년들에게 장래 희망이 무엇이냐고 물어보라. 언제부터인가 그 대답은 돈을 많이 벌어 경제적으로 성공하는 것이다. 경제적 성공만이 중요한 문제이므로 경제적으로 볼 때 가치 없는 교육에는 신경 쓰려고 하지 않는다.

교육은 즐겁게 사는 능력을 훈련하는 것이라고 여기던 때가 있었다. 이때의 즐거움은 교양이 없는 사람은 누릴 수 없는 매우 고상한 즐거움을 일컫는다. 18세기 유럽에서는 문학·미술·음악을 이해하면서 즐기는 것이 '신사(紳士)'의 특징이었다. 요즘 사람들에게는 이런 유형의 인간상이 체질에 맞지 않겠지만, 당시 유럽인들은 이런 교양인이 되고자 노력했다. 당연히 교육도 이런 고상한 즐거움을 알고 누릴 수 있는 인간을 육성하는 데 그 목적을 두었다.

그런데 요즘 부유한 사람들의 생활 양식은 대체로 이와는 다른 것 같다. 우선 그들은 책을 많이 읽지 않는다. 문학은 나하고는 별 상관없는 것이라 여긴다. 일부 부유층에서는 화랑을 세워 자신의 이름이나 사업체를 알리려한다. 화랑의 일은 전문가를 고용하여 하인처럼 부린다. 그가 그림 때문에 얻는 즐거움은 그림을 감상하는 데서 오는 즐거움보다는 돈 많은 사람들과의 친교가 더 큰 즐거움이다. 심지어 돈 많은 다른 사람이 그 그림을 소유할 수 없게 됐다는 데서 오는 즐거움도 크다. 음악의 경우도 별반 다르지 않다. 형편이 이러하니 일부 부자들은 여가가 있어도 무엇을 해야 할지 모르는 처지가 된다.

돈이 많아질수록 돈 버는 일은 점점 쉬워진다. 이런 사람은 하루에 단 10분만 일해도 어떻게 써야 좋을지 모를 정도로 돈이 굴러 들어온다. 돈이 눈덩이처럼 불어나 좋아하는 동안 정신은 점점 돈의 노예가 되고 만다. 이 불쌍한 사람은 경제적인 성공 덕분에 자신을 주체할 수 없게 된다. 경제적 성공 그 자체를 인생의 목표로 삼고 있는 한, 이런 사태는 피할 수 없다. 성공한 것을 가지고 무엇을 할지에 대해 배우지 않은 사람은 성공한 후에 권태의 먹이가 될 수밖에 없다.

현대 사회에서 또 하나 두드러지는 현상은 경쟁이 습관화된다는 것이다. 습관화된 경쟁심은 다양한 분야에서 쉽게 찾아볼 수 있다. 독서하는 문제를 예로 들어 보자. 책을 읽는 동기는 두 가지 정도로 볼 수 있다. 하나는 책을 읽는 것이 정말 좋아서 읽는 것이고, 또 하나는 책을 많이 읽는다는 자랑 정도로 생각하면서 읽는 것이다. 한국에서는 한때 '이 달의 책'이라 하여 선정하여 책 읽기를 권장한 적이 있다. 또한 일시적이었지만 문화관광부에서 추천 도서를 선정하여 책 읽기를 홍보한 적도 있다. 많은 사람들이 마치 유행처럼 책을 읽었다. 책을 제대로 읽는 사람도 있지만, 첫 장만 읽는 사람, 서평만 읽는 사람도 있다. 어쨌든 이들의 책상 위에는 한결같이 추천 도서가 쌓여 나갔다.

하지만 이들이 고전을 읽는 경우는 극히 드물다. 『도덕경』, 『화엄경』, 『논어』 등의 고전, 『햄릿』, 『리어왕』 같은 고전을 이 달의 책으로 선정한 적도 없었고, 단테를 꼭 알아야 할 이 달의 작가로 지정한 적도 없었다. 결국 이들이 읽은 책은 한결같이 평범한 내용의 책들이었다. 이것 역시 경쟁 때문에 빚어진 현상이다. 하지만 이런 일이 전적으로 나쁜 것만은 아니다. 이런 부류의 책만을 읽는 사람들에게 알아서 읽으라고 하면 고전을 읽기는커녕 추천 도서보다 더 저급의 책을 읽을 것이 자명하기 때문이다.

현대 사회에서 경쟁이 강조되는 것은 아우구스티누스 대제 이후의 로마에서 일어났을 법한 문화적 수준의 전반적인 저하와 관련이 있어 보인다. 많은 사람들이 여러 가지 지적인 즐거움을 누릴 능력을 상실하게 된 것이다. 일반적인 대화 기술인 회화술(會話術)을 예로 들어 보자. 18세기 프랑스의 살롱에서 완성된 회화술은 20세기 초까지만 해도 살아 있는 전통이었다. 그것은 덧없이 사라져 버릴 어떤 것(말)을 위해 최고의 능력을 발휘하는 매우 섬세한 기술이었다.

그러나 현대 사회에 있어 어느 누가 그와 같은 한가한 일에 시간을 소비할 것인가? 중국에서는 근래(19세기 초)까지도 이 기술이 꽃을 피우고 있었다. 그러나 그 후 국민당원들의 열렬한 선전에 의해 이 기술은 말끔히 사라져 버렸다. 20세기 초까지 교양 있는 사람이라면 누구나 가지고 있었던 훌륭한 문학에 대한 지식은 이제는 일부 교수들의 몫이 되었다. 보다 청아한 즐거움은 모두 버림받은 것이다.

내가 어느 따뜻한 봄날 아름답고 넓은 캠퍼스를 자랑하는 한 대학을 방문한 적이 있다. 몇몇 대학생들과 캠퍼스 기슭의 숲을 거닐었다. 숲에는 아름다운 야생화들이 만발해 있었다. 그런데 그 야생화의 이름을 제대로 아는 학생이 없었다. 하기야 그런 지식이 무슨 소용이 있겠는가? 꽃 이름 따위를 알아봐야 돈벌이에는 아무런 보탬이 되지 않을 테니까.

이런 문제는 단순히 개인적인 문제가 아니다. 또한 어떤 개인이 단독으로 해결해 볼 수 있는 문제도 아니다. 이 문제는 삶이란 승자만이 존중받는 승부요, 경쟁이라는 일반화된 생활 철학에서 비롯된 것이다. 이러한 관점은 감성과 지성을 포기하고 의지만을 지나치게 키우는 결과를 불러온다. 이런 관점을 입에 올리면서 우리는 말 앞에 마차를 매고 있는지도 모른다. 처음에는 신앙을 강조했던 청교도적 도덕주의자들이 현대에 와서는 늘 의지를 강조하고 있다. 청교도주의 시대가 만들어 낸 경주는 의지만을 과도하게 발전시키고 감성과 지성을 쇠약하게 만들었으며, 경쟁의 철학을 자신의 본성에 가장 적합한 철학으로 택했다.

선사 시대의 공룡들처럼 지성보다는 근력을 선호한다는 점에서, 지성과 감성을 배제하고 의지와 경쟁을 강조하는 사람들을 '현대판 공룡'이라고 불러도 좋을 듯하다. 이 현대판 공룡의 놀라운 성공 때문에 현대인들은 너도나도 이 공룡의 행동을 따라 하고 있다. 이 공룡은 전 세계 자본주의 사회에서 모범이 되고 있는데, 아마 앞으로 수백 년간은 이러한 경향이 더욱 심해질 것이다. 그러나 이 유행을 따르지 않는 사람들은 이 공룡들이 서로 살육하며 결국 멸종할 것이므로 승자가 되지는 못할 것이며, 결국 지혜로운 구경꾼들이 공룡들의 왕국을 물려받게 될 것이라고 생각하며 위안을 받을 것이다.

현대판 공룡들은 서로 살육을 자행하고 있다. 이들 한 쌍의 공룡들이 낳는 자녀는 평균적으로 두 명에 못 미치며, 심지어 평균 1명도 안 되는 국가도 있다. 그들은 행복한 삶을 누리지 못하고 있기 때문에 자녀를 낳으려는 생각을 하지 않는다. 이는 조상들로부터 물려받은 지나치게 경쟁적인 철학이 현대에 적합하지 않다는 것이 잘 드러난 예이다. 이런 인생관 때문에 이들이 느끼는 행복은 너무나 미미하고, 자녀를 낳는 것에는 관심이 없어진다. 결국 그들은 생물학적으로 언젠가는 멸종될 운명에 처해 있는 셈이다. 머지않아 이들 대신 보다 쾌활하고 즐거운 사람들이 뒤를 잇게 될 것이다.

인생에서 중요한 것으로 간주되는 경쟁은 너무 냉혹하고 집요하며, 몸과 마음을 지나치게 피곤하게 만들고, 의지 또한 지나칠 정도로 집중하도록 만들기 때문에 삶의 기반으로 삶기는 어렵다. 이런 경쟁이 삶의 근본 철학이 될 수 있는 시기는 기껏해야 한두 세대에 지나지 않을 것이다. 그 기간이 지나고 나면 경쟁은 신경의 피로를 초래하고 여러 가지 도피 현상을 일으키

당신은 행복한 사람인가

게 된다. 그리고 쾌락 추구를 사업처럼 긴박하고 어려운 일로 만들어 버려 결국은 생식 불능에 의한 종족의 멸망에 도달할 것이다.

경쟁의 철학 때문에 오염되는 것은 비단 사업만이 아니다. 여가도 마찬가지로 오염된다. 조용히 신경을 안정시키는 여가는 권태로운 것으로 여기게 된다. 결국 여가의 경우에도 끊임없는 가속이 요구되면서, 그 종착점은 마약 복용과 탈진 상태가 될 것이다. 이 병을 치료할 수 있는 방법은 바로 건전하고 조용한 즐거움을 인생의 균형 잡힌 이상형의 하나로 받아들이는 것이다.

권태에
빠진 사람

어느 정도 권태를 견딜 수 있는 힘은
행복한 삶에 있어서 필수적인 것이다.

권태(倦怠)란 말을 사전적 의미로 보면 '관심이 없어지고 시들해져서 생기는 싫증이나 게으름' 정도로 정의할 수 있다. 그런데 대체로 부정적 의미를 지닌 이러한 권태란 인간 행위의 중요한 한 부분이다. 그런데도 불구하고 그동안 그 중요성에 비해 그리 관심의 대상이 되지 못했다. 권태는 인간의 역사 전체를 통틀어 볼 때 중요한 원동력의 하나였으며, 오늘날에는 다른 어느 시대보다도 그 중요성이 더욱 커지고 있다.

권태는 분명히 인간에게만 있는 특유한 감정이라 생각된다.

당신은 행복한 사람인가

사실 동물도 우리에 갇히면 맥이 풀려서 이리저리 돌아다니며 하품을 하기도 한다. 하지만 자연에서 활동하는 동물들은 권태와 비슷한 감정을 경험하지 못한다. 동물들은 적을 경계하는 일이나 먹이를 찾는 일, 혹은 두 가지 일을 모두 하는 데 대부분의 시간을 보내고, 때로 짝짓기를 하거나 몸을 따뜻하게 하기 위해서 노력한다. 그러나 동물들은 불행할 수는 있겠지만 권태롭지는 않을 것 같다. 어쩌면 유인원들은 이런 점에 있어서 인간과 상당히 유사할 것 같다.

권태의 본질 중 하나는 현재의 상태와 보다 더 유쾌한 다른 상태를 비교하는 데 있다. 또한 사람들은 보통 자신의 능력을 충분히 발휘할 수 없을 때 권태감을 느낀다. 자신의 목숨을 노리는 적에게서 도망치는 일은 불쾌한 일이지, 결코 권태로운 일은 아닐 것이다. 초인적인 담력을 가진 사람이 아니라면, 사형을 당하는 순간 권태를 느끼는 사람은 없을 것이다. 마찬가지로 국회에서 첫 연설을 하는 사람이 권태로워 하품을 하는 일도 없을 것이다.

권태는 꼭 즐거운 일이 일어나지 않아서 생기는 것이 아니다. 오늘이 이전의 날과 다르다는 것을 뚜렷이 느낄 정도의 사건이 생긴다면 권태로부터 벗어날 수 있지만, 이런 일이 일어나지 않는다면 사람은 권태에 빠진다. 즉, 매일매일 똑같은 일만 반복

된다면 권태에 빠지는 것이다. 간단히 말해서 권태의 반대는 즐거움이 아니라 특별한 자극이다. 자극에 대한 욕망은 인간, 특히 남성에게 있어 매우 뿌리 깊은 것이다. 수렵 시대에는 그 이후의 시대보다 자극에 대한 욕망이 쉽사리 충족되었을 것이다. 먹잇감을 찾아 동물을 추적하는 것도 자극적이고, 전쟁도 매우 자극적이었을 것이다. 여성에 대한 구애도 상당히 자극적이었을 것으로 보인다. 이러한 상황에서 과연 권태로움을 느낄 수 있었을까? 결코 그렇지 않았을 것이다.

그러나 농경 시대가 되면서 삶은 조금씩 지루해지기 시작했다. 물론 일부 귀족 계층의 사람들은 예외였다. 그들은 당시에도 사냥을 하며 삶을 즐겼고, 지금도 그런 삶의 방식을 유지하고 있기 때문이다. 기계 문명이 발달하면서 지루해졌다는 말을 많이 하는데, 사실 전통적인 농경 사회에서도 농사짓는 일의 지루함은 그에 못지않았다. 물론 다른 주장을 하는 사람들도 있지만, 나의 생각에는 기계 문명의 사회가 되면서 오히려 권태가 많이 줄었다고 생각한다. 노동자들은 근무 시간에 혼자가 아니라 여러 사람들과 어울려 근무를 하며, 저녁 시간에도 옛날 시골 마을에서는 불가능했던 여러 가지 취미 생활을 즐기면서 살아간다. 즉, 자기계발을 위해서 다양한 활동을 하는 것이다.

농경 사회 중하류 계층의 삶의 모습을 좀 더 자세히 살펴보자.

당신은 행복한 사람인가

그들은 저녁 식사 후에 아내와 딸들이 설거지를 끝내고 나면 모두 둘러앉아 나름의 가족 시간을 보냈다. 얼마의 시간이 지나면 가장은 잠들기 일쑤였고, 아내는 늦은 시간까지 바느질을 하고, 딸들은 이곳에서 벗어나 먼 도회지로 나가 살았으면 하는 생각에 잠겼다. 그런데 그 시대에는 아버지와 자녀들이 이야기를 나누더라도, 대체로 아버지의 훈화 말씀을 듣는 형태였기 때문에, 자녀들은 마음대로 방을 떠날 수도 없었다. 그저 지루하고 권태롭기만 했다. 이런 상황 속에서 비교적 운이 좋은 딸들은 빨리 결혼하여 그곳을 탈출할 수 있었다. 하지만 운이 따르지 않으면 노처녀로 나이 들어가다가 결국은 힘 빠진 노파가 되기도 했다. 이런 운명은 미개인들이 희생 제물로 쓰려고 포로로 잡아 온 사람들에게 강요한 운명만큼이나 가혹한 것이었다.

농경 사회를 평가할 때는 이와 같은 권태의 중요성을 고려해야 한다. 옛날로 거슬러 올라갈수록 사람들이 느끼는 권태감은 더욱 심해진다. 조선 시대의 어느 마을에서 겨울을 맞은 사람들의 단조로운 삶을 상상해 보자. 사람들은 읽고 쓰기도 할 줄 몰랐으며, 어둠을 밝힐 수 있는 것은 호롱불밖에 없었고, 지독한 추위를 막기 위해 화롯불이 놓인 방 안에는 연기가 가득했다. 할아버지의 담뱃대에서 품어져 나오는 담배 연기의 지독함은 고스란히 다른 이들의 폐를 공격했다. 한마디로 당시의 생활은 이루 말할 수 없이 지루했다.

이러한 조상들에 비해 우리가 겪고 있는 권태의 정도는 덜하지만, 권태에 대한 두려움은 훨씬 깊다. 우리는 권태란 인간이 당연히 겪어야 하는 운명의 일부가 아니며, 자극을 찾아 나설 정도의 단호함만 있으면 피할 수 있음을 알게 되었다. 아니, 그렇게 믿게 되었다. 요즘 여성들은 생활비를 벌기 위해 직장에 나가는데, 그 이유 중 상당 부분은 저녁 시간에 흥밋거리를 찾아다닐 수도 있고, 자신의 할머니들이 견뎌 내야 했던 지루함을 피할 수도 있다는 데 있다.

사회적 계층이 높을수록 자극의 추구는 점점 강렬해진다. 형편이 되는 사람들은 끊임없이 이곳저곳으로 옮겨 다니면서 술을 마시고 노래도 부르면서 즐거움을 만끽한다. 하지만 이들은 어떤 이유에선지 늘 새로운 곳에서 이런 즐거움을 누리고 싶어 한다. 하지만 생활비를 벌어야 하는 사람들은 근무 시간 중에는 권태에서 벗어나지 못한다. 일을 할 필요가 없을 만큼 여유가 있는 사람들은 조금도 권태롭지 않은 삶을 이상으로 여긴다. 그것은 멋진 이상이며, 누구도 그것을 비난할 수 없다.

하지만 걱정스러운 것은 다른 이상들도 마찬가지겠지만, 이상주의자들이 생각하는 것에 비해서 그런 이상을 달성하기가 상당히 어렵다는 것이다. 전날 밤의 즐거움이 크면 클수록 아침의

당신은 행복한 사람인가

권태는 더 깊어지게 마련이다. 언젠가는 중년 시절도 오고 노년 시절도 온다. 스무 살 때는 쉰 살이 되면 인생은 끝날 거라고 생각한다. 예순을 넘긴 나는 이제 그런 생각을 할 수도 없다. 그런 생각은 인생이라는 자본을 금전적인 자본처럼 소비하는 것으로 결코 현명하지 않기 때문이다.

권태의 어떤 요소는 인생의 필수적인 구성 요소라고 할 수 있다. 또한 권태에서 벗어나고자 하는 욕구도 자연스러운 것이다. 사실 인류는 기회가 있을 때마다 이 욕구를 표현해 왔다. 귀족들이 전해 준 술을 처음으로 맛보았을 때, 하층민들은 술이야말로 오랫동안 겪어 왔던 지루함으로부터 벗어나는 길임을 깨달았다. 그들은 늘 고주망태가 되도록 술을 마셨다. 아무것도 안 하느니보다 이웃과 말다툼하는 편이 차라리 나았던 그들에게 전쟁·학살·박해 등은 모두 부분적으로는 권태로부터 벗어나기 위한 방편이었다. 인류가 저지르는 죄의 절반 이상은 권태에 대한 두려움에서 비롯된 것이라는 점에서, 도덕주의자들은 권태를 심각한 문제로 생각한다.

그렇다고 권태가 전적으로 나쁜 것만은 아니다. 권태에는 두 종류가 있다. 하나는 삶을 풍요롭게 하는 건설적인 권태가 있고, 또 하나는 삶을 황폐하게 하는 파괴적인 권태가 있다. 건설적인 권태는 약물(마약)이 없는 데서 생기고, 파괴적인 권태는 생동하는 활동이 없는 데서 생겨난다. 그렇다고 약물이 삶에 있어서 어떤 긍정적인 역할도 할 수 없다는 이야기는 아니다. 능숙한 의사는 아편이 든 진정제를 처방하기도 한다. 이런 경우는 아편 금지론자들이 생각하는 것보다는 훨씬 더 많으리라 생각된다. 그러나 약물 탐닉은 결코 제멋대로 움직이는 자연적 충동에만 맡겨둘 수 없다. 약물에 중독된 사람이 약물이 없을 때에 경험하는 권태에 대한 치료법은 나로서는 시간밖에 없다고 생각한다.

그리고 약물에 적용되는 이러한 원리는 일정 범위 내에서 모든 종류의 자극에 대해 똑같이 적용될 수 있다. 자극이 지나치게 많은 삶은 밑 빠진 독이나 다름없다. 이런 상태에서 사람들은 환희에 가까운 감격이야말로 즐거움의 필수 요소라고 여기기 때문에, 끊임없이 감격을 느끼기 위해서 점점 더 강력한 자극을 찾을 수밖에 없다. 지나친 자극에 익숙해져 버린 사람은 매운 음식을 병적으로 좋아해서 결국 남들이 보기에는 숨이 막힐 정도로 매운 고추를 먹어도 정작 본인은 별맛을 느끼지 못하게 된 사람과 비슷하다.

지나치게 많은 자극은 건강을 해칠 뿐 아니라 모든 종류의 즐거움에 대한 감각을 무디게 만들고, 근본적인 만족감을 표면적인 쾌감으로, 지혜를 얄팍한 재치로, 아름다움을 어색한 놀라움으로 바꾸어 버린다. 나는 극단적으로 자극에 반대하지는 않는

당신은 행복한 사람인가

다. 일정한 양의 자극은 건강에도 이롭다. 하지만 모든 것이 그렇듯이 문제는 그 양에 있다. 자극이 너무 적으면 병적인 갈망을 자아내고, 너무 많으면 심신을 황폐하게 한다. 그러므로 어느 정도 권태를 견딜 수 있는 힘은 행복한 삶에 있어서 필수적인 것이다.

훌륭한 책이라 하더라도 지루한 부분이 있을 수 있고, 위대한 삶에도 재미없는 시기가 있게 마련이다. 현대의 한 출판업자가 새로운 원고를 받았는데, 그것이 『구약성경』이었다고 가정해 보자. 특히 창세기의 계보에 대해서 그 출판업자가 어떤 반응을 보였을지를 짐작하는 것은 그리 어렵지 않다. 그는 이런 반응을 하였을 것이다. "선생님, 이 내용은 자극이 없군요. 아무런 설명도 없이 이름만 잔뜩 나열해 놓고, 이래 가지고 독자가 흥미를 갖기를 기대할 수는 없죠." 출판업자가 이렇게 반응하는 것은 독자들이 권태를 두려워한다는 것을 잘 알고 있기 때문이다. 그는 공자의 『논어』나 무하마드의 『코란』, 마르크스의 『자본론』은 물론이고 베스트셀러가 되었던 다른 어떤 고전(古典)들에 대해서도 유사한 반응을 보였을 것이다.

이것은 비단 고전에만 해당되는 것은 아니다. 아무리 훌륭한 소설이라도 지루한 대목은 있는 법이다. 첫 페이지부터 마지막 페이지까지 시종일관 재치가 넘치는 소설이라고 해서 훌륭한 소설이라고 단정 지을 수 없다. 위인들의 생애 역시 몇몇 위대한 시기를 제외하고는 그렇게 큰 흥밋거리가 되지 못한다. 소크라 테스는 때때로 연회를 즐겼고, 독약의 효과가 퍼져 나가는 동안에도 사람들과 대화를 나누면서 상당한 만족을 얻었을 것이다. 하지만 그는 생애의 대부분을 아내 크산티페와 함께 조용히 지내면서, 오후에는 건강을 위해 산책을 하기도 하고, 산책길에 친구들을 만나기도 하면서 지냈을 것이다. 칸트는 평생 동안 쾨니히스베르크에서 40리 밖으로 나가 본 적이 없다고 한다. 또한 다윈은 세계 일주를 한 뒤 남은 생애를 자신의 집에서 보냈으며, 마르크스 역시 몇 차례의 혁명을 선동한 뒤에는 여생을 대영박물관에서 보내기도 했다고 한다.

전체적으로 보면 조용한 삶이 위인들의 특징이며, 위인들이 누렸던 기쁨은 외부인의 입장에서는 결코 흥미진진하게 보이지 않는 것이었다. 끈질긴 노력 없이는 위대한 성취를 이룰 수 없다. 위대한 성취를 이루는 일은 고도의 정신 집중을 필요로 하는 어려운 일이다. 그렇기 때문에 위인들에게는 많은 정열을 요구하는 오락 같은 것에 쏟아부을 만한 활력이 남아 있을 리가 없다. 시간 여유가 있을 때 건강을 위해서 나지막한 뒷산에 오르는 정도일 것이다.

사람은 어린 시절부터 단조로운 삶을 견디는 능력을 길러야

당신은 행복한 사람인가

한다. 요즘 부모들은 이런 점에서 크게 비난받아 마땅하다. 요즘 부모들은 아이들에게 영화 구경이나 별난 외식 같은 수동적인 오락거리를 너무 많이 제공하고 있다. 부모들은 특별한 때를 제외하고는 날마다 비슷한 생활을 하는 것이 아이들에게 얼마나 중요한지 깨닫지 못하고 있다. 어린아이는 주로 자신의 노력과 창조력에 의지해서 스스로 주어진 환경으로부터 즐거움을 찾아야 한다. 예를 들어, 컴퓨터게임과 같이 자극적이지만 육체적 노력이 전혀 필요 없는 즐거움을 어린아이들에게 자주 제공하는 것은 결코 옳지 않다.

자극은 본질적으로 마약과 같은 성질을 가지고 있기 때문에 점점 더 많은 양의 자극을 필요로 한다. 또 육체를 전혀 사용하지 않으면서 자극만 받아들이는 것은 인간의 타고난 본성에 어긋나는 것이다. 어린 식물은 계속 같은 토양에 가만히 놔둘 때에 가장 잘 자라는 법인데, 어린아이도 마찬가지다. 지나치게 잦은 여행을 하고 지나치게 다양한 인상을 심어 주는 것은 어린아이들에게 좋지 않다. 그런 아이들은 자라서 어떤 성과를 얻기 위해서 반드시 견뎌야 하는 지루함조차 참지 못하는 어른이 될 수도 있다.

지루함 자체가 결코 유익하다는 이야기는 아니다. 하지만 어느 정도의 지루함을 참아 내지 않고서는 유익한 성과를 거둘 수 없는 경우가 많기 때문이다. 나는 섬진강가의 작은 시골 초등학교 교사였던 한 시인을 기억한다. 그의 사상과 감정에서 가치 있는 것들은 약삭빠른 도시 아이들에게는 도저히 가치 있는 것이 될 수 없는 것이었다. 그와 아이들의 가치는 오랜 세월 지루함을 이겨 낸 인고의 결실이리라.

어떤 어린이나 젊은이가 진지하고도 건설적인 목적을 가지고 있고, 권태가 반드시 견뎌 내야 하는 것임을 이해해야 된다면 아무리 엄청난 양의 권태라도 자진해서 참아 낼 것이다. 그러나 가벼운 흥밋거리나 오락에 빠져 생활하고 있는 젊은이의 마음속에 건설적인 목적이 들어서기란 쉽지 않은 일이다. 이런 젊은이의 생각은 늘 멀리 있는 목적보다는 눈앞에 보이는 즐거움에 쏠리기 쉽기 때문이다. 이런 이유 때문에 지루함을 견디지 못하는 세대는 소인배들의 세대, 자연에서 볼 수 있는 느린 변화의 섭리와는 지나치게 멀어진 세대, 모든 생명력이 마치 꽃병에 꽂힌 꽃처럼 서서히 시들어 가는 세대가 될 것이다.

우리의 생명은 대지의 생명의 일부분이다. 우리는 동물들이나 식물들과 마찬가지로 대지에서 자양분을 얻는다. 우주의 생명의 흐름은 매우 더디다. 대지에서는 봄과 여름도 중요하지만, 마찬가지로 가을과 겨울도 중요하다. 활기찬 생활도 중요하지만 마찬가지로 평온한 휴식 역시 중요하다. 차고 기우는 대지의

당신은 행복한 사람인가

생명과 어느 정도 접촉하는 것은 어른들보다 아이들에게 훨씬 더 중요한 일이다. 인간의 신체는 수세기에 걸쳐 대지의 생명의 흐름에 적응해 왔으며, 종교는 이런 생명의 흐름을 부활절 축제로 표현해 냈다.

나는 번잡한 도심에서 갇혀 살다가 처음으로 시골 들판으로 산책을 나온 세 살짜리 아이를 본 적이 있다. 때는 초겨울이어서 날씨는 스산하고 땅은 진흙투성이었다. 어른들이 보기에는 기쁨이 샘솟게 할 만한 것이 아무것도 없었다. 그러나 그 아이에게는 신비한 황홀감이 솟아올랐다. 아이는 진흙땅 위에 뛰고 뒹굴며 거의 알아들을 수 없는 환호성을 질러댔다. 아이가 경험했던 기쁨은 소박하고 단순하지만 강력한 것이었다. 이때 충족되었던 생명의 욕구는 매우 근원적인 것이기 때문에 이런 욕구에 굶주려 있는 사람들은 절대로 정신적으로 건강해질 수 없다.

쾌락 중에는 이렇게 대지와 접촉을 할 여지가 전혀 없는 것들이 많이 있는데, 좋은 예로 도박을 들 수 있다. 이런 쾌락의 경우에는 쾌락이 끝나는 바로 그 순간 그 사람은 답답함과 불만, 그리고 알 수 없는 허망함을 느끼게 된다. 이런 쾌락은 기쁨이라고 할 만한 감정을 이끌어 내지 못한다. 반대로 대지의 생명과 접촉할 기회를 주는 쾌락은 깊은 충족감을 준다. 이런 쾌락의 강도는 자극적인 오락이 주는 쾌락의 강도에 비해 훨씬 약할 수도 있지만, 이런 쾌락이 이끌어 내는 행복감은 쾌락이 끝난 뒤에도 계속 남아 있다.

　내가 제시하는 쾌락의 구별 방법은 가장 단순한 일에서부터 가장 문명화된 일에 이르기까지 두루 적용된다. 바로 앞에서 이야기한 세 살짜리 아이의 경우는 대지의 생명과 혼연일체가 될 수 있는 가장 단순한 방법을 보여 주고 있다. 더 높은 수준의 방법을 찾자면 시(詩)에서도 동일한 쾌락을 찾을 수 있다. 셰익스피어의 서정시들이 최고의 찬사를 받는 것은 그 속에 세 살 먹은 아이가 진흙땅 위에 뛰고 뒹굴며 환호성을 질러대던 것과 똑같은 기쁨이 가득 넘치기 때문이다. 「들어라, 들어라! 종달새 노래를」, 「오라, 이 금빛 모래밭 위로」와 같은 시를 한번 읽어 보라. 이 시들에서는 세 살 아이가 불명확한 외침으로밖에 나타낼 수 없었던 것과 유사한 감정이 세련되게 표현되어 있음을 볼 수 있다.

　이번에는 사랑과 단순한 성적 매력의 차이를 생각해 보자. 사랑이란 경험은 가뭄 끝에 단비로 식물이 되살아나듯이 우리에게 원기를 불어넣고 우리의 존재를 새롭게 만든다. 그러나 사랑이 없는 육체적 관계를 통해서는 결코 이런 경험을 할 수 없다. 순간적인 쾌락이 끝나면 피로감과 인생의 공허함만이 남는다. 사랑은 대지의 생명의 일부이지만 사랑이 없는 육체적 관계는 그렇지 않다.

현대의 도시인들이 느끼는 특별한 권태는 대지의 생명으로부터 분리되어 있다는 것과 깊이 연관되어 있다. 대지의 생명으로부터 분리되어 있는 삶은 사막을 여행할 때처럼 뜨겁고 답답하고 갈증에 시달린다. 돈이 많아서 마음대로 생활 방식을 선택할 수 있는 사람들의 경우를 보자. 역설적으로 들릴지도 모르겠지만, 이들이 겪는 권태 가운데는 권태를 두려워하는 데서 비롯된 특이한 권태가 있다. 그들은 생산적인 권태로부터 벗어나려고 하다가 훨씬 나쁜 종류의 권태에 빠지고 만다. 행복한 인생이란 대부분 조용한 인생이다. 진정한 기쁨은 조용한 가운데 그 조용함을 만끽할 수 있는 사람에게 찾아오는 법이다.

피로, 걱정과
두려움에 빠진 사람

사람을 상하게 하는 것은 과로라고 하지만
실제로 사람을 상하게 하는 것은 과로가 아니라
특정한 종류의 걱정이나 불안과 같은 감성적인 것이다.

이번에는 불행의 원인 중 하나인 '피로'의 문제를 생각해 보자. 피로에는 여러 가지가 있을 수 있는데, 그중에는 다른 어떤 것보다 행복을 심각하게 방해하는 피로가 있다. 순전히 육체적인 피로는 지나치지만 않으면 오히려 행복을 느끼게 하는 원인이 된다. 그리고 깊은 잠과 알맞은 식욕을 불러오게 하고, 주말에 즐길 수 있는 즐거움에 대한 기대감을 북돋워 준다. 그러나 지나친 육체적 피로는 아주 심각한 불행을 가져온다.

옛 농경 사회에서는 여성들은 한결같이 과도한 노동에 지쳐서

당신은 행복한 사람인가

젊은 나이에 쉽게 늙어 버렸다. 그리고 산업 사회로 들어서서는 남녀 구분 없이 어린 나이에 노동 현장으로 내몰려 힘든 노동일을 하다 보니 발육이 부진했고, 일찍 죽는 일도 많았다. 당시 미국·일본·한국 할 것 없이 이런 현상들이 나타났다. 일정한 한계를 넘은 육체노동은 무서운 고통이다. 인생을 견딜 수 없는 고통으로 여기게 할 정도로 지나치게 강요된 적도 많았다. 아직도 북한에서는 이러한 극한의 고통을 느낄 만한 강제노역을 시키고 있다고 한다. 하지만 오늘날 대부분의 선진국에서는 산업 환경의 개선 덕분에 육체적 피로는 상당히 감소되었다.

그런데 요즘 들어 선진국에서 가장 심각한 문제가 되고 있는 것은 정신적인 피로에 있다. 이상한 일이지만, 정신적인 피로는 부유층에서 가장 두드러지게 나타나며, 육체노동자들이 사업가나 정신노동자들보다 정신적 피로가 훨씬 덜한 경향이 있다. 현대 사회를 살아가면서 정신적 피로를 벗어난다는 것은 매우 어려운 일이다. 무엇보다도 먼저, 도시의 노동자들은 줄곧 소음에 시달리고 있다. 온종일 작업장에서의 소음은 물론이고, 출퇴근길에서 느끼는 소음은 훨씬 심하다. 의식적으로 소음을 듣지 않으려고 애쓰지만 소음 때문에 정신적 피로를 느끼는 것은 물론이고, 소음을 듣지 않으려고 무의식적으로 노력하느라 오히려 더 피곤해진다.

미처 의식하지 못하는 사이에 사람들을 피곤하게 만드는 또한 가지는 늘 낯선 사람과 대면해야 한다는 사실이다. 다른 동물들도 그렇지만, 인간은 자연적 본능 때문에 낯선 상대를 만날 때마다 우호적인 태도를 취할 것인지, 적대적인 태도를 취할 것인지를 결정하기 위해 상대를 탐색한다.

혼잡한 출퇴근 시간에 전철을 타고 다니는 사람들은 이러한 본능을 억제해야 하고, 본능을 억제하다 보면 본의 아니게 만나게 되는 낯선 사람들 일반에 대해서 분노를 느끼게 된다. 또한 출근 전철을 놓치지 않으려고 서두르다 보면 소화가 되지 않아 속이 더부룩해진다. 결국 사무실에 도착해 하루 일과를 시작할 때가 되면 이들 사무직 노동자들은 신경이 날카로워져 주위 사람들을 성가신 존재로 여기게 된다.

사장 역시 비슷한 기분으로 출근했으니 노동자들의 기분을 풀어 줄 리가 없다. 또한 노동자들은 해고가 두려워 공손하게 행동할 수밖에 없는데, 이렇게 부자연스럽게 행동하다 보면 정신적 긴장은 더욱 심해진다. 만약 일주일에 한 번 정도라도 노동자들에게 자신이 평소에 생각하고 있던 불만 사항을 사장에게 허심탄회하게 이야기하도록 한다면, 노동자들의 정신적 긴장을 다소 완화시킬 수는 있을 것이다.

그런데 사장도 노동자와 마찬가지로 여러 가지 문제를 안고 있기 때문에 이러한 방법으로는 문제가 해결되지 않는다. 노동자들이 해고를 두려워하는 데 비해 사장은 파산을 두려워한다. 물론 파산을 두려워할 필요가 전혀 없을 만큼 탄탄한 입지를 갖춘 사람들도 있다. 하지만 그런 사람들도 대개는 그처럼 확고한 지위에 도달하기까지 오랜 세월 격렬한 몸부림을 쳐 왔다. 그들은 세계 각지에서 일어나는 사건들을 면밀히 파악해야 하며, 경쟁자들의 음모를 좌절시키기 위해 부단히 노력해야만 했다. 이렇게 열심히 노력한 끝에 확고한 성공에 도달했을 때는 그는 이미 신경쇠약 상태가 되고, 근심하는 버릇이 몸에 배어 그럴 필요가 없을 때에도 근심하는 버릇을 버리지 못한다.

물론 부잣집에서 태어나 이런 고통을 겪을 필요가 전혀 없는 사람들도 있을 것이다. 그러나 대개의 부잣집 자식들도 걱정거리를 만들어 내게 마련이다. 그들이 만들어 내는 걱정거리는 가난한 집 자식들이 시달려야 하는 걱정거리에 못지않다. 도박이나 마약 등에 빠져 아버지의 노여움을 사고, 놀이판을 즐기다 잠을 설쳐 몸은 점점 쇠약해진다. 이들이 마음을 잡을 즈음이면 이전에 그들의 아버지들이 그랬던 것처럼 그들 역시 행복을 누릴 능력을 잃고 만다.

자의적이든 타의적이든, 선택의 결과이든 또는 필연적인 결말이든 간에 현대인들은 대부분 신경을 괴롭히는 생활을 하고 있으며, 지나친 피로가 계속되어 술의 도움을 받지 않고서는 즐거움을 누릴 수 없을 정도가 되었다.

바보에 지나지 않는 이런 부자들 이야기는 이제 그만하고, 생계를 위해 고된 노동을 하면서 피로를 느끼는 일반인들 이야기를 좀 해 보자. 이런 피로는 대부분 걱정에서 비롯되는데, 좀 더 낙관적인 인생관을 가지고 정신적 훈련을 조금만 한다면 지나친 걱정을 예방할 수 있을 것이다. 대부분의 사람들은 자신의 생각을 통제하는 데 몹시 서투르다. 도저히 어쩔 도리가 없는데도 걱정거리에 매달려 끊임없이 고민하는 사람들이 바로 그런 사람들이다.

남자들은 사업상의 고민을 잠자리까지 끌고 들어가는 경우가 많다. 밤은 내일의 문제에 대처하기 위해 원기를 회복해야 하는 시간이다. 그런데도 그 시간 동안 어쩔 수 없는 문제들을 마음속에서 되새긴다. 그것도 내일을 대비한 건전한 행동 노선을 구상하는 것이 아니라, 불면증 환자의 불안한 상념에서 특징적으로 나타나는 것처럼 반쯤 제정신을 잃은 상태로 고민한다. 잠을 제대로 자지 못했기 때문에 아침이 되어도 육체적으로 피곤하며 판단력이 흐려져 있다. 기분이 상한 상태이므로 사사건건 분노가 치민다.

현명한 사람이라면 고민을 하는 것이 효과가 있을 때에만 고민하고, 고민을 해도 별 효과가 없을 때에는 과감히 생각을 전환하며, 휴식과 숙면을 취해야 하는 밤에는 아예 아무 생각도 하지 않을 것이다. 물론 사업이 파산에 직면해 있는 경우라든지, 아내의 외도가 분명해 보이는 경우처럼 엄청난 위기를 맞았을 때에는 지금 당장 그 문제에 대해서 아무것도 할 수 없다고 해서 아예 고민을 하지 않는다는 것은 사실 불가능하다. 그렇게 할 수 있는 사람은 특별한 정신적 훈련을 쌓은 몇 사람에 지나지 않을 것이다.

하지만 일상생활에서 일어나는 일상적인 문제에 대한 고민은 그 문제에 맞닥뜨려야 할 때를 제외하면 털어 버릴 수 있는 것들이다. 한시도 쉬지 않고 지나치게 고민하는 것보다 꼭 필요할 때에 적당하게 고민하는 침착한 태도를 기르면 행복과 능률을 엄청나게 증진시킬 수 있다. 아주 곤란한 문제나 매우 심각한 문제를 두고 결정을 내려야 할 경우에는 모든 자료를 동원할 수 있을 때 즉시 그 문제를 깊이 숙고해서 결정을 내리는 것이 좋다. 그리고 일단 결정을 내린 다음에는 새로운 사실이 밝혀지지 않은 이상 결코 그 결정을 번복하지 마라. 망설이는 것과 후회하는 것만큼 심신을 지치게 하는 것도 없다.

걱정하고 있는 문제가 대단치 않은 것임을 깨닫는 것만으로도 상당히 많은 걱정을 줄일 수 있다. 나의 경우, 늘 학생들 앞에서 강의를 해야 한다. 때때로 외부에서 대중 연설을 하기도 한다. 처음에는 청중 앞에 서기만 해도 겁이 나고 긴장해서 강의도 연설도 제대로 하지 못했다. 그리고 강의나 연설을 마치고 나면 온 신경을 곤두세웠던 탓에 몸이 녹초가 되곤 했다. 차츰 나는 내가 연설을 잘하든 못하든 우주는 전혀 변함이 없으며, 연설의 성공 여부가 큰 의미를 가지는 것은 아니라는 것을 터득해 갔다. 게다가 연설을 잘하느냐 못하느냐에 신경을 덜 쓸수록 연설 솜씨가 좀 더 나아져 간다는 것도 깨달았다. 이렇게 차츰 정신적 긴장을 줄여 나가며 마침내는 거의 긴장을 하지 않게 되었다.

정신적 피로는 이런 방식으로 해결할 수 있는 경우가 많다. 나의 행동은 내가 흔히 생각하는 것만큼 그렇게 중요한 것이 아니며, 내가 성공하느냐 실패하느냐 또한 그리 중요한 일이 아니라고 생각해 보라. 인간에게는 아무리 큰 슬픔도 이겨 낼 수 있는 능력이 있다. 사랑하는 사람이 죽으면 하루도 못 살고 따라 죽을 것 같지만, 조금만 시간이 지나면 언제 그랬냐는 듯이 다시 원기를 찾게 마련이다. 마치 인생의 행복이 끝장나는 것처럼 보이던 심각한 고민도 시간이 지남에 따라 차츰 사그라져 나중에는 그 고민이 얼마나 강렬했는지조차 거의 느끼지 못하게 된다.

자기중심적인 사고에서 벗어나면 자신의 자아는 세상에서 그리 큰 부분을 차지하지 못한다는 것을 알게 된다. 자신의 생각

당신은 행복한 사람인가

과 희망을 어떤 초월적 존재 가운데 둘 수 있는 사람은 일상생활의 걱정거리로부터 벗어나 마음의 평화를 얻을 수 있다. 물론 이것도 완전히 자기중심적인 사람에게는 불가능한 일이지만….

그동안 산업심리학 분야에서는 피로에 대해 정밀한 연구를 진행해 왔다. 상당히 오랫동안 어떤 일을 계속하다 보면 피로해진다는 사실을 통계를 통해 입증하고 있다. 이런 결론은 과학적인 연구가 많이 이루어지지 않더라도 충분히 짐작할 수 있는 것이다. 학습과 관련된 아동의 피로에 관한 연구는 많이 있는 편이지만, 심리학자들이 진행해 온 피로에 관한 연구는 주로 육체적인 피로와 관련된 것들이다.

그러나 이러한 학계의 연구가 제대로 다루지 않고 있는 중요한 문제가 하나 있다. 그것은 바로 현대 사회에서 매우 중요하게 대두되는 걱정이나 불안 등에 의한 감성적인 피로에 관한 것이다. 두뇌 활동을 많이 해서 피곤한 것은 근육 활동을 많이 해서 피곤한 것과 마찬가지로 수면을 통해 해결할 수 있다. 치밀한 계산 작업처럼 감성과는 전혀 관계없는 두뇌 활동을 많이 하는 사람은 잠으로 하루를 마감하면서 하루 동안 쌓인 피로를 털어 낸다. 사람을 상하게 하는 것은 과로라고 하지만, 실제로 사람을 상하게 하는 것은 과로가 아니라 특정한 종류의 걱정이나 불안과 같은 감성적인 것이다.

걱정이나 불안이 가진 문제는 그것이 휴식을 방해한다는 것이다. 걱정이나 불안에 의해 피곤한 사람은 피곤할수록 그 피곤에서 벗어나는 것이 점점 어려워진다. 자신의 일이 몹시 중요하기 때문에 쉬기라도 하면 큰일이 날 거라고 생각하는 것은 신경쇠약에 가까워지고 있다는 징조다. 내가 만약 의사라면 이 정도로 자신의 일이 중요하다고 생각하는 사람들에게는 일에서 벗어나 일단 여행을 떠나 보라고 처방해 주고 싶다. 일 때문에 빚어진 듯이 보이는 신경쇠약의 실제 원인은 바로 걱정이나 불안과 같은 감성적인 문제에 있기 때문이다.

이러한 종류의 신경쇠약에 빠진 사람은 일이라는 수단을 통해 감성적인 문제에서 벗어나고자 애쓴다. 이런 사람은 일을 중단하는 것을 몹시 싫어한다. 만약 일을 중단하게 되면 어떤 종류의 불행을 겪고 있든 자신이 겪고 있는 불행에서 마음을 돌리게 할 수 있는 것이 사라지기 때문이다. 물론 그 문제가 파산에 대한 두려움일 수도 있다. 이 경우에 그의 일과 걱정은 직접적인 관련을 가지고 있다. 이런 경우에도 그는 걱정 때문에 쉬지도 않고 일하게 되고, 이렇게 되면 판단력이 흐려져서 오히려 일을 덜할 때보다 더 파산을 앞당기게 된다. 언제나 문제를 일으키는 것은 일이 아니라 걱정과 불안 같은 감정적인 병이다.

걱정의 심리학은 결코 단순하지 않다. 나는 앞서 정신적 훈련, 즉 적절한 때에 문제를 생각하는 습관에 대해 말한 바 있다. 이러한 정신적 훈련이 중요한 이유는 대체로 다음과 같다. 첫째, 지나치게 많은 생각을 하지 않으면서도 그날의 일을 해낼 수 있게 된다. 둘째, 불면증을 고쳐 준다. 셋째, 결정을 내리는 순간에 효율성과 분별력을 증진시켜 준다. 하지만 이러한 정신적 훈련만으로는 잠재의식 또는 무의식에 관한 것까지 해결할 수는 없다. 심각한 걱정거리를 안고 있을 때는 의식의 저 아래에 있는 잠재의식과 무의식까지 뚫고 들어가는 방법이 아니고서는 그다지 효과가 없다.

그동안 심리학자들은 무의식이 의식에 끼치는 영향에 대해 상당히 많은 연구를 해왔다. 그에 비하면 의식이 무의식에 끼치는 영향에 대한 연구는 훨씬 적은 편이다. 하지만 후자는 정신건강의 면에서 대단히 중요하다. 이성적 확신이 무의식의 영역에서 효과를 나타내기 위해서는 후자에 대한 이해가 필수적이다.

특히 걱정과 관련된 경우에도 이 문제가 그대로 적용된다. 불행한 일이 생긴다고 해도 그렇게 심각하지는 않을 거라고 자기 자신에게 타이르기는 쉬운 일이다. 그러나 그것이 그저 의식적 확신에만 머무른다면, 단잠을 자는 데는 아무런 도움이 되지 못하고 악몽을 꾸는 것을 막을 수도 없을 것이다. 나는 의식적인 생각에 대해 충분한 힘과 집중력을 기울인다면 의식적인 생각이 무의식 속에 뿌리내리게 할 수 있다고 믿는다.

대부분의 무의식은 한때 감정적이었던 의식적인 생각들로 이루어져 있으며, 지금은 다만 숨겨져 있는 것이다. 이처럼 의식적 생각들을 무의식 속에 숨기는 과정은 충분히 계획적으로 진행시킬 수 있는 일이며, 이렇게 한다면 무의식의 도움을 받아 여러 가지 유익한 일들을 할 수 있게 될 것이다.

나의 경우를 예로 하나 들어보자. 상당히 어려운 주제에 대해 글을 써야 할 경우, 먼저 최선을 다해 계획을 세운다. 그런 다음 이 문제에 대해 몇 시간 또는 며칠 동안 아주 집중적으로 생각한다. 있는 힘을 다해서 최대한 집중적으로 생각하는 것이다. 그렇게 하고 일정한 시간이 흐르다 보면 일이 순조롭게 진행되면서 생각이 정돈되었다. 그리고 몇 달 후에 의식적으로 그 주제로 돌아가 보면 그 일이 이미 완료되어 있는 것을 발견하게 되었다. 이 방법을 알기 전까지는 나는 아무런 진척도 보지 못하고 있다고 걱정하며 몇 달을 보내곤 했다. 그렇게 걱정을 한다고 더 빨리 해결책을 찾는 것도 아니어서, 그 몇 달을 고스란히 허송하기 일쑤였다. 하지만 이제는 헛되이 보냈던 그 몇 달의 시간을, 다른 일을 하는 데 쓸 수 있게 되었다.

걱정에 대해서도 이와 유사한 여러 가지 대처 과정을 적용해 볼 수 있다. 어떤 불행이 닥쳐오면 진지하고 신중한 태도로 앞

당신은 행복한 사람인가

으로 일어날 수 있는 최악의 경우를 생각해 보라. 일어날 수 있는 불행을 직시하고 나서는, 그 불행이 그렇게까지 끔직한 것은 아니라고 생각할 만한 적절한 이유를 스스로에게 제시해 보라. 그럴 만한 이유는 찾으면 분명 있기 마련이다. 아무리 최악의 상황이라고 해도 나 자신에게 지구가 폭발하는 정도의 일은 일어나지 않는 법이니까. 얼마 동안 최악의 가능성을 꾸준히 생각하면서 진정한 확신을 가지고 "좋아, 그까짓 것 별 문제가 아닐 거야."라고 말해 보라. 그러고 나면 걱정이 엄청나게 줄어든 것을 깨닫게 될 것이다. 물론 이러한 과정을 여러 번 되풀이해야 할지도 모른다. 하지만 결국 최악의 사태를 직시하면서도 전혀 거리낌을 느끼지 않게 되면, 당신의 걱정은 말끔히 사라지고 대신 일종의 쾌감을 느끼게 될 것이다.

이것은 두려움에서 벗어나기 위한 아주 일반적인 방법 가운데 하나다. 걱정은 두려움의 한 형태이며, 모든 두려움은 피로를 만들어 낸다. 두려움에서 벗어나는 방법을 익힌 사람은 일상생활의 피로가 엄청나게 줄어든 것을 깨닫게 될 것이다. 또한 두려움은 우리가 직면하기 싫어하는 어떤 위험이 닥칠 때에도 생기는데, 이것이야말로 가장 해로운 형태의 두려움이다. 밑도 끝도 없이 두려움이 엄습할 때가 있다. 어떤 것에 대한 두려움인가는 사람에 따라 다르겠지만, 거의 모든 사람들의 마음속에는 특정한 것에 대한 두려움이 숨어 있다. 어떤 사람은 암을 두려워하고, 어떤 사람은 경제적 파멸을 두려워하고, 어떤 사람은 수치스러운 비밀의 탄로를 두려워하고, 어떤 사람은 질투 어린 의심을 두려워하고, 어떤 사람은 어릴 적 밤에 들은 귀신 이야기가 다시 떠올라 두려워하기도 한다.

여러분은 이런 두려움에 어떻게 대처하는가? 어떤 사람들은 두려운 생각이 들 때마다 다른 일을 생각하려고 노력한다. 즉, 오락거리나 사업, 혹은 다른 어떤 일로 생각을 돌린다. 그런데 모든 종류의 두려움은 그것을 똑바로 직시하지 않으면 더욱 심해진다. 단지 생각을 다른 데로 돌리려고 노력하는 것은 시선조차 마주치고 싶지 않은 어떤 무서운 것에 대한 두려움을 오히려 부추기는 꼴이 되고 만다.

모든 종류의 두려움을 극복하는 올바른 방법은 이성적으로 침착하게, 그리고 매우 집중적으로 그 두려움에 대해서 생각하는 것이다. 그러다 보면 그 두려움에 대해서 친숙한 감정이 생긴다. 이러한 친밀감이 생기면 마침내 두려움의 강도가 덜해져 모든 문제가 그냥 따분한 것이 되며, 그 두려움에서 벗어나 생각을 할 수 있게 된다. 다시 말해서, 예전에는 억지로 노력해서 두려움에서 벗어났지만, 이제는 그 문제에 대한 관심이 사라지면서 자연스럽게 두려움에서 벗어나게 된다는 것이다. 어떤 문제든지 자신이 떨쳐 버리기에 벅차다는 생각이 들 때, 가장 좋은 방법은 그 두려움의 마력이 힘을 잃을 때까지 보통 때보다 훨씬 강도 높게 그 문제를 생각하고 또 생각하는 것이다.

두려움의 문제는 현대 사회의 도덕과 관련해서도 매우 중요하게 다루어진다. 남자들에게는 용기라는 덕목이 강조되는데, 특히 전쟁과 같은 큰 용기가 필요한 경우에는 그런 기대가 심해진다. 하지만 남자들에게 요구되는 용기는 단지 육체적인 용기에 불과하며, 심지어 여자들에게는 어떠한 용기도 요구하지 않는다. 남자들에게 사랑받기를 원한다면 용감한 여자는 자신이 용감하다는 사실을 숨겨야 한다. 육체적 위험 이외의 다른 면에서 용감한 남자도 좋지 않게 여겨진다. 예를 들어, 여론에 무관심한 태도는 대중에게 도전적인 태도로 비치어, 대중은 그들의 권위를 우롱하는 이러한 자를 처벌하기 위해 가능한 모든 수단을 동원한다.

그러나 남자에게 있어서나 여자에게 있어서나 모든 형태의 용기는 군인들의 육체적 용기와 마찬가지로 존중받아 마땅하다. 젊은이들에게서 육체적 용기를 흔히 발견할 수 있다는 사실은 용기란 이를 요구하는 여론에 따라 생길 수 있다는 점을 입증하는 것이다. 용기가 많으면 걱정은 줄어들 것이고, 따라서 피로도 줄어들 것이다. 현대의 남성과 여성들이 겪고 있는 정신적 피로의 대부분은 의식적인 두려움, 혹은 무의식적인 두려움에서 비롯되는 것이기 때문이다.

피로는 대체로 자극에 집착하는 데서 생긴다. 여가 시간을 조용히 잠자는 데 투자하는 사람은 피로를 느끼지 않을 것이다. 하지만 지루한 근무 시간을 보내고 난 사람은 자유 시간에는 최대한 즐겁게 지낼 필요가 있다고 생각한다. 문제는 쉽게 접할 수 있고 겉보기에 너무나 매혹적으로 보이는 쾌락의 대부분은 신경을 혹사시킨다는 점이다. 자극에 대한 욕구가 한계를 넘는다면 그것은 왜곡된 성격이나 본능적인 불만족의 징후이다.

오늘날 현대 사회에서는 자극을 좇아 살아가는 청년들이 점점 많아진다. 그렇게 살다가 결혼을 오랫동안 미루는 경우가 많다. 그러다 정작 결혼을 하려 하면 자극은 이미 습관이 되어 버려 자극에서 헤어나지 못하는 경우가 많다. 많은 사람들이 노동과 다름없이 피로를 불러일으키는 쾌락에 빠져들게 되는 것이다. 이는 곧 인생을 파멸의 길로 이끄는 지름길이 된다. 따라서 건강을 해치거나 일에 방해가 될 만큼 과도하고 소모적인 쾌락에 빠져들지 않도록 신중히 행동해야 한다. 자극적인 쾌락은 결코 행복에 이르는 길이 아님을 알아야 한다.

특히 젊은이들의 경우, 언젠가는 결혼을 해야 하는데, 행복한 결혼을 불가능하게 만드는 방식으로 생활하는 것은 현명하지 못

당신은 행복한 사람인가

하다는 점을 잊지 말아야 한다. 지나치게 신경을 소모하는 쾌락에 빠져 그보다 정도가 약한 쾌락에는 만족하지 못하는 버릇이 들게 되면 어느덧 행복한 결혼 생활은 그림의 떡이 되고 만다.

신경을 혹사하여 얻게 되는 피로가 주는 가장 위험한 해악은 인간과 외부 세계와의 사이에 세워진 차단막 구실을 한다는 점이다. 이런 사람은 외부 세계로부터 귀를 틀어막은 듯 둔탁하게 변한 사람으로 보이게 마련이다. 주변 사람들이 볼 때 그는 쓸데없는 장난이나 거슬리는 버릇으로 짜증을 돋우는 대상일 뿐이다. 그는 식사를 하는 즐거움이나 햇볕을 쬐는 즐거움 같은 걸 느끼지 못한 채 특정 대상에만 강하게 집착하고 다른 것에 대해서는 무관심해지기 쉽다. 이런 상태가 되면 결코 휴식을 취할 수 없기 때문에 피로가 계속 쌓이게 되고, 마침내 의학적인 치료가 필요한 지경에까지 이르고 만다.

이러한 모든 것들은 앞에서 말해 왔듯이 대지와의 접촉을 저버린 데 대한 크나큰 형벌이다. 하지만 인구가 밀집한 현대의 도시 사회에서 대지와의 접촉을 유지할 방법을 찾아내기란 결코 쉽지는 않을 것이다. 그러나 어쩌겠는가? 좋지 못한 환경 속에서도 최대한 대지와 접촉할 수 있는 삶을 살도록 노력하는 수밖에…. 다음의 이야기는 지금까지 논의해 온 걱정에 대해 참 많은 의미를 던져 준다.

옛날 어느 마을에 안락한 생활을 하는 농부가 있었다. 그가 안락하게 지낼 수 있었던 것은 첫째 부지런히 일한 덕택이고, 둘째 하루하루를 걱정하지 않고 지내기 때문이었다. 그러나 주위 사람들 모두가 날씨가 어떻고, 경제가 어떠며, 심지어는 세계정세가 어떻다느니 하면서 걱정을 한다는 사실을 알았다. 그래서 농부는 세상 사람들이 다 걱정을 하는 모양인데, 자신만 안 하면 손해를 볼지도 모른다는 생각에 하루 종일 걱정을 해 보기로 작정했다.

우선 농사에 대해 생각했다. '흉작이 오면 어떻게 하나?' 하고 생각해 보니 파멸이었다. 그렇다면 '대풍작이면?' 하고 생각했으나 농작물 값이 폭락할 것이었다. 다음에는 날씨에 대해 생각을 했다. '비가 안 오고 가문다면?' 당연히 추수할 것이 없어서 파멸이었다. '비가 너무 많이 와서 장마가 든다면?' 홍수에 작물이 몽땅 떠내려가 농사를 망칠 터였다. 그다음에는 건강을 생각했다. '병으로 일을 못하게 되면?' 역시 망할 수밖에 없었다. 걱정하면 할수록 계속 걱정거리만 늘어났다. 다음 날 농부는 이웃 사람에게 자기가 깨달은 중대한 진리를 말했다. "내가 하루 종일 걱정을 해 봤는데, 무엇 하나 해결되는 것이 없더구먼. 그래서 난 걱정은 하지 않기로 했다네."

누구나 걱정을 한다. 하지만 그 걱정이 우리 삶에 도움을 주는 경우는 별로 없다. 걱정은 위기상황일 때, 즉 생명에 위협을 받는 특별한 경우에 제 기능을 할 뿐, 그 외에는 우리의 성장에 발목만 잡을 뿐이다. 자신의 삶이 힘들어서 죽을 것 같다면 걱정하라. 하지만 삶이 살아갈 만하다 생각이 든다면 걱정보다는 희망을 가지라. 걱정은 해도 걱정, 안 해도 걱정이다. 걱정보다는 긍정을, 긍정보다는 희망을, 희망보다는 믿음을 가져라.

질투로
가득한 사람

질투는 평범한 인간 본성이 가진
여러 가지 특징 중에서 가장 불행한 것이다.

'질투' 또한 불행의 유력한 원인 중의 하나이다. 질투의 사전적 의미를 살펴보면, '다른 사람이 잘되거나 좋은 처지에 있는 것 따위를 미워하고 깎아내리려 하는 감정'을 말한다. 그런데 이러한 질투는 인간의 감정 가운데서도 아주 보편적이고 뿌리 깊은 것으로 억누르기가 쉽지 않은 격정, 즉 격렬한 감정이다.

질투는 한 살짜리 어린아이에게도 뚜렷하게 나타난다. 따라서 부모나 교육자적 입장에 있는 사람이라면 누구나 이 문제를 신중하게 다루어야 한다. 두 아이 중 유독 한 아이만 귀여워하는

당신은 행복한 사람인가

모습을 조금이라도 보이면 다른 아이는 금세 알아차리고 화를 낸다. 어린아이를 상대하는 사람은 무조건 예외 없이 분배의 정의를 지켜 관심이나 사랑을 베풀어야 한다.

그러나 어린이들은 시샘의 특별한 형태인 질투를 표현하는 데 있어서 어른들보다 조금 더 개방적일 뿐이다. 아이들 사이에서도 그렇지만, 어른들 사이에서도 질투는 아주 보편적으로 드러난다. 하인을 예로 들어 보자. 여럿 하인 중에 특별히 귀여워 보이는 하인에게 무거운 짐을 들지 말라고 한다면 다른 하인들 누구도 무거운 짐을 들지 않으려 할 것이다. 결국 무거운 짐은 주인 양반이 들어야 할 처지가 될지 모른다. 공정하게 일을 시키지 않으면 하인들 간에 질투라는 무서운 감정이 폭발하여 집안에 화를 초래하게 된다.

이러한 관점에서 보자면, 질투는 곧 민주주의라는 사회 질서가 형성되는 데 지대한 공헌을 한 것임에 틀림없다. 질투라는 감정이 우리 인간들에게 강하게 있었기에 민주적으로 하지 않으면 안 되었을 것이다. 아마도 그리스 아테네와 같은 도시국가들의 민주주의 운동은 거의 전적으로 질투라는 감정에 의해 고무된 것이 틀림없어 보인다. 당시 아테네 시민들은 "우리들 사이에 제일인자가 있어서는 안 된다."고 말했다고 한다. 어느 누구도 우리를 지배하거나 통치하는 권력을 독단적으로 획득해서는 안 된다는 것을 강조하였던 것 같다.

현대 민주주의의 경우도 마찬가지이다. 민주주의가 최고의 정치 형태라고 주장하는 이상주의적 이론에 대해서 나는 전적으로 동의한다. 그러나 실제 정치에서는 이상주의적 이론이 거대한 변혁을 일으킬 만큼 강력한 힘을 발휘하는 분야는 존재하지 않는다. 거대한 변혁이 일어났을 때 그 변혁을 정당화하는 이론은 사람들의 격정을 위장한다. 민주주의 이론에 추진력을 제공하는 격정이란 곧 질투라는 감정이다. 민중을 위해 헌신한 고귀한 여인으로 자주 언급되는 롤랑 부인[2]의 회고록을 한번 읽어 보라. 그는 회고록을 감옥에서 썼는데, 단두대에 올라가기 직전에 "오! 자유여 그대의 이름으로 얼마나 많은 범죄가 저질러지고 있는가!"라는 유명한 말을 남겼다. 그 여자를 열렬한 민주주의자로 만든 것은 귀족의 대저택을 방문했다가 하인들의 방을 들여다본 경험이었다고 한다. 하인들에게서 질투의 참모습을 본 것이다.

보통 수준의 여성들 사이에서 질투는 대단히 큰 역할을 한다. 만일 당신이 지하철에 앉아 있는데 화려하게 차려입은 한 여성

---

2 롤랑 부인(Madame Roland, 1754~1793) 또는 마담 롤랑은 프랑스의 작가이자 프랑스 혁명의 지도자이다. 지롱드파의 흑막 같은 존재였기 때문에 '지롱드파의 여왕' 이라는 별칭을 얻었다. 뛰어난 미모와 지성 그리고 교양을 가지고 있었지만 평민 출신이었기 때문에 귀족에게 받아들여지지 못하고 공화주의자가 되었다.

당신은 행복한 사람인가

이 객차 안을 지나가고 있는 장면을 상상해 보자. 그때 다른 여성들의 눈을 유심히 살펴보라. 그 여성보다 더 화려하게 차려입은 여성이라면 예외가 될 수도 있겠지만, 거의 모든 여성들이 그 여성을 질투어린 시선으로 바라보고 있음을 알 수 있을 것이다. 더군다나 어떤 여성들은 그 여자의 품위를 깎아내릴 만한 구실을 찾아 한마디씩 수군대는 장면도 발견할 수 있을 것이다. 남의 스캔들에 흥미로워하는 것도 이런 일반적인 질투심을 드러내는 것이다. 다른 여성들에 대해 좋지 못한 이야기를 들으면 대부분의 여성들은 근거가 희박하더라도 그것을 사실이라고 믿는 경향이 있다.

고상한 도덕관도 다른 여성에 대한 질투심을 표현하는 역할을 한다. 고상한 도덕관에 어긋나는 행동을 할 기회를 가진 여성들은 질투의 대상이 되고, 이런 죄를 처벌하는 것은 덕행으로 간주된다. 이와 같은 특별한 형태의 덕행은 즐거움을 안겨 주므로 그 자체로 보상이 된다.

남성들 사이에서도 똑같은 일이 벌어진다. 한 가지 다른 점이 있다면, 여성들은 다른 모든 여성들을 경쟁자로 보는 데 비해 남성들은 대부분 동일한 직업을 가진 다른 남성들에 대해서만 이런 감정을 갖는 경향이 있다. 당신은 경솔하게 한 예술가 앞에서 다른 예술가를 칭찬한 적이 있는가? 당신은 한 정치가 앞에서 같은 정당에 속한 다른 정치가를 칭찬한 적이 있는가? 당신은 어떤 철학자 앞에서 다른 철학자를 칭찬한 적이 있는가? 만일 그런 경우가 있다면 틀림없이 당신의 이야기는 질투심이 폭발하게 만들었을 것이다.

독일의 철학자 라이프니츠[3]와 네덜란드의 수학자 호이겐스[4]가 주고받은 편지들 중에는 당대 최고의 물리학자로 칭송받던 뉴턴[5]이 미쳤다는 있지도 않은 사실을 탄식하는 편지가 적지 않다. 그들의 편지 일부를 보면 "뉴턴과 같은 뛰어난 천재가 이성을 잃

---

3 라이프니츠(G. W. Leibniz, 1646~1716)는 탁월한 형이상학자이자 논리학자로서 미·적분의 독창적 발명으로 유명하다. 1661년 부활절 학기에 라이프치히대학교에 들어가 법학을 공부하면서 갈릴레오, 프랜시스 베이컨, 토머스 홉스, 르네 데카르트 등 과학과 철학을 혁명적으로 발전시킨 사람들의 사상에 접하게 되었다. 그는 일생 동안 이 근대 사상가들과 스콜라주의화한 아리스토텔레스를 화해시키려고 노력했다. 1673년 계산기를 발명했으며, 1675년 적분과 미분의 기초를 세웠다. 모든 방면에서 쓸모 있는 사람이 되고자 노력한 라이프니츠는 교육이 더욱 실용적이어야 하고 아카데미를 설립해야 한다고 제안했다.

4 호이겐스(Constantijn Huygens, 1629~1695)는 진정한 네덜란드 문예부흥의 마지막 거장으로 다재다능했으며, 외교·학문·음악·시·과학 등 여러 분야에서 눈부신 공헌을 했다. 외교직에 있었던 까닭에 여러 차례 영국을 다녀왔는데, 그곳에서 존 던과 프랜시스 베이컨을 만나 큰 영향을 받았다. 존 던의 시 19편을 번역하는 한편 베이컨으로부터 '신학문'을 소개받고 이를 시의 주제로서 네덜란드에 소개했다.

5 뉴턴(Sir Isaac Newton, 1642~1727)은 17세기 과학혁명의 상징적인 인물로 광학과 역학 및 수학 분야에서 뛰어난 업적을 남겼고, 1687년에 출판된 『자연철학의 수학적 원리』는 근대과학에 있어서 가장 중요한 책으로 꼽힌다. 케임브리지대학 재학 시절에 데카르트의 기계적 철학, 피에르 가생디가 부활시킨 원자론, 로버트 보일의 책을 통한 화학적 지식, 헨리 모어의 허미티시즘 전통(자연현상을 연금술과 마술적인 개념들을 가지고 설명하는 전통)을 접했다. 자연철학의 중요한 두 전통인 기계적 철학과 허미티시즘 전통은 지속적으로 그의 학문에 영향을 미쳤다.

고 정신이 흐려졌다니, 참 슬픈 일 아닙니까?"라고 적고 있다. 이 두 명의 뛰어난 남성들은 편지를 주고받으며 거짓 눈물을 흘리며 재미있어 했음이 틀림없다. 비록 뉴턴이 몇 가지 이상한 행동을 하는 바람에 그런 소문이 떠돈 것은 사실이지만, 이들 두 사람이 거짓으로 탄식했던 사건은 실제로는 일어나지 않았다. 흔히 우리가 위대한 학자들이라고 칭송하는 이들 두 학자도 질투라는 인간 본래의 감정에서 자유로울 수가 없었던 모양이다.

이러한 질투는 평범한 인간 본성이 가진 여러 가지 특징 중에서 가장 불행한 것이다. 질투심이 강한 사람은 다른 사람에게 불행을 안기고 싶어 한다. 그리고 처벌을 받지 않고 그렇게 할 수 있을 때에는 반드시 행동으로 옮긴다. 그러면서 질투하는 본인 역시 불행해진다. 질투하는 사람은 자신이 가지고 있는 것에서 즐거움을 얻는 대신, 다른 사람이 가지고 있는 것을 보면서 괴로워한다. 결국 스스로 불행을 자초하는 것이다.

질투하는 사람은 가능하다면 다른 사람들에게서 그들이 가진 장점, 자신이 가지고 싶었던 그들의 장점을 빼앗으려 한다. 이런 격정을 제멋대로 날뛰도록 방치할 경우 모든 장점에 대해서, 심지어는 남다른 능력을 가장 유용하게 사용하는 것에 대해서조차 치명적인 해를 끼치게 된다. 노동자들은 밖에서 일하는데, 왜 관리자들은 사무실에서 일하는가? 다른 사람들은 험악한 비

바람에 시달리는데, 왜 과학자들은 따뜻한 방안에서 느긋하게 연구하도록 내버려 두는가? 부녀자들은 집안에서 온갖 일을 다 하는데, 왜 세계적으로 중대한 의미를 지닌 비범한 남성들은 집 안일을 등한시하는가?

질투하는 사람의 입장에서 보면 이러한 물음에 답을 찾지 못한다. 그러나 다행스럽게도 인간 본성에는 질투를 상쇄할 만한 다른 격정, 즉 '감탄(感歎)'이라는 감정이 있다. 인류 행복의 증진을 바라는 사람이라면 틀림없이 감탄은 증가시키고 질투는 감소시키고 싶어 할 것이다.

그렇다면 질투에는 어떠한 치료법이 있는가? 먼저 성자(聖者)들의 경우를 한번 생각해 보자. 성자들이라 하면 보통 무소유(無所有)를 떠올리게 된다. 어떠한 세상의 욕심도 제거된 상태의 사람들 말이다. 따라서 성자들에게는 '무욕(無慾)'이라는 치료법이 있다고 보아야 한다. 그런데 성자들은 과연 다른 성자들에 대한 질투심이 전혀 없을까?

성자들도 질투심이 전혀 없지는 않을 것이다. 시리아의 수사로 최초로 주상 고행자였던 성 시메온 스틸리테스가 자기가 서 있던 기둥보다 더 좁은 기둥 위에서 자기보다 더 오랫동안 서 있었던 성자가 있다는 것을 알았다면, 과연 마음이 편했을까? 이러한 성자들을 논외로 한다면, 평범한 남녀의 질투를 치료할 수 있는 유일한 방법은 '행복'뿐이다. 하지만 질투 그 자체가 행복을 가로막는 무서운 장애물이라는 점이 문제를 어렵게 한다.

질투는 어린 시절에 겪었던 여러 가지 불행에 의해 많은 영향을 받는다. 자신의 눈앞에서 형제나 누이가 더 귀여움을 받는 것을 목격한 아이는 질투하는 버릇이 몸에 배게 된다. 이런 아이가 사회에 나오게 되면 자기가 희생양이 되는 불공평한 대우에 쉽게 분노를 느낀다. 그리고 그런 일이 생기면 당장 알아차리고, 그런 일이 일어나지 않더라도 실제로 일어난 것처럼 상상하기도 한다. 이런 사람은 불행해질 확률이 아주 높다. 자신이 경멸당한다고 상상하지 않도록 친구들이 항상 조심할 수는 없는 노릇이기 때문에 친구들에게도 아주 성가신 존재가 된다. 이런 사람은 처음에는 아무도 자신을 좋아하지 않는다고 생각할 뿐이지만, 결국에는 자신의 행동으로 인해 이러한 생각을 사실로 만들어 버린다.

부당하게 편애를 받는 형제나 자매가 없다고 하더라도, 자식에 대한 사랑이 부족한 부모의 슬하에서 어린 시절을 보낸 아이도 비슷한 결말을 맞이한다. 이런 아이는 다른 가정의 아이들이 자기보다 부모에게 더 많은 사랑을 받는다는 생각에 다른 아이들과 자신의 부모를 미워하게 되고, 어른이 되어서는 자신은 버림받은 존재였다고까지 생각하기도 한다. 부모에게서 사랑받는 것과 같은 특별한 종류의 행복은 만인이 당연히 누려야 할 타고난 권리이다. 따라서 이러한 권리를 빼앗긴 사람은 자연히 마음이 상하고 비뚤어지게 마련이다.

그러나 질투심이 심한 사람은 이렇게 항변할는지도 모른다. "나에게 질투에 대한 치료법이 행복이라고 말한다고 해서 무슨 소용이 있는가? 나는 질투를 느끼는 동안은 결코 행복을 느낄 수 없고, 따라서 당신은 내가 행복을 찾을 때까지는 결코 질투를 버리지 못한다고 나에게 말하고 있을 뿐이다." 그러나 실제 생활이 이와 같이 논리적인 것만은 아니다. 자신이 질투하는 이유가 무엇인지를 깨닫기만 한다면, 이 감정을 고치기 위한 긴 과정의 첫걸음을 이미 내디딘 것과 같다.

매사를 비교하는 습관은 대단히 잘못된 버릇이다. 흔히들 '불행은 남과 비교하는 데서 온다.'고 하지 않는가. 즐거운 일이 생기면 그냥 그 일을 충분히 즐기면 된다. 그 일이 다른 사람에게 일어나는 일에 비하면 즐겁지 않을 것이라고 생각하면서 머뭇거려서는 안 된다.

예를 들어, 질투심이 많은 사람은 다음과 같이 말할 것이다. "오늘은 햇볕이 참 좋은 봄날이야. 새들이 지저귀고 꽃이 활짝 폈어. 하지만 시실리의 봄은 천 배나 더 아름다울 거야. 요단강 숲 속에는 새들이 더 아름답게 노래하겠지. 샤론의 장미는 우리

집 정원에 핀 장미보다 훨씬 예쁠 테고 말이야." 이런 생각을 하노라면 태양은 흐려지고, 새들의 노래는 아무런 의미도 없는 지저귐이 되고, 꽃들은 들여다볼 가치도 없는 초라한 것이 되고만다. 이런 사람은 인생의 다른 즐거움에 대해서도 이와 같은 방식으로 생각할 것이다.

그리고 이런 사람들은 또 이렇게 중얼거릴 것이다. "내 애인은 참 사랑스러워. 나는 그 여자를 사랑하고 그 여자도 나를 사랑해. 하지만 시바의 여왕은 틀림없이 훨씬 더 우아했을 거야. 내게도 솔로몬이 누렸던 행운이 있다면 얼마나 좋을까!" 이러한 비교는 아무런 의미도 없는 어리석은 짓이다. 자신의 애인에게 만족하지 못하는 원인이 시바의 여왕에 있든, 이웃집 여인에 있든 아무런 차이가 없다. 시바의 여왕이나 이웃집 여인 모두 허망한 것은 마찬가지이다. 현명한 사람은 누군가가 가지고 있는 어떤 것 때문에 자신의 즐거움을 망치지 않는다.

질투는 도덕적인 면에서 일종의 나쁜 버릇이다. 질투는 사물을 있는 그대로 보지 않고 사물 사이의 관계를 통해 보려는 데서 생긴다. 만약 내가 원하는 만큼의 월급을 충분히 받는다면 나는 만족을 느껴야 한다. 그런데 별로 나보다 뛰어나지도 않은 듯해 보이는 사람이 나보다 두 배나 많은 월급을 받는다는 사실을 알게 되면 어떨까? 질투가 많은 사람의 경우에는 그 사실을 알게 되자마자 자신이 지닌 것에 대한 만족감이 희미해지고 세상 참 불공평하다고 투덜댈 것이다.

이러한 질투심에 대한 적절한 치료법은 정신 수양을 통해 질투하는 생각을 하지 않도록 습관을 들이는 것이다. 궁극적으로 보면 행복보다 더 탐나는 것이 무엇이 있겠는가? 질투하는 버릇을 고칠 수만 있다면 행복을 얻을 수 있고 남들로부터 부러움의 대상이 될 수 있다. 나보다 두 배나 많은 월급을 받는 사람도 그 나름대로 다른 사람이 자신보다 더 많은 월급을 받는다고 생각하며 틀림없이 속을 끓일 것이다.

명예욕을 가진 사람이라면 누구나 프랑스 황제였던 나폴레옹을 부러워할 것이다. 그러나 나폴레옹은 오히려 카이사르[6] 장군을 부러워했고, 카이사르는 알렉산드로스 대왕을 부러워했으며, 알렉산드로스 대왕은 단지 신화 속의 인물인 헤라클레스를 부러워했을 것이다. 어떤 일에 성공했다는 것만으로는 질투에서 벗어날 수 없다. 역사나 전설 속에는 늘 당신보다 더 성공한 사람이 있을 테니까 말이다. 그냥 자신에게 찾아오는 즐거움

---

6 카이사르(Julius Caesar, BC100~44)는 로마 공화정 말기의 정치가이며, 장군이었다. 기원전 60년 폼페이우스, 크라수스와 함께 삼두 정치(三頭政治)를 수립하고 이를 바탕으로 로마의 집정관에 취임하였다. 갈리아 전쟁, 알렉산드리아 전쟁을 치르며 로마의 최고 지배자가 되어 율리우스력(Julius曆) 사용과 각종 사회정책 사업 등을 실시했으나 권력 집중에 반대한 원로원의 브루투스와 카시우스 등에게 암살되었다.

당신은 행복한 사람인가

을 최대한 누리면서 자신이 마땅히 해야 할 일을 충실히 하면 된다. 그리고 대부분 착각이지만 자신보다 훨씬 행복할 거라고 상상하는 사람들과 비교하는 버릇을 버려라. 그러면 당신은 질투에서 벗어날 수 있을 것이다.

불필요한 겸손도 질투와 관계가 깊다. 사람들은 흔히 겸손을 미덕으로 여긴다. 사실 적당한 겸손은 훌륭한 미덕임에 틀림없다. 그렇지만 극단적인 겸손도 과연 미덕으로 보아야 할까? 이에 대해 나는 상당히 회의적으로 보는 입장이다. 극단적으로 겸손한 사람은 다 그런 것은 아니지만 자신감이 상당히 부족한 경우가 많다. 그래서 자기 능력으로 충분히 할 수 있는 일인데도 불구하고 감히 엄두를 내지 못하는 경우가 많다. 겸손한 사람은 자신이 버릇처럼 들먹이는 사람들에 비해 뒤떨어진다고 생각한다. 그렇기 때문에 이런 사람은 질투를 느끼기 쉽고, 이 질투로 인해서 스스로 불행의 길로 떨어지게 된다.

그래서 어릴 때부터 자기 자신을 훌륭한 사람이라고 자부하며 자긍심을 키워 가는 교육을 받는 것이 좋다고 생각한다. 이건 교만과는 다르다. 교만은 전혀 훌륭하지 않으면서 훌륭한 척하는 것이지만, 자긍심은 내가 조금씩 훌륭해져 가고 훌륭한 일을 하는 것에 대한 자족감을 말한다. 이 얼마나 당당한가?

공작새를 의인화해 보자. 공작새들은 다른 공작새의 꽁지깃을 부러워하지 않을 것이다. 공작새들은 저마다 자신의 꽁지깃이 세상에서 가장 아름답다고 믿기 때문이다. 그렇기 때문에 공작새는 다른 공작새의 모습에 질투를 느낄 필요가 없다. 설사 경쟁을 하더라도 자신이 일등상을 탈 것이라고 자부하며 살아갈 것이다.

당연한 이야기지만, 질투는 경쟁과 밀접한 관계가 있다. 우리는 결코 손에 넣을 수 없는 것으로 여기는 행운에 대해서는 질투하지 않는다. 사회적 신분제도가 분명하게 지켜지던 시대를 생각해 보자. 서양의 중세 봉건사회라든지, 조선 시대와 같은 신분 질서가 잘 지켜지던 때에는 지위가 높은 사람과 낮은 사람, 부자인 사람과 가난한 사람의 구별은 엄연히 신이 내려준 운명이라고 생각했기 때문에 결코 신분이 낮은 계급의 사람이 신분이 높은 계급의 사람을 질투하지 않았다. 그건 감히 엄두도 낼 수 없는 일이었다.

그런데 현대 사회에 들어와서 사회적 지위의 불안정과 민주주의 및 사회주의가 주창하고 있는 평등주의 이론이 질투의 대상이 되는 영역을 크게 넓혀 놓았다. 질투의 영역을 넓혀 놓은 것은 지금으로서는 한편 폐단일 수 있지만, 이것은 보다 공정한 사회제도에 도달하기 위해서 반드시 참고 견뎌 내야 하는 폐단이다. 이성적으로 냉정히 따져 볼 때, 특별 대우를 받는 누군가에게 그런 특별한 대우를 받을 만한 어떤 뛰어난 공로가 있지 않는 한 불평등은 부당하게 보인다. 그리고 그 불평등이 부당하다는 생각이 드는 순간 부당함을 없애는 것 말고는 불평등으로 인한 질투를 치료할 방법이 없다.

그러므로 현대 사회는 특별히 질투가 만연해 있는 사회이다. 가난한 사람은 부자를 질투하고, 가난한 나라는 부유한 나라를 질투한다. 정숙한 여자는 정숙하지 않으면서도 별 문제없이 살아가는 여자를 겉으로 잘 드러나지 않게 질투한다. 질투가 다른 신분 계급과 다른 민족 간의 정의를 이룩하는 주요한 원동력이 된다는 것은 사실이다. 하지만 질투의 결과로 빚어진 정의는 자칫하면 최악의 것, 즉 불행한 사람들의 즐거움을 증가시키기보다 오히려 행복한 사람들의 즐거움을 감소시키는 결과를 낳는 정의가 되기 쉽다는 데 문제가 있다. 사회주의가 분명 장점도 있지만 그들 사회의 불행이 바로 여기에 있다.

개인 생활이 파괴되면 사회생활 역시 파괴되게 마련이다. 질투처럼 나쁜 것으로부터 좋은 결과가 나오리라고 기대할 수는 없는 노릇이다. 그러므로 이상주의적 입장에서 현대 사회제도의 근본적인 변화와 사회 정의의 증대를 바라는 사람들은 질투가 아닌 다른 힘이 변화를 일으키는 데 도움이 되기를 바라야 한다.

나쁜 일은 저마다 서로 관련되어 있고, 한 가지 나쁜 일은 다른 나쁜 일을 불러오는 원인이 된다. 특히 피로가 질투의 원인이 되는 경우가 많다. 자신이 맡고 있는 일이 부당하다고 생각하는 사람은 모든 일에 불만을 느끼는데, 이런 불만은 힘이 덜 드는 일을 하는 사람들을 질투하는 방식으로 표출되기 때문이다. 이런 경우 질투를 줄이는 방법 중 하나는 바로 피로를 줄이는 것이다.

　그러나 무엇보다 중요한 것은 본능을 만족시키는 생활을 확립하는 것이다. 순전히 직업적인 문제처럼 보이는 질투도 실제로는 인간의 가장 본능적인 것과 관련이 되는 경우가 많다. 아내와의 결혼생활과 자녀에 대한 만족을 느끼면서 자신이 옳다고 생각하는 방법으로 자녀를 기를 만한 경제적 능력을 가지고 있는 사람은, 자신보다 재산이 많다거나 더 성공을 했다고 해서 남들을 질투하는 경우는 별로 없기 때문이다. 사실 행복의 본질은 아주 단순한 데 있다. 너무 단순해서 아주 유식한 체하는 사람들조차도 자신에게 부족한 게 무엇인지 모를 정도라, 부족함을 전혀 느끼지 못하는 삶을 영위한다.

　앞서 언급한바 있듯이, 화려하게 차려입은 여자들을 볼 때마다 선망의 눈초리로 바라보는 여자들은 사실 본능적 생활에 있어서 매우 불행한 사람들이다. 본능적인 행복은 대체로 부유한 나라의 여성들 사이에서는 보기 드물다. 이러한 관점에서 본다면, 문명은 분명 잘못된 방향으로 엇나가고 있는 것 같다. 질투를 줄이기 위한 방법을 찾아내야 한다. 그러한 방법을 찾아내지 못하면 우리의 문명은 물불을 가리지 않는 증오심 속에서 파멸의 길로 접어들 것이다.

옛날 사람들에게 있어 질투의 대상은 단지 이웃 사람들이었다. 이웃 사람들 말고 다른 사람들에 대해서는 아는 것이 거의 없었기 때문이다. 그러나 요즘 사람들은 교육과 언론, 인터넷 등을 통해 실제로 아는 사람은 아니지만 추상적으로나마 여러 계층의 사람들에 대해서 많은 것을 알고 있다. 영화나 드라마 등을 통해서 부자들이 어떻게 사는지를 알고 있고, 각종 매스컴을 통해서 다른 국가들의 사악함이나, 다른 색깔의 피부를 가진 사람들이 자행하는 악랄한 행동에 대해서도 잘 알고 있다. 황인종은 대체로 백인종을 그다지 좋아하지 않고, 백인종은 흑인종에 대해 경멸하는 태도까지 보인다.

이러한 증오에 대해 눈에 보이지 않는 민족 간의 선전 활동이 부추기는 경향 때문이라고 보는 사람이 많다. 그렇지만 이는 아주 피상적인 설명에 불과하다. 왜 선전 활동은 우애를 선동하려고 할 때보다 증오를 선동할 때 훨씬 더 성공적인가? 그 분명한 이유는 현대 문명이 만들어 낸 인간의 심리가 우애보다는 증오

쪽으로 더 쉽게 기울어진다는 데에 있다. 현대인의 심리는 불만에 가득 차 있고 삶의 의의를 제대로 찾지 못하기 때문이다. 자신은 자연이 인간에게 선사하는 여러 가지 혜택을 누리지 못하는데 다른 사람들은 누리고 있을 것이라는 생각이 무의식 속에서 깊이 작용하고 있기 때문에 현대인의 심리는 증오로 더 쉽게 기울어진다.

오늘날 현대인이 누리는 즐거움의 총량은 원시 사회에 비하면 엄청나게 커졌다. 그러나 동시에 어떤 즐거움을 반드시 누려야 한다는 생각 또한 훨씬 증대되었다. 자녀들을 데리고 동물원에 가서 원숭이들의 모습을 유심히 살펴보라. 물론 아주 활발하게 뛰어놀며 재롱을 부리는 놈도 극소수 있겠지만, 묘기도 부리지 않고 나무 열매도 따지 않는 원숭이의 눈에서 부자연스러운 슬픔을 보게 될 것이다. 아마도 원숭이가 인간이 되고 싶은데 그 방법을 발견할 수 없어서 그러는 것이라고 상상해 볼 수 있다. 진화 도상에서 원숭이는 길을 잃었고, 원숭이의 사촌격인 인간은 진화를 계속해 결국 원숭이만 뒤처지게 된 것이다.

이러한 원숭이들이 느꼈을 것 같은 슬픔이 깃든 무언가가 문명인의 영혼에 스며 있는 것 같다. 문명인은 자기의 손이 미치는 곳에 자신보다 훌륭한 것이 있음을 알고 있지만, 그것을 어디서 어떻게 찾아야 하는지는 전혀 알지 못하고 있다. 절망에

당신은 행복한 사람인가

빠진 그는 자신의 동료인 인간에 대해 분노한다. 그의 동료도 길을 잃고 불행해하는 것은 마찬가지인데 말이다. 우리는 진화의 특정한 단계에 도달했지만, 이 단계는 결코 최종 단계가 아니다. 우리는 이 단계를 빨리 넘어서야 한다. 그렇지 않으면 우리들 대부분은 중도에서 멸망하고 말 것이며, 살아남은 나머지 사람들도 의혹과 두려움의 숲에서 길을 잃게 될 것이다.

이렇듯 질투는 나쁜 것이며, 그 결과는 무섭다. 하지만 질투가 악의 화신인 것만은 아니다. 질투는 깜깜한 밤길을 걸어가고 있는 사람들이 겪고 있는 영웅적 고통의 표현이다. 그 길은 어쩌면 더 나은 보금자리에 이르는 길이 될 수도 있고, 죽음과 멸망에 이르는 길이 될 수도 있다. 이러한 절망에서 벗어나 올바른 길을 찾아내기 위해서 문명인은 지성을 확대했던 것처럼 감정 또한 확대해야 한다. 문명인은 자기를 뛰어넘는 법을 배워야 하고, 그렇게 함으로써 우주를 자유롭게 이용할 수 있는 특권을 손에 넣는 법을 배워야 한다.

불합리한
죄의식에 빠진 사람

가장 중요한 것은
마음 깊은 곳에 자리 잡은 죄의식이다.
이런 죄의식은 무의식 속에 깊이 뿌리를 내리고 있으며,
다른 사람들의 비난을 두려워하는 의식으로
드러나지도 않는다.

죄의식도 사람들의 삶을 불행하게 만드는 심리 원인 가운데 아주 중요한 부분을 차지한다. 우선 죄의식에는 종교적 의미의 죄의식이 있다. 모든 종교마다 나름의 규범이 있고, 그 규범에 합당하지 못한 행동을 할 경우 죄의식을 가지게 된다. 여기서는 기독교도들의 경우를 예로 들어 보자. 기독교도들의 견해에 따르면 '양심'이란 죄받을 일을 저지르고 싶은 충동을 느끼는 사람들에게 나타난다고 한다. 그리고 그런 행동을 저지른 뒤에는 후회 혹은 회개의 두 가지 고통스러운 감정이 뒤따른다. 그때 후

당신은 행복한 사람인가

회는 아무런 가치도 없는 것이지만, 회개를 통해서는 죄를 씻어 없앨 수 있다는 생각을 한다. 이와 같이 기독교를 신봉하는 나라에서는 종교적 확신을 지니지 못한 사람들도 죄악에 대한 전통적인 관념을 버리지 못하고, 그것을 확대 혹은 축소하여 오랫동안 지니고 있게 되었다.

그러던 것이 오늘날에 와서는 정반대의 경향을 띠게 되었다. 전통적인 신앙을 갖고 있지 않은 사람들은 물론이고, 전통적인 신앙을 가지고 있다고 자처하는 사람들도 죄악에 관한 낡은 이론을 거부하는 경향이 뚜렷하다. 이렇게 변하게 된 데는 아마도 현대 정신분석학의 영향이 클 것이다. 예전에 양심은 신비로운 것, 즉 신의 목소리로 여겨졌다. 하지만 요즘 사람들은 더 이상 양심을 신비로운 것으로 여기지 않는다. 우리는 세계의 어느 곳에 있느냐에 따라 양심이 각기 다른 행동 방식을 요구한다는 것을 알게 되었다. 일반적으로 말하자면, 양심은 어디를 가든 그 종족의 관습과 관련된다.

또한 '양심[7]'이라는 말은 여러 가지 다른 감정들과 관련되어 있

---

7 어원적으로 볼 때 '양심'이라는 개념은 그리스어 'suneidesis'로부터 유래하며, '함께 안다'는 의미를 갖고 있다. 즉, 인간이 하느님과 함께 안다는 것이다. 전통적으로 가톨릭교회는 양심을 '하느님의 목소리'로 이해하고 있다. 사목헌장 16항에는 "인간은 양심 속 깊은 데서 법을 발견한다. 이 법은 인간이 자신에게 준 법이 아니라 인간이 거기에 복종해야 할 법이다. 이 법의 소리는 언제나 선을 사랑하며 행하고 악은 피하도록 사람을 타이르고, 필요하면 '이것은 행하고 저것은 피하라'고 마음의 귀에 들려준다. 이

다. 그중에서도 가장 단순한 감정은 발각되지 않을까 하는 두려움이다. 여러분들 중에는 완벽한 삶을 살아왔기 때문에 그런 두려움을 전혀 느껴 보지 못한 사람도 있는지 모르겠다. 하지만 만약 발각되면 처벌을 받게 되는 행동을 한 경험이 있는 사람들에게 물어보면, 그들은 곧 발각될 것 같은 순간이 닥쳐와야 죄를 뉘우치게 되더라고 말한다. 물론 전문적인 도둑들은 감옥에 갈 것을 각오하고 다니기 때문에 발각되는 것을 겁내지 않을 수도 있다.

하지만 다급한 나머지 공금을 횡령한 은행 지점장이나, 욕정을 참지 못해 성추행을 자행한 목사 등과 같은 점잖은 위치의 죄인들은 으레 발각될지도 모른다는 두려움에 떨게 마련이다. 이들은 발각될 가능성이 거의 없을 때에는 자신이 저지른 죄를 잊을 수도 있지만, 자신의 죄가 밝혀지거나 밝혀질 위험이 커지면 좀 더 바르게 살 걸 하고 후회하고, 그때서야 자신이 얼마나 나쁜 죄를 저질렀는지 생생히 자각하게 된다.

발각되지 않을까 하는 두려움은 그가 속한 집단에서 추방되지 않을까 하는 두려움과 밀접히 관련되어 있다. 친구 간에 카드놀

렇게 하느님이 새겨 주신 법을 인간은 그 마음에 간직하고 있으므로 이 법에 복종하는 것이 바로 인간의 존엄성이며, 이 법에 따라 인간은 심판을 받을 것이다. 양심은 인간의 가장 은밀한 안방이요, 인간이 저 혼자서 하느님과 같이 있는 지성소(至聖所)이며, 그 깊은 곳에서 하느님의 목소리가 들려온다."고 쓰고 있다.

당신은 행복한 사람인가

이를 하면서 부정한 짓을 하거나, 남의 돈을 빌려 쓰고 갚지 않았다는 사실을 들킨 사람은 주위 사람들의 비난에 맞설 면목이 없다.

하지만 종교개혁가나 무정부주의자, 혁명가는 다르다. 이들은 오늘 자신의 운명이야 어떻게 되든지 간에 결국 역사는 자신의 편이 될 것이며, 지금 비록 비난받지만 미래에는 오히려 존경을 받게 될 것이라고 생각한다. 이들은 세상 사람들의 비난에 시달리지만 죄의식을 느끼지는 않는다. 하지만 그 사회의 도덕관을 인정하면서도 그것에 어긋나는 행동을 하는 사람은 사회적 위신을 잃는 것을 커다란 불행으로 여긴다. 이런 사람들은 불행이 닥칠지 모른다는 두려움 때문에, 혹은 그 불행이 현실이 되었을 때 겪는 고통 때문에 아주 쉽게 자신의 행동을 죄악으로 여기게 된다.

그러나 가장 중요한 것은 마음 깊은 곳에 자리 잡은 죄의식이다. 이런 죄의식은 무의식 속에 깊이 뿌리를 내리고 있으며, 다른 사람들의 비난을 두려워하는 의식으로 드러나지도 않는다. 의식 속에서는 아무리 생각해 보아도 뚜렷한 이유가 없는데도 무의식적으로 죄라고 단정하게 되는 행동들이 있다. 이런 행동들을 하는 사람은 까닭모를 불안감에 스스로 시달림을 자초한다. 그러한 사람은 자신이 죄라고 단정하고 있는 행동을 삼갈 수 있는 능력의 소유자를 부러워한다. 그리고 마음이 아주 깨끗하다고 믿는 사람들만을 도덕적으로 존경한다.

이런 사람은 사실 성자(聖者)의 수준이다. 그런데 그는 자신은 성자와 같은 생활을 하지 못한다는 것을 인정하고 바로 낙담해 버린다. 하지만 그가 생각하는 성자의 생활은 평범한 사람들은 거의 실행에 옮길 수 없는 것이다. 결국 이런 사람은 성자의 삶은 자신의 몫이 아니라고 판단하여 평생 눈물 흘리며 참회하는 삶을 살아간다. 이것이 가장 고결한 삶이라고 생각하면서 평생 죄의식을 느끼며 말이다.

이와 같은 죄의식은 대부분 유아기 때 엄격한 성향의 어머니나 할머니에게서 받은 도덕적 가르침에서 비롯되는 경우가 많다. 즉, 욕을 하는 것은 추한 것이므로 고상한 말만 해야 하고, 술은 방탕한 사람들이나 먹는 것이고, 담배는 최고의 미덕과는 어울리지 않으며, 절대 거짓말을 해서는 안 된다고 배운 것이다. 어린아이는 이런 가르침이 어머니의 생각이며, 심지어 하늘의 가르침이라고 생각하기도 한다. 물론 이를 어길 시는 하늘의 뜻을 어겨 큰 벌을 받는다고까지 생각하게 된다.

이런 아이에 있어 가장 큰 즐거움은 어머니의 애정 어린 손길을 받거나, 만약 어머니가 무관심한 사람인 경우에는 할머니의 애정 어린 보살핌을 받는 것이었다. 아이는 도덕적 원칙에 어긋

당신은 행복한 사람인가

나는 죄를 짓지 않았을 때에만 그런 애정 어린 보살핌을 받을 수 있었다. 따라서 아이는 어머니나 할머니가 마땅찮아 하는 행위들에 대해서는 막연한 두려움을 느끼게 된다. 나이가 들면서 그는 자신이 품고 있는 도덕적 규칙들이 어디에서 온 것인지, 그것을 거역했을 경우 치러야 하는 대가가 어떤 것인지를 조금씩 잊어 간다. 그럼에도 불구하고 그의 마음속에는 그 도덕적 원칙은 물론이고, 그것을 어겼다가는 큰일이 날 거라는 생각이 완전히 지워지지 않고 무의식 속에 남아 있게 된다.

이렇듯 유아기에 배운 도덕적 가르침 중에는 합리적인 근거가 없으며, 평범한 사람들의 일상적 행위에는 적용할 수 없는 것들이 많다. 합리적인 관점에서 보면, '나쁜 말, 즉 욕설'을 사용한 사람이라고 해서 그렇지 않은 사람에 비해서 도덕적으로 특별히 타락했다고 보기는 어렵다. 대부분의 사람들은 욕설을 하지 않는 것이 도덕적인 사람의 가장 중요한 특징이라고 생각하고 있는데, 합리적인 관점에서 보면 이것 역시 대단히 어리석은 생각이다.

술이나 담배도 마찬가지의 논리로 설명이 가능하다. 술 몇 잔 마셨다고 해서, 담배 좀 피웠다고 해서 그렇게 타락한 사람으로 치부할 수는 없다. 그렇게 많은 비중을 차지한다고 볼 수는 없지만, 술을 나쁜 것으로 여기지 않는 민족들도 있다. 특히 남부

유럽 쪽의 나라들이 그렇다. 적당한 음주는 약이 된다는 말도 있지 않은가? 성경에도 "우리의 주님도 사도들과 포도주를 마시지 않았던가!"라고 기술하고 있다. 그런 술을 죄악시하는 것은 너무나 합리적이지 못한 사고방식이다. 이러한 사고방식이야말로 오히려 불경스러운 생각이다.

담배를 피우지 않는 것이 미덕이 된다는 논리는 언뜻 보면 설득력이 있어 보인다. 그러나 위대한 성자들은 중독성이 있는 담배를 피우지 않았으므로 담배가 나쁘다는 그들의 논리는 부적절하다. 위대한 성자들은 주로 담배가 널리 알려지기 전에 살았기도 하지만, 성자들은 단순히 쾌락만을 목적으로 하는 일을 하지 않는다는 생각에 초점이 맞추어져야지, 단순히 성자들이 담배를 피우지 않았기 때문에 담배가 나쁘다고 하는 논리는 설득력이 부족하다. 이런 금욕주의적인 요소는 일상적인 도덕에서 거의 무의식적인 것이 되었지만, 그것이 발현되는 여러 가지 상황들을 살펴보면 우리의 무의식 속에 박힌 도덕적 원칙이 얼마나 비합리적인지를 확실히 알 수 있다.

거짓말에 대해서도 같은 논리로 생각해 볼 수 있다. 나는 세상에서 지나치게 많은 거짓말들이 판을 치고 있고, 따라서 세상의 진실성을 확대하기 위해서는 더 정직해야 한다는 것을 부인하지는 않는다. 하지만 나는 경우에 따라서는 거짓말이 용납될 수도 있다고 생각한다. 합리적인 사람이라면 누구나 이러한 주장에 동의할 것이다.

어느 한 노인이 시골 눈길을 걷다가 여우 한 마리를 보았다. 그 여우는 먹이를 먹지 못했는지 몹시 지친 몸을 이끌고 힘겹게 걸어가고 있었다. 노인은 별 생각 없이 지나쳤는데, 몇 분 후에 한 무리의 사냥꾼들을 만났다. 그들이 노인에게 여우를 보았느냐고 물었다. 노인은 보지 못했다고 거짓말을 했다. 노인은 그때 거짓말을 한 것이 나쁜 짓이었다고는 결코 생각하지 않았을 것이다.

어릴 때의 도덕적 가르침 가운데 가장 나쁜 영향을 끼치는 것은 성(姓)에 관련된 잘못된 가르침이다. 성에 관해 지나치게 엄격한 부모에게서 인습적인 교육을 받으면서 자란 아이는 생식기를 죄악과 동일시하는 경향이 있어 평생토록 죄의식에서 벗어나지 못하는 경우가 종종 있다.

이러한 생각은 프로이드가 강조한 오이디푸스 콤플렉스[8]에 의

---

8 프로이드는 '오이디푸스 콤플렉스(Oedipus complex)'를 약 3~5세 아동들의 특징으로 보았다. 그는 보통 이 단계가 아동이 자기 자신을 동성 부모와 동일시하고 자기의 성적 본능을 억제하게 되었을 때 마무리된다고 했다. 부모와의 이전 관계가 비교적 애정이 깊고 심리적 외상이 없으며 부모의 태도가 지나치게 금압적이거나 자극적이지 않았다면 이 단계는 조화롭게 지나간다. 그러나 심리적 상처가 있었다면 '소아 노이로제'가 일어나며 이는 아동이 성인기가 되어서도 비슷한 반응을 보일 수 있는 중대한 전조가 된다. 성인의 의식 있는 정신을 지배하는 도덕적 요인인 초자아도 오이디푸스 콤플렉스를 극복하는 과정에 그 근거를 두고 있다. 프로이드는 오이디푸스 콤플렉스에 대

해 더욱 견고해진다. 당연히 어릴 적에 가장 사랑했던 여자(프로이드에 있어서는 '어머니'가 이에 해당함)는 성적으로 자유로운 관계를 가질 수 없는 사람이었다. 그 결과 성인 남성 중에는 여성이 성에 눈을 뜨면 타락했다고 생각하고, 그런 여성에 대해서는 존경심을 느끼지 못하는 경우가 많았다. 성적으로 냉담한 아내를 둔 남자는 본능적으로 다른 곳에서 성적인 만족을 추구하지만, 죄의식 때문에 본능적인 욕구는 결코 충족되지 못한다. 결국 이런 사람은 아내와의 관계에서도, 다른 여자와의 관계에서도 행복을 느낄 수 없다. 지나친 순결교육을 받은 여성도 마찬가지다. 이런 여성은 남편과의 성관계에서 본능적으로 위축되고 쾌락을 느끼는 것을 두려워한다. 무의식 가운데 죄의식을 지닌 채 근본적으로 행복이 무엇인지를 모르고 살아가게 된다.

이렇듯 인습적인 성교육은 오히려 아이들에게 해로움을 준다는 사실을 이제는 올바로 인식해야 한다. 아직도 관계 당국에서는 이런 사실을 달갑지 않게 생각할는지도 모르겠다. 성교육의 올바른 원칙은 매우 간단하다. 즉, 어린애가 사춘기에 가까워질 때까지는 남자에게나 여자에게나 어떠한 성도덕도 가르치지 말아야 하며, 자연스러운 신체 기능에는 혐오할 만한 것이 있다는

한 반작용을 인간 정신의 가장 중요한 사회적 성취라고 생각했다.

관념을 주입시키지 않도록 조심해야 한다. 성교육이 필요한 시기가 되면 합리적인 교육을 하고, 관련된 논점에 대해서 타당한 근거를 구체적으로 제시해 주어야 한다. 여기서 구체적인 성교육 이야기를 할 수는 없다. 단지 현명하지 못한 성교육이 불합리한 죄의식을 빚어내는 폐단을 극복하기 위해서는 어른들이 성에 대한 올바른 관점을 가지고 있어야 한다는 것이다.

어린아이들에게 인습적인 도덕을 가르친다고 해서 세상이 더 살기 좋아지는 것은 아니다. 흔히들 말하는 도덕군자의 모습 속에는 얼마나 많은 미신적인 요소들이 투사되어 있는지를 살펴보면 잘 알 수 있다. 후대에 전해지는 과정 속에서 우상화되고 과장되어 전해지는 것이 너무나도 많다. 따라서 우리는 그것을 절대시하는 우를 범하고 있지는 않은지 냉철히 돌아볼 필요가 있다.

우리 사회가 도덕군자들이 주장한 금지 사항들을 동원해서 온갖 가상의 도덕적 위험들로부터 아이들을 보호하려고 애쓰면서도, 어른들에게서 노출되어 있는 실재하는 도덕적 위험들은 제대로 거론하지 않고 있는 현실을 생각해야 한다. 법의 울타리를 교묘히 피해 가며 사업하는 악랄한 관습들, 고용자의 피고용인에 대한 부당한 대우와 '갑'질, 아내와 자녀들에 대한 점점 많아지는 잔혹한 행동들, 정치권력을 둘러싼 잔인한 암투들, 이런 것이야말로 점잖은 사람들이 흔히 저지르고 있는 참으로 해로운 죄악들이다.

이러한 죄악을 저지르는 사람은 자신과 직접적인 관련을 가진 사람들에게 불행을 안기고 문명 파괴에 한몫을 하는 사람들이다. 하지만 이런 행동은 이 사람에게 고난이 왔을 때 신의 은총을 받을 자격을 잃고 버림받은 신세가 되었다고 여기게 할 정도의 죄의식으로 작용하지 않는다. 또한 이런 행동은 꾸짖는 듯한 눈초리로 굽어보는 어머니의 영상을 만나는 꿈을 꿀 정도의 죄의식으로 작용하지도 않는다.

그렇다면 인간의 잠재의식 속에 이성과 괴리된 도덕성을 가지고 있는 이유는 뭘까? 그 이유는 어린 시절 그를 교육한 사람들이 믿었던 도덕적 원칙이 합리적이지 못했기 때문이다. 그것은 사회에 대한 개인의 의무를 연구한 끝에 나온 것이 아니라, 비합리적인 금기사항들이 남겨 놓은 낡은 찌꺼기들이었다. 그것은 멸망해 가는 로마제국, 혹은 쓰러져 가는 조선사회를 괴롭힌 정신적 질병으로부터 유래한 병적 요소를 포함하고 있었다. 우리의 유명무실한 도덕적 원칙들은 수구적 위정자들, 그리고 정신적으로 노예나 다름없던 여성들에 의해 형성되어 온 것이다. 이제는 이 터무니없는 도덕적 원칙들을 제거해야만 한다.

한 개인이 이런 제거 과정을 통해서 두 개의 가치 기준 사이에서 우왕좌왕하지 않고 한결같이 하나의 기준에 의지해서 일관된 삶을 살고 행복을 누릴 수 있도록 하려면, 우선 자신의 이성이 말하는 내용에 대해 깊이 느끼고 생각할 필요가 있다. 대부분의 사람들은 어린 시절 배운 어리석은 규범들을 표면적으로 벗어던지고 나서 이제 할 일을 다 했다고 생각할 뿐, 이런 어리석은 규범들이 의식의 밑바닥에 여전히 숨어 있다는 것을 깨닫지 못한다. 합리적인 확신에 도달했다면 그것을 곰곰이 생각하고 그 확신의 결과물을 철저히 추구하여, 자기에게 새로운 확신과 일치하지 않는 낡은 확신이 남아 있지는 않은지 탐색해 보아야 한다.

때때로 죄의식이 심해질 때가 있는데, 그럴 때는 그것을 신의 계시나 더 고귀한 행동을 하라는 요구로 받아들일 것이 아니라 하나의 질병이나 약점이라고 생각해야 한다. 물론 여기서 말하는 죄의식은 합리적인 도덕 원칙에 비추어 볼 때 비난받을 만한 행위를 했기 때문에 생기는 죄의식과는 전혀 다른 것이다. 나는 여기서 도덕 원칙을 지니지 말라고 주장하는 것이 아니다. 단지 미신적인 도덕 원칙, 즉 합리적이지 못한 도덕 원칙을 지니지 말라는 것이다. 이 두 가지는 전혀 다른 차원이므로 혼동해서는 안 된다.

설사 합리적인 도덕 원칙에 어긋나는 일을 한 사람이라고 해도 지나치게 죄의식을 느끼는 것은 삶의 방식을 개선한다는 목적에 비추어 볼 때 결코 좋은 방법은 아닌 것 같다. 물론 합리적인 도덕 원칙을 지키지 않아도 된다는 뜻이 아니다. 지나친 죄의식 안에는 희망과 자존감을 갉아먹는 감정이 존재하기 때문에 이를 잃는 것은 좋지 않다는 것이다. 매우 합리적인 사람이라면 자신이나 다른 사람이 좋지 못한 행동을 한 것은 상황 때문이라고 생각할 것이다. 그리고 그러한 행동이 좋지 않다는 것을 확실히 깨닫거나, 그런 행동을 하게 될 만한 상황을 되도록 피해 가려고 노력할 것이다.

죄의식은 바람직한 생활의 원동력이 되지 못한다. 실제로 죄의식을 느끼는 사람은 불행하다. 이런 사람은 죄의식 때문에 괴로워하고 자신을 열등한 존재로 여긴다. 또한 자신의 불행 때문에 다른 사람들에게 무리한 요구를 하기 쉽고, 그렇기 때문에 대인관계에서 기쁨을 얻기 어렵다. 열등감을 느끼는 사람은 자신보다 우월해 보이는 사람들에게 원한을 품으며, 남을 칭찬하기는 망설이면서 쉽게 남을 시샘한다. 이런 사람은 다른 사람에게 불쾌감을 주기 때문에 갈수록 외톨이가 된다.

다른 사람을 열린 마음으로 대하는 관대한 태도를 가진 사람은 다른 사람들을 행복하게 하고, 자신도 남들에게서 호감을 얻기 때문에 무한한 행복을 누린다. 그러나 죄의식에 사로잡힌 사람은 마음이 불안하고 자신감이 부족하기 때문에 이런 태도를 갖지 못한다. 이른바 정신적 통합이 이루어진 사람만이 이런 태도를 가질 수 있다. 여기서 '정신적 통합'이란 의식, 잠재의식, 무의식 등 인간 의식의 다양한 층들이 충돌하지 않고 조화를 이루어 끊임없이 활동하는 상태를 가리킨다.

대부분의 경우에는 현명한 교육을 통해서 이런 조화를 만들어 낼 수 있다. 하지만 현명하지 못한 교육을 받아 온 사람이 이런 조화를 이루려면 훨씬 어려운 과정이 요구된다. 이것이 바로 정신분석학자가 개입하는 과정이다. 하지만 나는 극단적인 경우에만 전문가의 도움이 필요하지, 대부분의 경우에는 혼자서 이런 과정을 진행할 수 있다고 생각한다.

어떤 이는 다음과 같이 말할지도 모른다. "나는 그런 마음고생에 허비할 시간이 없다. 나는 할 일이 산더미 같이 많고 바쁜 사람이다. 나는 내 무의식이 제멋대로 하도록 내버려 둘 수밖에 없다." 이런 말을 하는 사람은 스스로 분열된 인격자임을 고백하는 것이다. 분열된 인격이야말로 행복을 갉아먹고 효율성을 깎아 먹는 가장 주된 요인이다. 인격의 여러 부분들 간에 조화를 이끌어 내기 위한 시간은 결코 쓸모없이 낭비하는 시간이 아니다. 그렇다고 자기 성찰을 위해서 반드시 하루에 몇 시간씩 시간을 투자할 필요까지는 없다. 그것은 최선의 방법이 아니다.

여기서 내가 제안하고자 하는 방법은 자신이 이성적으로 판단한 것에 대해서 확고한 결심을 세움으로써 근거 없는 비합리적인 생각이 아무런 거리낌 없이 출몰하지 못하도록 하는 것, 그리고 그런 생각에 단 한순간도 마음을 빼앗기지 않는 것이다. 그런데 그것이 그리 간단하지만은 않다. 결심을 확고히 해야 하고 한순간도 방심해서는 안 되는데, 자꾸만 마음이 약해지는 경우가 많기 때문이다. 그럴 때 자신을 합리적으로 설득할 수 있어야 하는데, 단호히 설득한다면 또한 그리 어려운 것만은 아니라 생각한다. 충분히 성공할 수 있을 것이다. 따라서 조화로운 인격을 만드는 데 많은 시간이 필요할 것이라는 생각은 굳이 할 필요가 없다.

합리성에 대해 혐오감을 느끼는 사람들도 있다. 이런 사람들에게는 지금까지 해온 이야기가 아무런 설득력도 없는 아주 시시한 이야기로 들릴 것이다. 그들 중에는 합리성이 제멋대로 활개를 치도록 내버려 두면 마음속 깊은 곳에 깃든 감정들은 모조리 메말라 버릴 것이라고 항변하는 사람들도 있을 것이다. 그런데 이런 생각들은 아마도 이성이 인간 생활에서 담당하고 있는 기능에 대한 편협한 견해에서 비롯된 것이라 생각된다.

물론 이성의 기능 중에는 행복으로 이어지는 길을 가로막는 감정들, 즉 미움과 질투, 걱정과 두려움 등이 출현하지 못하게 하는 기능도 있다. 미움과 질투 등의 감정을 최소화하는 방법을 찾는 것은 분명히 합리적인 이성의 기능에 속한다. 하지만 이성이 이런 감정들을 최소화하는 과정에서 이성이 규탄하는 대상이 아닌 감정들이 가진 힘까지 함께 약화시킬 것이라고 생각하는 것은 옳지 않다.

이성 간의 정열적인 사랑, 자식에 대한 무조건적 사랑, 친구 간의 우정, 타인에 대한 자비심, 과학이나 예술에 대한 열정 속에는 이성이 약화시킬 만한 대상은 아무것도 없다. 합리적인 사람이라면 이 감정들 가운데 일부 혹은 전부를 느끼게 된다면 그 사실 자체에 기뻐할 것이며, 이 감정들이 가진 힘을 약화시키는 일은 결코 하지 않을 것이다. 이런 감정들은 모두 행복한 인생을 구성하는 한 부분이다. 이런 감정이 충만한 인생은 자신은 물론 남들에게도 행복을 가져다준다. 이런 감정들 가운데는 비합리적인 것이라곤 있을 수 없으며, 대부분의 비합리적인 사람들은 오직 가장 보잘것없는 감정만을 느낄 뿐이다.

한편 합리적인 이성적 인간이 되면 아주 무미건조한 생활을 하기 때문에 행복하지 못할 것이라고 걱정하는 사람도 있다. 인간은 감정의 동물인데 감성적인 삶을 살지 못하니 불행해진다는 것이다. 그런데 그런 걱정은 할 필요가 없다. 합리성은 내면 조화의 중심부이기 때문에 합리적인 사고를 하는 사람은 오히려 내면의 갈등으로 늘 시달리고 있는 사람보다 훨씬 자유롭게 세상일에 대해 깊이 생각하고, 외적인 목적을 성취하는 데 열정을 쏟을 수 있다. 부정적 감정들에 의해 자기 안에 갇히는 것은 대단히 따분한 일이지만, 바깥 세계를 향해서 관심과 정력을 돌리는 것은 대단히 즐거운 일로, 오히려 더 큰 행복을 누릴 수 있다.

앞서 언급해 왔듯이, 전통 사회의 인습적인 도덕 원칙은 지나치게 자아에 집중해 왔다. 죄의식은 자아에 어리석을 만큼 관심을 집중한 결과로 빚어진 산물 가운데 하나였다. 이런 잘못된 도덕이 빚어낸 주관적인 기분을 경험해 본 적이 없는 사람이라면 굳이 이성적 힘을 빌릴 필요가 없다. 하지만 죄의식에 감염된 사람이 병을 완치하려면 이성의 도움이 반드시 필요하다. 그리고 아마도 이 병은 정신이 발전하는 데 있어 필요불가결한 단계일지도 모른다. 이성의 도움을 받아 이 병을 극복한 사람은 병에 걸려 본 적도 없고 치료해 본 적도 없는 사람에 비해 정신적으로 더 높은 경지에 도달하게 된다. 우리가 사는 시대에 이성에 대한 혐오가 흔히 나타나는 가장 중요한 이유는 이성의 작용에 대한 이해가 철저하고 근본적으로 이루어지지 않고 있기 때문이다.

자아가 분열되어 있는 사람은 특별한 자극을 찾게 된다. 그런 사람은 강렬한 감정을 느끼는 것을 좋아한다. 그런 감정이 순간적으로나마 자신을 내면에서 벗어나게 하고 고통스러운 생각을 없애 주기 때문이다. 그런 사람에 있어 열정은 모두 도취(陶醉)[9]의 한 형태이다. 그는 고통에서 벗어나는 방법은 오직 도취의 형태로만 가능하다고 생각한다. 하지만 이런 태도는 심각한 병적 증상이다. 이런 병이 없는 사람만이 자신의 능력을 최대로 발휘하면서 최대의 행복을 느낄 수 있다.

정신이 최고로 활발하게 움직일 때 사람은 가장 강렬한 기쁨을 느낀다. 이것이 바로 자신이 누리는 행복이 참된 행복인지를 시험할 수 있는 가장 좋은 방법이다. 뭔가에 도취해야만 느낄 수 있는 행복은 거짓된 행복이며 충만함을 줄 수 없는 행복이다. 자신의 능력을 충분히 발휘하고 자신이 몸담고 있는 세상을 완전히 인식하면서 느끼는 행복이야말로 진정한 충만함을 주는 행복이다.

---

9 사람이 무엇에 취한 듯 빠져들어 헤어나지 못하는 상태.

…

피해망상에
빠진 사람

내가 남의 흉을 보면
다른 사람들도 똑같이 내 흉을 본다.

우리가 행복하지 못하는 이유 중에 '피해망상'이라는 감정을 빼놓을 수 없다. 피해망상은 극단적인 피해망상과 가벼운 피해망상으로 구분해 볼 수 있다. 극단적인 피해망상은 일종의 정신질환이다. 다른 사람들이 자기를 죽이려 한다거나 감옥에 가두려 한다거나, 아니면 어떤 다른 방법으로 심각한 해코지를 하려 한다고 상상하는 사람들이 있다. 이들은 가상의 박해자들로부터 자신을 방어하겠다는 생각에서 걸핏하면 자기가 먼저 폭력적인 행동을 하기도 하는데, 이 때문에 자유를 속박당하는 처지에 놓이게 되는 경우가 많다. 이것은 다른 형태의 많은 정신질환과 마찬가지로, 정상적이라고 생각되는 사람들 사이에서도 흔히 발견되는 경향의 극단적인 예에 해당한다.

　이런 극단적인 피해망상은 정신의학의 영역에서나 다루어져야 할 것이다. 따라서 내가 여기서 다루고자 하는 것은 보다 가벼운 피해망상에 대한 것이다. 사실 가볍다고는 하지만 피해망상 그 자체는 곧 불행의 원천이 되는 경우가 많다. 그런데 극단적인 피해망상이 아닌 가벼운 피해망상은 환자 스스로 얼마든지 극복할 수 있다. 물론 환자가 혼자 힘으로 이 문제를 극복하기 위해서는 우선 문제의 원인을 올바로 진단해야만 한다. 그 원인이 자신이 가상으로 지어 낸 다른 사람들의 적의나 박해에 있는 것이 아니라, 바로 자신에게 있다는 사실을 깨달을 수만 있다면 충분히 고칠 수 있기 때문이다.

　우리는 주위에서 자신은 늘 다른 사람들의 배은망덕하고 무자비하고 배신적인 행위에 피해를 입고 있다고 주장하는 사람들을 흔히 볼 수 있다. 그런데 이런 사람들도 때때로 주위 사람들에게서 따뜻한 동정을 받기도 한다. 대체로 그들이 하는 이야기를 들어 보면 특별히 이상한 구석이 전혀 없다. 사람들에게 해코지를 당했다는 그의 이야기가 사실인 경우도 물론 가끔씩 있다. 그런데 이야기를 다 듣고 나면, 아무리 운이 나빠도 늘 그렇게 많은 악당을 만난다는 게 가능할까 싶은 생각이 든다.

사회에서 살고 있는 사람들이 생활하면서 겪게 되는 냉대와 해코지는 그 양에 있어서 다들 엇비슷하기 마련이다. 그 사람의 주장처럼 특정한 상황에 처한 어떤 사람이 혼자서 세상의 모든 사람들로부터 해코지를 당한다면, 그 사람 자신이 그런 일을 자초할 만한 원인을 가지고 있을 가능성이 크다. 즉, 자신이 실제로는 당하지도 않은 피해를 가상하고 있거나, 그렇지 않으면 무의식중에 남들이 참을 수 없을 정도의 짜증나는 행동을 했을 가능성이 높다.

그래서 이런 사람들을 만나 본 경험 많은 사람들은 세상에서 한결같이 부당한 대우를 받아 왔다고 자처하는 사람들의 이야기에 의구심을 품게 된다. 그러면 이들에게 동정을 받지 못한 이 불행한 사람들은 이로 인해 온 세상이 자신들의 반대편에 서 있다는 생각을 더욱 굳히게 된다. 이 문제를 다루기 어려운 이유가 바로 여기에 있다. 상대방이 동정을 하거나, 하지 않거나 똑같이 피해망상 증상을 악화시키기 때문이다.

피해망상증의 경향이 있는 사람들은 자신의 불우한 이야기가 먹혀 들어가는 것 같으면 진실이라고 여겨질 정도로 신세타령을 그럴 듯하게 꾸며 댄다. 반대로 남들이 자신의 신세타령을 믿지 않는다는 것을 느끼게 되면, 자신에 대한 세상의 특별한 냉혹성

당신은 행복한 사람인가

의 또 하나의 실증을 보았다고 생각한다. 이 병을 치유할 수 있는 것은 분별력뿐이다. 분별력이 제대로 효과를 발휘하려면 환자 자신이 상대방의 분별력을 인정해야 한다. 즉, 상대방이 나를 평가하고 대우하는 것을 인정하고 스스로 그 치유법을 찾아야 한다.

따라서 나는 본 단원에서 피해망상증의 요소를 찾아내는 방법을 알아보고, 또한 찾아낸 요소를 제거할 수 있는 방법을 제시해 보고자 한다. 사실 정도의 차이는 있지만 거의 모든 사람이 피해망상증에 걸려 있다. 모든 사람들이 자기만 해코지한다고 생각한다면 결코 행복한 삶을 살 수 없다. 그러므로 피해망상을 극복하는 것은 행복을 달성하는 데 있어서 매우 중요한 한 부분을 차지한다.

거의 모든 사람들이 험담(險談: 악의에 찬 남의 말)에 대해서 비합리적인 태도를 취하는데, 이런 태도는 비합리적인 태도 중에서 가장 흔한 종류에 속한다. 자신이 아는 사람들에 대한, 심지어는 자신의 가까운 친구들에 대한 험담을 입 밖에 내지 않고 버티는 사람은 아주 드물다. 하지만 사람들은 자신을 헐뜯는 이야기를 들으면 억울하고 화가 나서 어쩔 줄을 모른다. 사람들은 자신이 다른 사람들에 대해서 입방아를 찧듯이, 다른 사람들도 자신에 대해서 입방아를 찧고 있다는 생각은 전혀 하지 않는다.

내가 남의 흉을 보면 다른 사람들도 똑같이 내 흉을 본다는 것을 알아야 하는데 말이다. 그래도 이런 태도는 비합리적인 태도 중에서 그리 심하지 않은 편에 속한다. 하지만 이 증상이 심해지면 피해망상증으로 이어진다.

사람들은 자신에 대해서 따뜻한 애정과 깊은 존경심을 가지고 있으며, 다른 사람들도 역시 자신에 대해서 그런 따뜻한 애정과 깊은 존경심을 가지고 있기를 바란다. 다시 말해서, 내가 남들에 대해서 가지고 있는 생각보다 남들이 나에 대해서 가지고 있는 생각이 더 나은 것이기를 바란다. 누구나 자신의 눈에는 자신의 미덕이 크고 분명하게 보이지만, 남들이 가진 미덕은 만에 하나 있다 하더라도 아주 너그럽게 보지 않으면 결코 눈에 잘 들어오지 않기 때문이다.

어떤 사람이 당신을 향해 끔찍한 험담을 했다는 소리를 들었다고 하자. 당신은 그 사람이 받아 마땅한 비난이 입 밖으로 나오려는 걸 아흔아홉 번이나 참았던 사실만 기억하고, 백 번째 가서는 방심하는 순간 자신도 모르게 그 사람에 대해 비난했던 사실을 기억하지 못한다. 당신은 그렇게 오랫동안 마음속에 담아두면서 참았던 것에 대한 보답이 겨우 이것인가 하고 생각한다. 당신은 그가 한 행동이 못마땅하겠지만, 그 사람의 입장에서 보면 당신이 한 행동이 못마땅하기는 마찬가지다. 그는 당신

당신은 행복한 사람인가

이 입을 열지 않았던 아흔아홉 번에 대해서는 전혀 모르고, 당신이 입을 열었던 백 번째 일에 대해서만 알고 있기 때문이다.

끔찍한 일이지만, 모든 사람이 상대방의 생각을 훤히 읽을 수 있는 능력을 가지게 되었다고 가정해 보자. 정말 그렇게 된다면 처음에는 아마도 거의 모든 친구 관계가 깨지는 일이 일어날 것이다. 좋지 못한 생각들이 금방 들통 나기 때문이다. 하지만 그 다음에는 점점 멋진 일이 일어날 것이다. 사람들은 친구가 한 명도 없는 세상은 도저히 참고 살 수 없다고 생각할 것이다. 그리고 서로를 흠잡을 데 없이 완벽한 인간이라고 생각하지 않는다는 것을 숨기기 위한 눈속임을 할 필요가 없게 되며, 서로를 좋아하는 법을 배우게 될 것이다.

사람들은 자신의 친구들이 단점을 가지고 있긴 하지만, 전체적으로 보면 마음에 드는 좋은 사람이라는 것을 알고 있다. 그러면서도 친구들이 자신에 대해서 그러한 태도를 취하는 것을 보면 참지 못하고, 자신을 보통 사람들과는 달리 아무런 결점도 없는 사람으로 봐주기를 바란다. 자신에게 결점이 있음을 부인할 수 없는 상황에 놓이게 되면 당연한 사실임에도 불구하고 지나치게 심각한 문제로 받아들인다. 완벽한 인간이 되고 싶다는 희망을 버려야 한다. 그렇지 않으면 자신이 완벽하지 않다는 사실 때문에 심한 고통을 겪게 될 것이며, 결국 행복에서 점점 멀어질 것이다.

피해망상은 늘 자신이 가진 장점을 지나치게 과장하는 태도에서 비롯된다. 예를 들어, 내가 극작가라고 가정해 보자. 아무런 편견이 없는 보통 사람이라면 틀림없이 나를 당대에 가장 빛나는 작가라고 평가할 것이다. 그런데 어찌된 일인지 내가 쓴 희곡은 좀처럼 공연되지 않고, 공연되더라도 성공을 거두지 못한다. 이런 기괴한 사태를 어떻게 설명할 것인가? 극장운영자들과 배우들, 평론가들이 이런저런 이유를 들어 나에게 좋지 않은 일을 공모하고 있는 게 틀림없을 거야. 물론 그들이 제시하는 이유는 나로서는 대단히 영예로운 것이다. 나는 극장계의 실세들에게 빌붙지 않고, 평론가들에게 아부하지 않는 사람이다. 내 작품은 도저히 견뎌 내지 못할 만큼 가차 없이 진실을 까발리고 있다. 따라서 아무도 따라올 수 없을 만큼 탁월한 나의 진가는 제대로 인정받지 못하고 시들어 가고 있는 것이라 자평한다.

다음은 발명한 성과물이 사람들의 이목을 끌지 못하는 발명가의 예를 들어 보자. 그는 제조업자들이 자기 방식만 고집하면서 혁신을 하지 않으려 한다고 생각한다. 회사에 참신한 발명가들을 고용하고 있는 진보적인 제조업자들은 거의 찾아보기 힘들고, 아직 공인받지 못한 천재가 끼어드는 것을 그리 반기지 않는다고 생각한다. 학회에서도 그의 원고를 제대로 읽지도 않고

돌려보낸다. 사람들을 직접 만나 설명을 해도 반응이 미적지근하다. 이런 사태를 어떻게 설명해야 할까? 사람들이 발명으로 인한 소득을 자기들끼리만 나누어 먹으려고 똘똘 뭉쳐 있는 게 틀림없어. 그러니까 자기 조직에 속하지 않는 사람의 이야기는 귀를 기울이지 않는 것이라고 치부한다.

이번에는 박애주의적 유형의 피해망상을 예로 들어 보자. 원치도 않는 사람들에게 선행을 베풀고는 그들이 전혀 고마워하지 않는 것에 대해 놀라고 당황한다. 사람들이 선행을 베푸는 동기는 우리들이 상상하는 것처럼 순수하지 않은 경우가 많다. 권력욕은 쉽게 드러나지 않고 여러 가지 위장을 한다. 우리가 남들에게 유익할 거라고 믿는 어떤 선행을 하면서 느끼는 즐거움은 대체로 권력욕에서 비롯된 경우가 많다.

그런데 선행을 하는 즐거움에는 또 다른 요소가 들어 있는 경우가 있다. 누군가에게 선행을 베푼다는 것은 일반적으로 그들로부터 나름의 즐거움을 빼앗는 것일 수 있다. 그들이 술이나 도박을 하면서 느끼는 나름의 즐거움을 박탈하는 것이다. 이런 경우에는 다분히 사회 윤리적 요소가 개입된다. 그것은 바로 친구들의 존경을 의식해서 나쁜 행동을 할 수 없는 사람들이, 그런 행동(나쁜 행동)을 할 수 있는 입장에 있는 사람들에게 느끼는 질투심 같은 것이다.

여기서 특정한 장소나 상황에서 담배 피는 것을 금지하는 '금연법'을 예로 들어 보자. 이 금연법에 찬성하는 사람들은 분명히 담배를 피우지 않는 사람들인데, 다른 사람들이 담배를 피우면서 얻는 쾌락이 그들에게는 고통의 원천이 된다. 만약 과거에 지독한 애연가였던 사람들의 대표가 와서 그들에게 역겨운 악습으로부터 해방시켜 준 것을 감사하리라고 기대한다면, 그들은 크게 실망할 것이다. 결국 그들은 공공의 선을 위해서 평생을 바쳤는데도 자신들의 자선 행위에 대해서 마땅히 감사를 표해야 할 사람들조차도 전혀 감사의 마음을 갖지 않는다고 생각하기 시작할 것이다.

　이러한 일은 정계의 고상한 처세에서도 일어난다. 높고 고상한 목적을 실현하기 위해서 안락한 생활을 포기하고 공직 생활에 들어서서 모든 권력을 차근차근 장악해 온 정치가는 자신에게 등을 돌리는 국민들의 배은망덕에 크게 놀란다. 이 정치가는 자신의 행동이 공적인 동기가 아닌 다른 동기에서 비롯된 것이었을 수도 있다거나, 혹은 자신의 행동에 정사(政事)를 좌지우지하면서 느끼는 즐거움이 어느 정도는 스며들어 있을 수도 있다고는 결코 생각하지 않는다. 그가 대중 앞에서 연설을 할 때나 당의 기관지에 투고를 할 때 습관적으로 쓰는 구절들이 서서히 그의 머릿속으로 파고들어, 그는 점차로 그것들이 진실을 표현

　　　　　　　　　　　당신은 행복한 사람인가

하고 있다고 믿게 된다. 그는 미사여구로 가득 찬 당론이 자신의 동기를 정확하게 분석하고 있다고 오해하게 된다. 그러다 세상이 그에게 등을 돌릴 때에야 그는 환상에서 깨어나 환멸 속에서 물러나면서, 공익 추구와 같이 남이 인정해 주지도 않는 일을 하려고 했던 것을 후회한다.

이러한 예들로부터 몇 가지의 일반적인 원칙을 이끌어 낼 수 있다. 이런 원칙들에 포함된 진리를 충분히 깨달으면 피해망상을 적절히 예방할 수 있을 것이다. 첫째, 당신의 동기는 당신 자신이 생각하는 것처럼 반드시 이타적인 것만은 아니라는 사실을 기억하라. 둘째, 당신의 장점을 과대평가하지 마라. 셋째, 다른 사람들이 당신에 대해 당신 자신과 마찬가지로 관심을 가지고 있다고 상상하지 마라. 넷째, 대부분의 사람들이 당신을 해코지하고 싶다는 생각을 가질 만큼 당신에 대해 골몰하고 있다고 상상하지 마라. 이 원칙들을 하나씩 짚어 가며 설명해 보자.

첫 번째 원칙에 대한 이야기부터 해 보자. 자신의 행동 동기를 의심해 보는 것은 특히 자선가나 정치가들에게 필요한 것이다. 이런 사람들은 이 세상 또는 이 세상의 일부가 어떠해야 하는가에 대한 뚜렷한 전망을 가지고 있고, 이 전망을 실현하면서 인류 전체 또는 그 일부에 은혜를 베풀어야 한다고 생각한다. 이러한 생각은 때로는 옳고, 때로는 옳지 못하다. 그러나 이들은 자신들의 행동으로 인해 영향을 받는 사람들도 저마다 자기가 바라는 세상에 대한 나름대로의 견해를 가질 수 있고, 자신들과 똑같은 권리를 갖고 있다는 사실을 충분히 인식하지 못한다.

특히 정치가 유형의 사람들은 자신의 생각이 전적으로 옳고, 이와 반대되는 생각은 모두 잘못되었다고 확신한다. 그러나 그의 주관적인 확신이 그가 객관적으로 옳다는 증거가 될 수 없다. 게다가 그의 신념은 자신이 주요 원동력이 되는 사회적인 변화를 생각하면서 얻는 쾌락을 은폐하는 것에 불과한 경우가 많다. 그리고 여기에는 권력욕뿐 아니라 또 다른 동기가 있는데, 그것은 바로 다름 아닌 '허영심'이다.

아주 숭고한 정치적 이상을 가지고 국회의원에 출마하는 사람은 유권자들이 자신을 보고 단지 자기 이름 앞에 '국회의원'이라는 직함을 새겨 넣는 영광을 누리기 위해서 출마한 사람이라고 비웃는 것을 보면 깜짝 놀란다. 그러나 선거를 마치고 조용히 자신을 되돌아보는 시간을 갖게 되면, 그는 결국 냉소적인 유권자들의 말이 옳은 것이 아닌가 하는 생각을 해 보게 된다. 그런데 정치적 이상주의는 단순한 정치적 동기에다 여러 가지 교묘한 포장을 하기 때문에 몰아치는 현실주의적 냉소도 정치가들에게는 별다른 영향을 주지 못한다는 데 문제가 있다.

전통의 인습적인 도덕은 상당 부분 이타주의를 강요하고 있지만, 인간의 본성으로 보아 완전한 이타주의는 거의 불가능하다. 그런데 자신의 덕을 자랑스럽게 여기는 사람들은 흔히 자신이 이와 같이 도달할 수 없는 이상에 도달했다고 상상한다. 사실은 가장 고상한 사람의 행동도 거의 대부분 이기적인 동기에서 나온 것인데, 이것을 굳이 유감스럽게 생각할 필요는 없다. 만약 이런 이기적인 동기가 없다면 인류는 존속하지 못한다. 남들을 먹이는 데만 시간을 보내고, 자신은 먹을 생각을 하지 않는 사람이 있다면 그 사람은 곧 죽고 만다. 물론 그가 공익을 위한 힘을 기르기 위해서 영양을 섭취할 수도 있을 것이다. 하지만 그런 동기에서 음식을 먹으면 소화가 잘될지 의문이다. 그러므로 공익을 위한 일이라는 생각으로 식사를 하는 것보다는 음식을 즐기면서 식사를 하는 것이 훨씬 더 좋다.

이러한 논리는 다른 일에도 그대로 적용된다. 무슨 일을 하든 확실한 열정이 용솟음칠 때 일이 제대로 이루어진다. 확실한 열정은 주로 이기적인 동기에 의해서 생긴다. 이기적인 동기가 없이는 열정은 생기기가 어렵다는 말이다. 이러한 관점에서 예를 들어, 처자식을 강도로부터 보호하려는 본능처럼 자기 자신과 혈연관계를 가지고 있는 사람들에 대한 관심도 나는 이기적 동기로 간주한다. 이 정도의 이타심은 평범한 인간 본성의 하나다. 하지만 인습적인 도덕이 강요하는 이타심은 그렇지 않으며 사실상 거의 도달할 수 없는 경지다. 자기 자신의 도덕적 우월성에 대해서 자랑하고 싶어 하는 사람들은 자신이 거의 불가능해 보일 정도의 이타심에 도달했다는 확신을 가져야만 한다. 따라서 성자처럼 살아 보려는 노력은 일종의 자기기만과 연관되고, 자기기만은 쉽게 피해망상으로 이어진다.

두 번째 원칙, 즉 자신의 장점을 과대평가하지 마라. 이 원칙은 도덕적 문제에 한해서 이미 논한바 있다. 그러나 도덕과 상관없는 다른 장점들 역시 마찬가지로 과대평가해서는 안 된다. 자신이 쓴 시나리오가 성공을 거두지 못한다면 작가는 자기 작품이 훌륭한 작품이 아니라는 가설을 냉정히 생각해 볼 필요가 있다. 이 가설을 말도 안 된다며 간단히 물리쳐서는 안 된다. 그래서 이 가설이 사실에 부합한다는 것을 발견하면 과감히 이 가설을 받아들여야 한다. 물론 역사에는 제대로 인정받지 못한 업적들이 있는 것이 사실이다. 그렇지만 잘못이 잘못으로 인정된 경우보다는 그래도 훨씬 적은 편이다.

만일 어떤 사람이 천재임에도 불구하고 그 시대에 인정받지 못하고 있다면, 그는 인정을 받지 못하더라도 자신의 길을 꿋꿋이 걸어가는 것이 옳다. 반대로 그가 허영심에 들뜬 재능 없는 사람이라면 자신의 길을 고집하지 않는 편이 낫다. 어떤 사람이 비록 인정받지 못하더라도 걸작품을 하나 남기고 싶다는 충동에

당신은 행복한 사람인가

시달리고 있다면, 이 사람은 앞에 말한 두 가지 경우 중 어디에 속할까? 만일 그가 첫 번째 경우에 속한다면 그의 고집은 영웅적인 것이다. 그러나 두 번째 경우에 속한다면 그는 웃음거리에 지나지 않는다. 아마도 그가 죽고 한 세대는 지나서야 겨우 그가 어느 경우에 속했는지 짐작할 것이다.

만일 당신이 스스로 아주 천재라고 생각하는데, 친구들은 전혀 그렇지 않다고 생각한다면 어떻게 해야 할까? 이에 대한 평가 기준을 다음과 같이 설정해 볼 수 있을 것 같다. 즉, 자신의 뚜렷한 관념이나 감정을 표현하고 싶은 욕구 때문에 작품을 쓰는가? 아니면 갈채를 받고 싶은 욕구 때문에 작품을 쓰는가? 이 두 가지로 기준을 설정해 볼 수 있을 것이다.

물론 예술가라면 누구나 갈채를 받고 싶어 한다. 이러한 욕구는 대부분 강력하지만, 그것은 엄연히 이차적인 동기이다. 예술가는 어떤 종류의 작품을 쓰고 싶어 하고 또 그 작품이 갈채를 받기를 바라지만, 비록 갈채를 받지 못할 것 같더라도 자신의 소신을 굽히지 않는다는 의미에서 그렇다. 반대로 갈채를 받고 싶다는 욕구가 일차적 동기인 사람은 어떤 특별한 종류의 표현을 하고 싶다는 강한 충동이 없으며, 따라서 전혀 다른 분야의 일도 무리 없이 해낼 수 있을 것이다. 이런 사람은 자신의 예술이 갈채를 받지 못한다면 예술을 과감히 포기하는 편이 나으며,

다른 일을 찾아보는 것이 현명한 선택일 것이다.

이번에는 좀 더 일반적인 이야기를 해 보자. 어떤 직업을 가졌든 상관없다. 당신이 생각하는 것만큼 다른 사람들이 당신의 재능을 높게 평가하지 않는다는 사실을 당신이 안다면? 다른 사람들이 나의 진가를 제대로 알지 못하는 것이라고 확신하지 마라. 만약 당신의 그런 확신을 방치하면, 당신의 재능이 인정받지 못하도록 방해하는 음모가 있다는 엉뚱한 믿음을 가지게 될 것이다. 이런 믿음은 당신의 삶을 불행하게 만드는 원인이 될 것임이 틀림없다. 당신의 재능이 생각했던 것만큼 대단하지 않다는 사실을 인정하는 편이 훨씬 낫다. 이렇게 인정하는 것이 지금 당장은 다소 고통스럽겠지만 결국 그 고통에는 끝이 있게 마련이다. 그 고통의 끝을 넘어서면 다시 행복의 길이 열리는 법이다.

세 번째 원칙은 다른 사람들에게 너무 많은 것을 기대하지 말라는 것이다. 예전 같으면 병든 부모를 위해서 자식 가운데 적어도 하나쯤은 모든 것을 포기하고 희생해 주기를 기대하는 경우가 드물지 않았다. 이것은 자식들에게 이성에 어긋날 정도의 이타심을 기대하는 경우이다. 다른 사람을 대하든, 사랑하는 자녀들을 대하든 우리가 반드시 잊지 말아야 하지만 늘 잊기 쉬운 것이 있다. 그것은 바로 그들은 그들의 입장에서 인생을 바라본다는 것이다. 그래서 그들을 움직이는 것은 그들의 입장일 뿐이며, 그들이 당신의 입장에서 인생을 바라봐 주지 않는다는 것이다.

어떤 사람에게 다른 사람을 위해서 인생의 근본 노선을 달리하기를 기대해서는 안 된다. 아니, 자식일지라도 부모를 위해서 삶을 희생해 달라고 강요해서는 안 되는 일이다. 경우에 따라서는 아주 큰 희생조차도 자연스럽게 만드는 두터운 사랑이 있기는 하다. 하지만 자연스럽지 못한 희생을 강요하거나, 희생을 하지 않았다고 해서 그 사람을 비난해서는 안 된다. 사람들은 보통 다른 사람들의 행동에 대해서 불평을 한다. 그런데 그러한 행동은 어떤 사람이 지나치게 욕심을 부릴 때, 상대방이 자연스러운 이기심으로 그 사람의 지나친 탐욕에 대항하여 보이는 건강한 반응인 경우가 대부분이다.

네 번째 원칙은 다른 사람들이 당신에 대해서 생각하는 시간은 당신이 자신에 대해 생각하는 시간에 비해서 훨씬 적다는 점을 깨달으라는 것이다. 병적인 피해망상에 시달리는 사람은 모든 사람들이 낮이나 밤이나 할 것 없이 불쌍한 자신에게 해코지하는 데만 집중하고 있다고 상상한다. 실제로 모든 사람들은 각자 나름대로 직업과 관심거리를 가지고 있기 때문에 남을 해코지하는 데 집중할 여력이 없다.

마찬가지로 비교적 온건한 피해망상에 시달리는 사람도 실제로는 자신과 아무 관련이 없는 모든 행동들을 자신과 관련된 것으로 본다. 물론 이런 태도는 자신의 허영심을 만족시켜 주는 것에 지나지 않는다. 만일 그가 모든 사람의 관심을 끌 만큼 위대한 인물이라면 모든 행동이 그와 관련되어 있다는 것이 사실일 수도 있다. 그런데 주위 사람들이 지극히 평범한 자신에 대해 몰두하고 있다고 상상한다면, 그는 정신병으로 향하는 길목에 있는 셈이다.

예를 들어, 한 국회의원이 한 청문회 석상에서 발언을 했다고 하자. 다른 의원들의 사진은 여러 신문에 실렸는데 자신의 사진은 실리자 않았다고 하자. 이것을 어떻게 설명해야 할까? 분명히 다른 의원들이 더 중요한 인물이어서 그런 것은 아닐 것이다. 틀림없이 신문편집자들이 나를 무시하라고 명령했을 것이다. 그들은 왜 그런 명령을 했을까? 내가 너무 유력한 인물이기에 내가 두려워서 그랬을 것이다. 이런 식으로 자신의 사진이 실리지 않았다는 사실 때문에 느꼈던 푸대접의 괴로움은 미묘한 자기 찬미로 뒤바뀌게 된다.

그러나 이러한 자기 찬미로는 확고한 행복을 얻을 수 없다. 그의 마음 깊은 곳에서는 진실은 그렇지 않다는 생각이 솟아날 테고, 이러한 진실을 될 수 있는 한 철저하게 자기 자신에게 감추기 위해서 더 환상적인 가설을 세워야만 한다. 결국 이러한 가설을 믿고, 또한 숨기느라고 긴장감은 더욱 커진다. 이런 가설들 속에는 세상 사람들이 적대감을 품는 대상이 바로 자기라는 생각이 포함되어 있다. 때문에 그는 이런 가설들에 의지해서 자존심을 지킬 수 있는 유일한 방법은 자신은 세상에 맞지 않는다는 고통스런 감정에 빠져드는 것이다.

자기 찬미에 기초한 만족은 결코 확고하지 못하다. 그러므로 진실이 아무리 불쾌한 것일지라도 단호하게 그것을 직시하여 그것에 익숙해지고, 그 진실에 입각하여 자신의 삶을 구축해 나가야만 한다.

여론의 지배를
받는 사람

쓸데없는 소심함이
필요 이상으로 문제를 악화시키기도 한다.

　자신의 삶의 방식과 세계를 보는 관점이 주위의 사람들로부터
비난을 받으면서도 행복한 사람이 과연 있을까? 나는 함께 살아
가는 사람들로부터 동의를 받지 못하면서, 즉 여론에 시달리면
서 행복을 느끼고 사는 사람은 아마 거의 없을 것이라 생각한다.
　현대 사회는 도덕과 신념이 철저하게 다른 여러 계층의 사람
들로 구성되어 있다. 이러한 현상은 근대의 시작으로 보는 종교
개혁과 르네상스와 함께 시작되어 오늘에 이르기까지 점차 확대
되어 왔다. 가톨릭교도와 개신교도 간에는 신학뿐만 아니라 보

다 실제적인 여러 문제에서 견해 차이를 보인다. 종교적 신념과 세계관에서 뚜렷한 차이를 보여 주고 있는 것이다. 심지어 종교 의식을 준수하는 의무를 부인하는 자유주의적 경향을 가진 교파와 자유사상가들이 많이 등장했다. 또한 사상적으로는 자본주의와 사회주의가 등장하여 정치뿐만 아니라 거의 모든 생활 영역에서 심각하게 분열되어 대립각을 세우기도 했다.

특히 선진국이라고 자부하는 국가일수록 셀 수도 없을 만큼 많은 분열이 존재한다. 어떤 계층은 예술을 찬미하지만, 어떤 계층은 현대 예술이 사악하다고 폄하한다. 어떤 계층은 국가에 대한 충성이야말로 최고선이라고 여기는가 하면, 어떤 계층은 이런 충성을 악적으로 여기기도 하고, 어떤 계층은 이는 어리석은 행위라고 여기기도 한다. 인습에 젖은 사람들은 간통을 극악한 범죄 중의 하나라고 생각하지만, 대부분의 사람들은 터놓고 칭찬하지는 못하지만 용서할 수는 있는 일이라고 생각한다. 또한 인습에 젖은 사람들은 이혼을 아주 비도덕적인 행위로 간주하지만, 요즘 들어 대부분의 다른 사람들은 이혼은 필요할 시 결혼 관계의 수정 정도로 받아들인다.

이렇게 다양한 견해의 차이로 말미암아 일군의 도덕과 신념을 가진 사람이 어떤 사회에서는 배척당하지만, 또 다른 사회에서는 떳떳한 인간 대접을 받기도 한다. 문제는 이런 견해의 차이로 인하여 엄청나게 많은 불행이 빚어진다는 데에 있다. 이런 사정은 젊은이들 사이에서 특히 심하다. 젊은 남자나 여자는 유행하고 있는 사상을 알려고 애쓰지만, 그들이 속한 특수한 환경 속에서는 이러한 사상은 곧 저주임을 금방 알게 된다.

젊은이들은 그들이 알고 있는 유일한 환경이 전 세계의 전형인 것처럼 생각하기 쉽다. 그들은 자신들이 정도를 벗어났다고 비난받을까 봐 두려워서 감히 내놓고 인정하지 못하는 견해들이 다른 곳이나 다른 계층에서는 당대의 평범한 상식으로 받아들여진다는 것을 거의 믿지 못한다. 따라서 세상 물정에 어두운 나머지 우물 안 개구리가 되어 다른 세상에 대해서는 무지할 수밖에 없다. 그러다 보니 불필요한 불행을 감수하며 살아가게 된다.

이는 비단 청년기에만 그런 게 아니다. 사실은 평생 동안 그런 불행을 겪으며 사는 경우도 있다. 이러한 고립은 고통을 빚어내는 원천이 되고, 적대적인 환경에 맞서서 정신적 독립성을 유지하는 데 엄청난 정력을 낭비하게 만든다. 또한 이러한 고립은 십중팔구 여러 가지 사상들의 논리적인 결론이 무엇인지 추적하는 것에 대해서 겁을 집어먹게 만든다.

영국의 대표적 작가였던 브론테(Brontë) 자매[10]의 경우를 예로

---

10 문학사에 세 자매가 모두 한자리를 차지하고 있는 경우는 아마 브론테 자매뿐일 것이다. 샬럿 브론테(1816~1855), 에밀리 브론테(1818~1848), 앤 브론테

당신은 행복한 사람인가

들어 보자. 그녀들은 자신들의 책이 출판된 뒤에도 같은 견해를 가진 사람들을 만나지 못했다. 대부분 자신들에게 비판적이었기 때문에 고립된 삶을 살아야만 했다. 이런 사실은 성격이 대담하여 항상 당당했던 에밀리 브론테에게는 전혀 문제가 되지 않았지만, 재능은 있었으나 늘 가정교사다운 견해에 상당히 치우쳐 있었던 샬럿 브론테에게는 많은 고통을 안겨 주었다.

영국의 낭만주의 작가로서 평생 자신의 업적을 인정받지 못해 불우한 삶을 살았던 블레이크(1757~1827) 역시 에밀리 브론테와 마찬가지로 뛰어난 용기가 있었기 때문에 고립된 생활로 인한 고통을 극복할 수 있었다고 한다. 그는 늘 당당한 태도를 견지하였으며, 자신이 옳고 비평가들이 틀렸다는 것을 단 한 번도 의심하지 않았다고 한다.

그러나 내면에 이 정도의 힘을 간직하고 있는 사람은 그리 많지 않다. 거의 모든 사람들의 경우, 행복하기 위해서는 반드시 주위 사람들과 마음이 맞아야 한다고 생각한다. 물론 대부분의 사람들은 주위 사람들과 마음이 맞는다. 사람들은 어려서부터 그 시대의 지배적인 편견을 수용하고, 본능적으로 주위 사람들

(1820~1849) 세 자매는 각각 『제인 에어』, 『폭풍의 언덕』, 『아그네스 그레이』 등으로 대표되는 영국의 시인이자 소설가이다. 가족력에 의해 세 자매 모두 폐질환으로 젊은 나이에 요절했다.

의 신념과 관습에 순응하기 때문이다. 하지만 이런 순응적인 태도를 결코 받아들일 수 없는 사람들도 아주 드물게 존재한다. 매우 지적이고 예술적 재능을 가진 사람들은 대부분 이런 소수의 부류에 포함된다.

한 작은 시골 마을에 상당한 정신적 능력과 예술적 감각을 지니고 태어난 한 사람의 경우를 예로 들어 보자. 그는 아주 어릴 적부터 정신적 능력을 발휘하기 위해서 필요한 일을 하려고 할 때마다 주위 사람들로부터 반감을 샀다. 그가 수준 높은 책을 읽으려고 하면 다른 아이들은 비웃고, 심지어 교사들까지도 조롱하는 눈초리를 보이곤 했다. 그가 독특한 예술 분야에 관심을 보이면 또래 아이들은 이상한 듯 바라보았고, 손윗사람들은 부도덕한 아이로 취급했다. 그가 속해 있는 집단에서는 좀처럼 보기 힘든 존경받을 만한 특이한 직업을 선택하려 하면 사람들은 그를 으스대려 한다고 욕하면서, 그냥 자네 아버지가 하던 일이나 물려받는 것이 좋을 거라고 충고한다. 하물며 그가 부모의 종교적 신념이나 정치적 태도에 대해 비판적인 입장을 보이기라도 하면, 곧바로 그는 상당한 곤란에 처하기 십상이었다.

이와 같은 여러 가지 이유 때문에 비범한 재능을 가진 젊은 남녀들이 불행한 청소년기를 보내는 경우가 많다. 평범한 친구들은 자신의 환경에 잘 적응하여 매우 유쾌하고 즐거운 청소년기를 보낼 수 있다. 그러나 비범한 재능을 가진 사람은 좀 더 진지하고 색다른 것을 원하는데, 그것은 그가 태어난 사회적 환경에 뿌리를 내리고 있는 손윗사람들이나 또래 집단에서는 좀처럼 찾아보기 힘든 것이다. 따라서 그는 늘 환경에 적응하지 못하는 아주 엉뚱한 사람으로 취급되어 멸시당하며 몸을 사리면서 살아간다.

이런 젊은이가 대학에 들어가면 마음이 맞는 몇몇 친구들을 만나 대학 시절 동안은 매우 행복한 나날을 보낼지도 모른다. 운이 좋으면 대학을 졸업한 후에도 마음이 맞는 동료들이 있는 직업을 얻는 데 성공할 수도 있다. 대도시에 사는 지식인들은 일반적으로 체면을 차리거나 위선을 부릴 필요가 없는 마음에 맞는 친구를 발견할 수 있다. 그러나 특별한 재능을 지닌 사람이 직업상 어쩔 수 없이 대도시가 아닌 작은 마을에 살아야만 하는 처지라면, 그는 일상생활에서 만나는 대부분의 사람들에게 자신의 진짜 취미나 신념을 감추면서 평생을 살아야 할 것이다.

좀 더 넓은 영토를 가진 나라의 경우에는 상황이 더 심각할 수 있다. 동서남북 어디서나, 그리고 예기치 않은 곳에 외로운 사람들이 많이 살고 있다. 그들에게 있어 마음이 맞는 사람과 이야기를 나누는 일은 가뭄에 콩 나듯 있을 뿐이다. 앞서 소개한 블레이크나 에밀리처럼 당당한 태도를 갖추지 못한 사람들이 이러한 환경 속에서 진정한 행복을 누린다는 것은 사실상 불가능한 일이다. 이런 사람들이 진정한 행복을 누릴 수 있으려면 주위 사람들의 압박을 완화시키거나 모면할 수 있어야 하고, 지적 소수파의 성원들이 서로 교제하면서 즐겁게 지낼 수 있는 방안을 모색할 수밖에 없다.

쓸데없는 소심함이 필요 이상으로 문제를 악화시키기도 한다. 대중(주위 사람들)의 여론의 압박을 두려워하는 사람들에게 가해지는 횡포는 여론의 압박에 무관심한 사람들에게 가해지는 횡포에 비해서 훨씬 난폭하다. 개도 자기를 얕잡아보는 사람을 만났을 때보다 자기를 무서워하는 사람을 만났을 때 더 큰소리로 짖고 더 거리낌 없이 물어댄다. 대중 역시 이와 비슷한 성향을 지닌다. 대중을 무서워하고 있다는 낌새를 보이기만 하면 좋은 사냥감을 만났다는 듯이 압박을 가해 온다. 반면에 대중에 무관심한 태도를 보이면 대중은 자신들의 힘으로는 감당할 수 없음을 알아차리고 더 이상 그 사람을 건드리지 않는다.

물론 지금 지나치게 반항적인 태도에 대해서 이야기하는 것이 아니다. 예를 들어, 미국의 텍사스에 가서 한국의 안동 지역에서 일반적으로 통용되는 견해를 고집하는 사람이거나, 안동에 가서 텍사스에서 일반적으로 통용되는 견해를 고집하는 사람은 그로 인해서 빚어지는 결과를 감수해야만 한다. 지금 이야기

당신은 행복한 사람인가

하고자 하는 것은 그런 극단적인 경우가 아니라 옷을 단정하게 입지 않았다든가, 특정한 종교를 믿지 않는다든가, 또는 지적인 책들을 읽는 것을 자제하지 못한다든가 하는 따위의 일반적으로 인정되는 언행에서 벗어난 정도가 훨씬 가벼운 경우를 말하는 것이다.

이런 가벼운 일탈적 언행이 자연스러운 태도로 행해진다면, 아무리 관례를 존중하는 사회라 할지라도 이런 정도의 일탈은 허용될 것이다. 시간이 지남에 따라 사람들은 이 정도의 일탈적 언행을 일삼는 사람에게 점점 관용의 태도를 보이게 된다. 그리고 일탈적인 언행이 용서받느냐 마느냐 하는 문제는 그 사람이 얼마나 상냥하고 붙임성 있게 행동하느냐에 따라 크게 좌우되기도 한다.

관례를 존중하는 사람들은 관례를 벗어나는 행동을 보면 격분한다. 이들이 격분하는 가장 큰 이유는 그런 일탈적 언행이 자신에 대한 비판이나 다름없다고 보기 때문이다. 하지만 이들도 일탈적인 행동에 대해서 눈감아 주는 경우가 있다. 그것은 일탈적 언행을 일삼는 사람이 아주 명랑하고 붙임성이 있어서 누가 봐도 자신을 비판하고 있지 않다는 것이 확실해 보이는 경우이다.

하지만 대중과 전혀 다른 취미와 견해를 가지고 있는 많은 사람들의 경우에는 이런 방법으로 비난을 피할 수가 없다. 겉으로는 관례에 순응하면서 예민한 문제는 피해 가지만, 대중과 마음이 맞지 않으니 마음이 편치 않고, 따라서 호전적인 태도를 취하게 된다. 결국 자기가 속한 사회의 관습에 적응하지 못하는 사람들은 자연히 신경과민이 되고, 기분이 언짢으며, 느긋하게 익살을 부리지도 못하게 된다. 이런 사람들은 자신들의 견해를 별난 것으로 취급하지 않는 다른 계층으로 옮겨 가면 완전히 성격이 달라질 수 있다. 심각하고 수줍어하며 소심하게 굴던 태도는 사라지고 명랑하고 자신만만한 태도가 나타날 것이다. 그리고 까다롭게 굴던 태도는 사라지고 상냥하고 느긋한 태도가 나타날 것이다. 또한 자기중심적인 태도는 사라지고 사교적이며 외향적인 태도가 나타날 것이다.

그러므로 주위 사람들과 사이좋게 지내지 못하는 젊은이들은 직업을 선택할 때 가능하면 마음이 맞는 친구들과 어울릴 수 있는 기회를 잡을 수 있는 직업을 골라야 한다. 비록 수입에 상당한 손실이 생긴다고 하더라도 반드시 생각해야 하는 중요한 사항이다. 지혜가 부족하여 그렇게 해야 한다는 생각조차 하지 못하는 젊은이들도 있다. 그리고 지금까지 자신에게 시련을 주었던 편견들이 자신이 살던 곳뿐만 아니라, 세상 어디에 가도 똑같을 것이라고 속단해 버리는 젊은이들도 가끔 있다. 이런 경우에는 연배가 높고 경험이 많은 사람들이 젊은이들에게 많은 도

움을 주어야 한다. 풍부한 경험이야말로 이런 문제를 해결하는
데 지대한 공헌을 할 수 있다.

오늘날 정신분석학이 발달하다 보니, 젊은이가 환경과 조화를
이루지 못하면 그 원인을 심리적인 장애로 보는 경향이 많다.
하지만 나는 좀 다르게 생각한다. 예를 들어, 창조론이 맞고 진
화론이 잘못된 이론이라고 믿는 부모 밑에서 자란 젊은이가 있
다고 하자. 이런 경우, 그가 부모와 사이좋게 지내지 못하도록
만든 것은 심리적인 장애가 아니라 바로 지성일 뿐이다. 자신의
환경과 평온한 관계를 이루지 못한다는 것은 분명히 불행한 일
이지만, 어떤 대가를 치르더라도 피해야 할 만큼 불행한 경우만
있는 것은 아니다.

주위 사람들이 무지하고 지나친 편견에 사로잡혀 있는 경우,
그들과 사이좋게 지내지 못한다는 것은 남다른 재능이 있다는
증거이다. 그리고 어떤 환경이든 정도의 차이는 있겠지만 무지
와 편견, 잔혹성과 같은 특징을 가지고 있다. 가장 좋은 예로 갈
릴레이[11]나 케플러[12] 같은 지성들을 꼽을 수 있다. 그들은 당시

---

11 갈릴레이(G. Galilei, 1564~1642)는 이탈리아의 철학자, 물리학자, 천문학자이
고 과학 혁명의 주도자이다. 코페르니쿠스의 지동설을 확립하려고 하였다. 이에 로마
교황청은 갈릴레이를 위험한 인물로 간주하고 종교재판에 회부했다.

12 케플러(J. Kepler, 1571~1630)는 독일의 천문학자로 코페르니쿠스의 지동설을
수정, 발전시켰다. 그는 개신교도였기 때문에 가톨릭으로부터 심한 배척을 받았다.

사회의 무지와 편견 때문에 불온사상을 지닌 사람으로 간주되어 박해를 받았다.

이러한 역사적인 사례가 아니더라도 현대 사회에서 청소년기에 이와 유사한 경우가 많이 발생한다. 일단 적당한 환경에서 적당한 직업에 발을 들여놓은 사람들은 대부분 사회적 박해를 피해 갈 수 있다. 하지만 뛰어난 재능을 지니고 있으나 제대로 검증받지 못한 젊은 사람들은 무지한 사람들의 박해에서 자유로울 수가 없다. 무지한 사람들일수록 자신들이 전혀 알지 못하는 문제에 대해서도 판단할 수 있는 능력이 있다는 착각 속에 살아간다. 따라서 세상 경험이 많은 자신들보다 젊은 사람들이 오히려 아는 것이 더 많을 수도 있다는 주장을 들으면 격분한다. 우여곡절 끝에 무지의 횡포에서 벗어난다 해도, 오랫동안 억압에 시달리며 어려운 싸움을 치러 온 사람은 결국에는 절망에 빠지고 열정을 손상당하는 경우가 많다.

그런데 일각에서는 우여곡절을 겪는 일이 있어도 뛰어난 천재는 반드시 빛을 발하기 마련이라고 주장하기도 한다. 이러한 주장의 힘을 빌려서 재능 있는 젊은이는 박해를 당하더라도 크게 해를 입지 않는다고 생각하는 사람들이 많다. 그러나 이러한 주장의 타당성을 입증할 만한 근거는 어디에도 없다. 이것은 살인은 드러나기 마련이라는 주장과 마찬가지로 터무니없는 것이

당신은 행복한 사람인가

다. 분명한 것은 우리가 알고 있는 살인은 모두 밝혀진 것뿐이라는 사실이다. 그러나 우리는 쥐도 새도 모르게 저질러지는 살인이 얼마나 많은지 알 도리가 없지 않은가? 마찬가지로 우리가 알고 있는 천재들은 모두 역경을 극복하고 승리한 사람들이다. 하지만 그렇다고 해서 어린 시절에 재능의 싹을 짓밟힌 천재들이 많지 않다고 주장할 수는 없지 않은가?

더구나 뛰어난 천재들만 이런 문제를 겪는 것이 아니다. 재능을 가진 사람들 역시 이런 문제를 겪는다. 재능이 있는 사람들도 천재들과 마찬가지로 이 사회에 꼭 필요한 존재들이다. 문제는 어떻게 해서든 재능의 싹을 틔우게 하는 것도 중요하지만, 이들이 절망에 빠지지 않고 열정을 손상하지 않은 채 재능의 싹을 틔우게 하는 것도 그에 못지않게 중요하다는 점이다. 따라서 우리는 젊은이들이 지나치게 험난한 길을 걸어가지 않도록 배려하고 그들을 격려해야 한다.

나이 많은 사람들이 젊은이들의 바람(꿈과 희망)을 존중하는 것은 바람직한 일이다. 하지만 젊은이들이 나이 많은 사람들의 무지를 존중하도록 하는 것은 결코 바람직하지 못하다. 그 이유는 간단하다. 어느 경우에나 중요한 것은 나이 많은 사람들의 삶이 아니라 젊은이들의 삶이기 때문이다. 때로는 젊은이들도 나이 많은 사람들의 삶을 좌지우지하려고 시도하는 경우가 있다.

한 젊은이가 홀로 된 아버지나 어머니가 재혼하는 것을 반대하는 경우를 생각해 보자. 이것은 옳지 못한 행동이다. 이와 마찬가지로 나이 많은 사람들이 젊은이들의 삶을 좌지우지하려는 것 역시 옳지 못한 행동이다.

나이 많은 사람이든 젊은 사람이든 일단 사리분별을 할 수 있는 정도의 식견이 있으면 스스로 결정할 권리와 심지어 시행착오를 겪을 권리가 있다. 그런데 어떤 중요한 문제에 부딪혔을 때 나이 많은 사람의 압력에 굴복하고 마는 젊은이가 있다면 이는 분별력이 부족한 사람이다.

예를 하나 들어 보자. 당신은 연극을 해 보고 싶어 하는 젊은이인데 부모님이 이를 반대한다고 가정해 보자. 부모님은 연극은 사회적으로 출세하는 직업이 아니며, 경제적으로도 매우 어렵게 살아야만 한다고 압력을 가해 올 것이다. 심지어 부모님은 "내 말을 듣지 않으면 인연을 끊겠다." 혹은 "몇 년 못가서 틀림없이 크게 후회할 것이다."라고 말할 수도 있다. 게다가 연극과 같은 일에 성급하게 뛰어들었다가 비참한 상황에 처하게 된 경우의 예를 줄줄이 늘어놓을 수도 있다.

물론 연극 생활은 당신에게 맞지 않는 직업이라는 부모님의 생각이 옳을 수도 있다. 당신의 연기 소질이 부족할 수도 있고, 목소리가 좋지 않을 수도 있을 테니까 말이다. 설사 그것이 사

당신은 행복한 사람인가

실이라고 하자. 그렇더라도 당신은 얼마 지나지 않아 연극계 사람들을 통해서 이러한 사실을 알게 될 것이고, 그때 가서도 다른 직업을 택할 만한 시간은 충분하다. 부모가 주장한다고 하여 당신이 간절히 원하는 일에 발을 들여놓지도 말아야 할 이유로 삼아서는 안 된다. 부모님이 뭐라고 주장하든 상관하지 않고 당신이 원하는 바를 실행에 옮기면 부모님은 양보할 것이다. 아마도 당신이 생각하는 시간보다 훨씬 빠른 시간 안에 양보할지도 모른다.

반면에 당신의 재능에 대해 전문가의 의견이 부정적이라면 그것은 다른 문제이다. 왜냐하면 초보자는 늘 전문가의 의견을 존중해야 하며, 그래야만 시행착오를 최대한 줄일 수 있기 때문이다. 그렇지만 자신의 판단으로 이것이 중요한 문제인지 사소한 문제인지를 따지지 않고, 지나치게 남의 의견에만 의존하는 것은 바람직하지 않다고 생각한다. 좀 더 크게 생각해서, 굶어죽지 않고 감옥에 가는 것을 피하기 위해 꼭 필요한 한도 내에서만 여론을 존중하면 된다. 이 한도를 넘는 것은 불필요한 횡포에 자발적으로 굴복하는 것이고, 결국 모든 면에서 행복에 대한 간섭을 받기 때문이다.

돈 쓰는 문제를 예로 들어 보자. 대부분의 사람들은 타고난 기질과는 전혀 다른 방식으로 돈을 쓴다. 그 이유는 단지 좋은 자동차를 가지고 있거나 남에게 성대한 만찬을 베풀 능력이 있으면 주위 사람들로부터 존경을 받는다고 생각하기 때문이다. 하지만 사실 좋은 자동차를 살 능력이 충분히 있으면서도 오지 여행을 즐기거나 좋은 서재를 갖는 것을 더 좋아하는 사람의 경우, 결국 그가 다른 사람과 똑같이 행동했을 때보다 더 많은 존경을 받게 된다.

물론 일부러 여론(다른 사람들의 말)을 경멸할 필요는 없다. 여론을 경멸한다는 것은 비록 전도된 방식이기는 하지만 여전히 여론의 지배에서 벗어나지 못하고 있다는 증거이다. 그러나 정말로 여론에 대해 무관심할 수 있다면 그것은 하나의 힘이자, 행복의 원천이 된다. 그리고 인습에 지나치게 굴복하지 않는 사람들로 구성된 사회는 모든 사람이 똑같은 방식으로 행동하는 사회보다 훨씬 더 재미있는 사회다. 각자의 성격이 개성적으로 발전되는 사회에서는 다양한 유형의 개성이 유지되므로, 새로운 사람들을 만나는 것 자체가 큰 즐거움이며 보람된 일이 된다. 새로 만나는 사람들은 이미 알고 있는 사람들의 복사판이 아니기 때문이다.

따라서 오늘날 현대 사회에서는 획일화가 얼마나 위험한 것인지를 명확하게 깨달아야 한다. 일부러 튀는 행동을 해야 한다는 이야기는 아니다. 일부러 튀게 행동하는 것은 인습에 얽매인 행동을 하는 것만큼이나 꼴불견이다. 그저 자연스럽게 타고난 성격대로 행동하되, 결코 반사회적인 행동으로 넘어가서는 안 된다는 것이다.

옛날에는 지리적으로 가까운 이웃에게 의존하면서 살았지만, 오늘날 현대 사회에서는 교통수단의 발달과 사이버공간의 확대로 인하여 이웃에 의존하는 경향이 거의 없어졌다. 이웃의 개념 자체가 많이 바뀐 것이다. 가까운 이웃들과 잘 알고 지내야 한다는 관념은 인구가 밀집한 곳에서는 이미 사라졌다. 작은 시골 마을에서는 아직 남아 있는 경우도 있지만, 이런 관념은 이제 어리석은 생각에 불과하다. 마음에 맞는 사람을 반드시 가까운 이웃 속에서 찾아야 할 필요는 없으니까 말이다.

그저 사는 곳이 가까우냐 머냐가 아니라, 마음이 맞느냐 안 맞느냐를 기준으로 친구를 선택하는 것이 중요하다. 같은 취미와 견해를 가진 사람들과의 교제는 행복감을 증진시킨다. 사회적 교제는 이러한 방향으로 더욱 발전할 것이며, 이를 통해 비인습적인 많은 사람들이 겪고 있는 외로움은 점차로 줄어들게 되고, 결국은 거의 사라질 것이다. 이것은 확실히 외로운 사람들의 행복을 증대시키게 된다. 그리고 물론 현재 비인습적인 사람들을 지배하는 데서 느끼는 인습적인 사람들의 가학적인 쾌락 또한 줄어들 것이다. 그러나 나는 이러한 쾌락은 우리가 그 보존을 위해 크게 마음을 써야 할 쾌락이라고 생각하지 않는다.

모든 두려움이 다 그렇지만 여론에 대한 두려움은 사람의 마음을 옥죄며 성장을 저해한다. 두려움이 강하게 남아 있는 한 위대한 업적을 달성하기는커녕 참된 행복이 깃들어 있는 정신적 자유조차 누릴 수 없다. 행복의 필수 조건은 우연히 이웃이 되거나 알고 지내게 된 사람들이 지닌 취미나 욕망에 견주어 자신의 생활 방식을 확립하는 것이 아니라, 자신의 마음 깊은 곳에서 우러난 충동으로부터 비롯된 생활 방식을 확립하는 것에 있다.

오늘날에는 가까운 이웃에 의한 두려움은 많이 없어진 반면, 언론의 평가에 의한 두려움이 새롭게 등장했다. 특히 대중적으로 알려진 사람들의 경우는 더욱 심하다. 이러한 두려움은 중세에 있었던 마녀 사냥[13]에 대한 두려움과 다르지 않을 정도로 심각하다. 언론이 아무런 죄가 없는 사람을 속죄양으로 삼으려고 한다면 대단히 심각한 일이 생길 수도 있다. 그나마 다행인 것은 대부분의 사람들이 세상의 주목을 끌지 않는 방법으로 이런 재난을 피해 가고 있다는 점이다. 하지만 언론의 보도 방법이 점점 고도화되면서 이런 새로운 형태의 사회적 박해가 가져오는

---

13 중세 중기부터 근대 초기에 이르기까지 유럽, 북아메리카, 북아프리카 일대에 행해졌던 마녀나 마법 행위에 대한 추궁과 재판에서부터 형벌에 이르는 일련의 행위를 말한다.

당신은 행복한 사람인가

위험성은 점점 커지고 있다.

언론이 가하는 박해는 희생자가 된 사람의 입장에서는 절대 가벼이 무시할 수 없는 너무나 중대한 문제이다. 언론 자유라는 원칙에 대해 여러 의견이 있을 수 있지만, 명예훼손에 관한 법률은 보다 더 강화되어야 할 것 같다. 설혹 어떤 사람이 나쁜 평판을 얻을 만한 언행을 했다고 하더라도 언론에서 이를 악의적으로 보도하여 개인의 일상생활을 위협하는 관행은 금지되어야만 한다.

그러나 이러한 불행을 막을 수 있는 유일하고 궁극적인 치료법은 대중이 관용을 베푸는 마음을 기르는 것이다. 관용을 베푸는 마음을 기르는 최상의 방법은 진정한 행복을 누리면서도 다른 사람들에게 고통을 가하지 않는 사람들의 수를 늘리는 것이다. 다시 말해서, 참된 행복을 누리는 사람들의 수를 최대한 늘려서 그들이 같은 시대를 사는 다른 사람들을 고통스럽게 하지 않으면 된다.

행복한 사람

행복을 찾는
사람

내가 준 따뜻한 관심은
곧바로 나에게로 되돌아와
큰 기쁨의 물줄기를 만들게 된다.

지금까지는 행복하지 못한 사람, 즉 고통스럽고 불행한 사람들에 대해 살펴보았다. 이제부터는 행복한 사람들에 대해 살펴보는 보다 유쾌한 과제를 수행해 보고자 한다. 이 과제를 충실히 해나가다 보면 참으로 행복한 것이 무엇인지를 조금씩 알아가게 될 것이다.

나는 일찍 부모님을 여의고 의기소침하여 아주 소극적인 삶을 살았다. 학업을 제대로 지속해 나가기도 힘들었고, 친구들과의 관계도 소원해졌다. 세상에 나를 도와줄 이는 아무도 없는 듯했

당신은 행복한 사람인가

다. 그러니 나에게 행복이란 도저히 얻을 수 없는 것으로 여겨졌다. 그런 가운데서도 나는 깊이 사색하는 습관이 있었고, 가끔씩이나마 혼자 여행도 하였으며, 주로 사회적으로 소외 계층의 사람들과 이야기를 많이 나누었다. 그들은 비록 어려운 처지의 사람들이었지만 나름대로 행복을 느끼면서 살아가고 있었다. 그들을 보면서 나는 나의 생각이 틀렸음을 깨닫게 되었고, 즐거움이 무엇인지, 행복이 무엇인지를 미약하나마 조금씩 알아 가게 되었다. 본 단락에서는 내가 그동안 살아오면서 만났던 행복한 사람들에 대한 이야기를 주로 하려 한다. 그들의 이야기를 통해서 참 행복의 의미를 찾아보고자 한다.

행복에는 두 종류가 있다. 물론 이 두 종류의 행복 사이에는 당연히 중간적인 상태에 해당하는 여러 가지의 행복이 존재한다. 내가 여기서 말하고자 하는 행복에는 평범한 행복과 특별한 행복, 또는 육체적인 행복과 정신적인 행복, 감성적인 행복과 지성적인 행복으로 구분할 수 있다. 물론 이러한 구분 중 어느 것을 선택할 것인지는 논증되는 명제에 따라 달라지며, 여기서 어떤 명제 자체를 증명하기보다는 단순히 묘사만 하려고 한다. 이 두 가지 종류의 행복이 가진 차이점을 간단하게 묘사해 보면 다음과 같다. 하나는 모든 인간에게 공통적으로 허용되는 행복이고, 다른 하나는 지적 성찰이 가능한 사람에게만 허용된 행복이라는 것이다.

내가 소년 시절에 늘 행복으로 충만한 한 사람을 알고 지냈다. 청각장애인이었던 그는 특별한 재능이 없어 막노동 일을 하며 부모님을 봉양하며 살았다. 그는 키가 아주 크고 튼튼한 근육을 가진 사람이었는데, 학교를 다닌 적이 없어 글을 읽을 줄도 쓸 줄도 몰랐다. 오늘날 같으면 특수교육제도가 발달하여 그 정도로 문맹의 삶을 살지는 않았을 것이다. 그런데 그는 나이 서른이 넘었는데도 국회의원 선거 투표권을 행사할 줄도, 국회라는 기관이 무엇을 하는지도 몰랐다. 그의 행복은 지적인 원천과는 아무런 관계가 없었다. 그에게 행복을 가져다준 것은 자연법칙에 대한 신념이나 진화의 원리, 공익사업의 국유화나 분배의 정의, 기독교회의 최후의 승리 따위의 지식인들이 인생을 즐기는 데 반드시 필요하다고 생각하는 여러 가지 신조들이 아니었다. 그는 단지 일거리가 충분히 있고, 일하다 다치지 않고, 땅속에 박힌 돌덩어리를 자신의 힘으로 뽑아 올릴 수 있는 것만으로도 행복했다. 숱한 지식인들이 고뇌의 표정을 지을 때, 그는 늘 하얀 치아를 드러내며 밝게 웃었다.

또 하나의 예로, 자연 속에서 유유자적한 삶을 살아가는 한 노파의 이야기를 해 보자. 그는 아무도 없는 깊은 산속에서 속세의 모든 고통과 번뇌를 잊고 자신만의 행복을 찾아 살아가는 노

당신은 행복한 사람인가

인이다. 산에서 나는 온갖 것들로 배를 채우며 살아가지만 토끼 몇 마리를 돌보면서 큰 기쁨을 누린다. 그는 틈틈이 토끼들과 씨름하며 살아간다. 그가 토끼 이야기를 할 때는 이순신 장군이 일본군 침략에 대해 이야기할 때와 같은 말투로 "토끼는 음흉하고 교활하기 때문에 토끼와 맞먹는 꾀를 쓰지 않으면 도저히 감당할 수 없다."고 힘주어 말한다. 칠십이 넘은 나이에도 불구하고 종일 밭이나 산으로 먹거리를 찾아다니다 집에 돌아오면 또다시 토끼들과 씨름을 하며 지낸다. 하지만 그는 마르지 않는 기쁨의 샘을 가지고 있었는데, 그 원천은 바로 몇 마리의 토끼들이었다.

토끼처럼 하잘것없는 작은 동물 몇 마리와 싸우며 사는 데서 무슨 즐거움을 느낄 수 있단 말인가? 자칭 지적이고 우수한 사람들은 이런 단순한 삶 속에서는 기쁨을 누릴 수 없다고 말할지도 모르겠다. 그러나 그런 주장은 이치에 맞지 않는다. 토끼는 메르스 병원균에 비하면 엄청나게 크다. 하지만 메르스 병원균과 싸우는 데서 행복을 발견하는 우수한 사람들도 많이 있다. 정서적 만족에 한정해서 말한다면, 최고의 학식을 갖춘 메르스 병원균을 연구하는 사람의 행복이나 토끼와 싸우면서 누리는 행복이나 별반 다르지 않다. 교육 수준에 따른 차이는 기껏해야 이러한 기쁨을 제공하는 활동이 어떤 것이냐 하는 것과 관련될

뿐이다.

결국에는 성공하겠지만 처음에는 성공 여부를 불확실하게 만드는 어려움이 있어야만 성취의 기쁨이 뒤따른다. 마찬가지 이유로 자신의 능력을 지나치게 과대평가하지 않는 사람만이 행복을 느낄 수 있다. 자신의 능력을 과소평가하는 사람은 뜻밖의 성공에 언제나 놀라워하지만, 자신을 과대평가하는 사람은 뜻밖의 실패 때문에 크게 놀라고 크게 실망하게 된다. 뜻밖의 성공으로 인한 놀라움은 즐거움을 안겨 주지만, 뜻밖의 실패로 인한 놀라움은 불쾌감만 선물할 뿐이다. 그러니 진취성을 잃을 정도로 지나친 겸손은 피해야겠지만, 지나치게 자만하지 않는 것이 지혜로운 것이다.

오늘날 현대 사회에서 상당한 지식을 갖춘 사람들 중에 누가 가장 행복하게 살고 있을까? 똑 부러지게 누구라고 말하기는 쉽지 않다. 그러나 나는 순수 기초학문 분야에서 뚜렷한 업적을 남기며 살아가는 저명한 학자들이 다른 분야에 종사하는 사람들보다 비교적 행복한 삶을 살고 있는 것처럼 보인다. 물론 이것은 나 개인의 주장이며 이에 동의하지 않는 사람도 있을 것이다. 하지만 내가 생각하는 논리는 이렇다. 기초학문 분야에 종사하는 저명한 학자들은 대부분 감성적인 면에서는 다른 분야에 종사하는 사람들에 비해서 단순하다. 그리고 자신들이 하는 일에 대해서도 만족감이 비교적 크기 때문에 결혼 생활이나 다른 모든 삶에서 기쁨을 얻는 경우가 많다.

이에 비해, 예술 분야에 종사하는 전문가들이나 문학을 주 업으로 삼는 전문가들은 기초학문 분야의 학자들에 비해 감성적인 면에서 비교적 복잡하고 독특한 성향을 보인다. 독특하고 미묘한 감성 때문에 결혼 생활이 평탄치 못한 경우도 많고, 그것을 자기 위안 삼아 오히려 당연한 것으로 치부해 버리기도 한다. 하지만 순수 학자들은 생각이 단순하기에 아주 평범한 가정의 기쁨을 누리는 경우가 많다. 그 이유는 순수 학자들은 고도의 지능을 오직 연구에 몽땅 쏟아붓고, 자신의 능력 밖의 영역에는 아예 발을 들여놓지 않기 때문이다. 그들은 자신들의 연구 활동에서 참 행복을 느끼며 살아간다.

순수 학자들은 일의 특성상 최대한 감정을 단순화해야만 연구에 방해를 받지 않기 때문에 이들은 복잡한 감정을 느낄 필요가 없다. 복잡한 감정이란 강물의 거품과 같다. 강물의 거품은 고요히 흘러가는 강물의 흐름을 막는 장애물 때문에 생긴다. 그러나 장애물이 가로막지 않는 한, 강 표면에는 잔물결이 생기지 않기 때문에 세심한 관찰자가 아니면 강물이 흘러가게 하는 에너지의 힘이 얼마나 큰지 분명하게 인식하지 못한다.

순수 학자들의 삶에서는 행복의 모든 조건이 실현된다. 그들은 자신의 능력을 최대한 발휘할 수 있는 일을 가지고 있고, 자신들뿐만 아니라 일반인들의 눈에도 매우 위대한 업적을 달성하는 걸로 보인다. 순수 학자들의 업적을 잘 이해하지 못하는 일반인들도 그들의 업적을 중요하게 여긴다. 순수 학자들이 예술가나 문학가들보다 행복한 이유가 바로 여기에 있다. 일반인들은 그림이나 시를 제대로 이해하지 못하면 좋은 그림, 훌륭한 시라고 느끼지 못한다. 아예 나쁜 그림, 나쁜 시라고까지 결론을 내리는 경우도 있다. 하지만 상대성이론을 두고는 이를 잘 이해하지 못하면 자신들의 지식이 부족해서 그런 거라고 결론을 내린다.

결국 최고 실력의 화가들이 다락방 안에서 빵 한 조각으로 끼니를 때우고 있는 동안 아인슈타인은 만인의 존경을 받으며 살았다. 즉, 화가들이 고뇌하고 있는 동안 아인슈타인은 행복을 누렸던 것이다. 대부분의 인간들이 보이는 회의적인 태도에 맞서서 끊임없이 자기주장을 되새겨야 하는 생활을 하면서 진정한 행복을 느낄 수 있는 사람은 거의 없을 것이다. 그렇기 때문에 대부분의 예술가들이나 문학가들은 뜻을 같이하는 동아리 속에 파묻힌 채(우물 안 개구리가 된 채) 냉혹한 바깥세상과 등지고 살아가는 경우가 많다.

반면에 순수 학자들은 뜻을 같이할 동아리가 그리 필요하지

당신은 행복한 사람인가

않다. 경쟁 관계에 있는 몇몇 같은 분야의 학자들을 제외하면 모든 사람들로부터 존경을 받기 때문이다. 같은 분야의 학자들 간에는 질투의 요소가 불행을 초래한다고 앞에서 말한바 있다. 하지만 예술가들이나 문학가들은 멸시당하며 살 것인가, 아니면 비굴하게 살 것인가를 선택해야 하는 아주 고통스런 상황에 직면하는 경우가 많다. 일류급의 재능을 가진 예술가나 문학가라면 이 두 가지 불행 중 어느 하나와 마주치게 된다. 자신의 재능을 끝까지 발휘하려고 한다면 멸시당하며 살 것이고, 그것을 포기한다면 비굴한 삶을 살게 될 것이다.

물론 언제 어디서나 이와 똑같은 상황이었던 것은 아니다. 젊고 훌륭한 예술가들이나 문학가들이 존경받고 나름의 행복을 느끼며 살았던 시절도 있었다. 르네상스 시절 대표적인 교황이었던 율리우스 2세는 미켈란젤로와 라파엘로의 예술적 재능을 높이 평가하여 그들의 신변을 보호해 주었으며, 성베드로 대성당을 재건하기도 했다. 물론 현대에도 이미 힘을 잃어버린 늙은 예술가에게 많은 돈을 뿌리는 백만장자들이 있지만, 그들은 예술가들의 일이 자기 일과 마찬가지로 중요하다고 생각하지는 않는다. 그들 작품의 예술적 혼을 억만금을 주고 사는 것이 아니라, 단지 그 작품의 금전적 가치에만 몰두한다. 예술가들이나 문학가들의 삶이 과학자들의 삶보다 행복하지 못하다는 주장의 근거가 바로 이런 상황에서 연유한다.

서구 여러 나라에서도 가장 지성적인 젊은이들이 그들의 최상의 재능을 적절하게 발휘할 기회를 갖지 못해서 불행한 경우가 많다. 인도·중국·일본과 같은 나라에서는 외부적인 정치 환경이 젊은 지식인 계층의 행복을 가로막기도 하지만, 서구에 존재하는 것과 같은 내부적 장애물은 존재하지 않는다. 거기에는 젊은이들이 가치를 부여할 만한 활동들이 존재하고, 이러한 활동들이 성공을 거두는 한, 젊은이들은 행복하다. 그들은 국가의 존립에 있어 중요한 역할을 담당하고 있으며, 어렵기는 하지만 실현이 불가능하지 않은 목표를 추구하고 있다고 느낀다.

최고의 학식을 갖춘 서구의 젊은이들에게 흔히 발견되는 냉소주의는 안락감과 무력감의 결합에서 생기는 것이다. 무력감은 사람들이 모든 일에 대해서 가치를 느끼지 못하게 한다. 안락감은 이런 생각을 할 때 느끼는 고통을 웬만큼 견딜 만한 것으로 만든다.

한국의 젊은 지식인들은 서구사회의 젊은이들에 비해서 여론에 더 강력한 영향을 미칠 수 있으리라는 희망을 가질 수 있다. 하지만 이들이 상당한 소득을 올릴 수 있는 기회는 서구에 비해서 훨씬 적은 형편이다. 이들은 무기력하지도 않고 안락을 누리지도 못하기 때문에 냉소주의자가 아니라 주로 사회개혁을 주창하게 된다. 사회개혁을 선도하는 사람들의 행복은 공적인 사건이 어떻게 진행되느냐에 달려 있다. 설사 사회개혁에 앞장서다가 소크라테스의 죽음과 같은 처지가 된다고 해도 이들은 안락한 냉소주의자들이 누릴 수 있는 행복과는 도저히 비교할 수 없는 진정한 행복을 누린다.

나는 유학 시절 우리 학교를 방문하여 강연을 했던 한 중국 청년을 기억한다. 천안문사건 때 자유를 부르짖다 군부통치에 밀려 미국으로 망명한 당시 북경대학교 학생이었다. 그는 언젠가 고국으로 돌아가 자신이 꿈꾸는 나라를 건설하는 데 온몸을 던지겠다고 했다. 자신의 꿈이 성사되려면 목이 달아날지도 모른다는 생각을 하면서도 그는 내가 부러워할 수밖에 없는 평온한 행복을 즐기고 있었다.

물론 이런 야심에 찬 행복만이 우리가 누릴 수 있는 유일한 행복이라고 생각지는 않는다. 실제로 이런 행복은 뛰어난 능력과 폭넓은 관심을 전제로 한다는 점에서 극소수의 사람들만이 누릴 수 있는 것이다. 왜냐하면 이러한 행복은 특별한 능력과 폭넓은 관심을 요구하는데, 이러한 능력이나 관심은 그다지 흔하지 않기 때문이다. 오직 탁월한 학자들만이 일을 통해서 즐거움을 느낄 수 있는 것은 아니며, 지도적인 정치가들만이 대의명분을 옹호하는 데서 즐거움을 얻을 수 있는 것도 아니다. 어떤 특수 기술을 익힌 사람이 만인의 찬양을 바라지 않고 자신의 기술을 발휘함으로써 만족을 얻는 것처럼, 누구나 자기가 하는 일에서 즐거움을 얻을 수 있다.

나는 어려서부터 소아마비로 두 다리를 제대로 쓰지 못하면서도 일생 동안 평온한 행복을 누리며 살고 있는 한 사람을 알고 있다. 그는 동양철학을 가르치는 대학교수로 공자학회 회장을 역임하기도 했다. 그는 수많은 글들과 책을 쓰면서 당대 최고의 전문가로서 존경받으며 행복한 삶을 영위하고 있다.

또 한 사람을 소개해 보면, 그는 도예 분야에서 최고의 기술을 가지고 있었기 때문에 숱한 도예가들로부터 존경을 받던 뛰어난 도예공이었다. 그는 쉽사리 동료에게 존경심을 표하지 않는 풍토의 사람들로부터 진심 어린 존경을 받고 있기 때문이 아니라, 자신의 기술을 발휘하는 과정에서 얻는 구체적인 기쁨을 통해 즐거움을 느낄 줄 알았다. 그가 기술을 발휘하는 과정에서 느끼는 기쁨은 훌륭한 무용가가 춤을 추면서 느끼는 기쁨과 별반 다르지 않았다.

내가 아는 또 한 사람은 놋쇠로 징을 만드는 장인이다. 그는 외양으로 풍기는 몰골과는 달리 속은 너무나 맑고 진지한 사람이다. 하나의 징을 만드는 데까지는 수많은 시간과 노력이 필요하며, 특히 장인의 예술적 감각이 무엇보다 요구된다. 그가 자신의 생활에서 얼마나 행복한지를 정확히 계량할 수는 없는 일이지만, 그는 적어도 작업 시간에는 자신의 창조적인 본능을 최대한 발휘하면서 완전한 만족감을 느끼고 있었다.

흔히들 우리가 사는 산업화된 시대에는 장인들이 숙련된 작업을 하면서 기쁨을 누릴 수 있는 여지가 예전에 비해서 훨씬 줄어들었다고 말한다. 일면 맞는 말이지만 나는 좀 다르게 생각한다. 현대의 숙련공들이 중세 길드에서 주목받던 장인들과 상당히 다른 일을 하고 있다는 것은 사실이다. 하지만 이들은 오늘날 기계문명 사회에서도 매우 중요하고 필수적인 역할을 충분히 담당하고 있다. 예를 들어, 우주항공 분야에서 일하는 기술자들을 보라. 극도로 세밀한 기계부품을 설계하고 제작하는 사람들, 또한 그것을 정비하는 사람들을 비롯하여 우주인들의 능력은 길드시대의 장인들이 느꼈던 기쁨과 결코 다르지 않아 보인다.

내가 보기에 비교적 원시적인 생활을 영위하는 사회에서 살아가는 농업노동자들은 산업 사회에서의 기계노동자들보다 덜 행복한 삶을 사는 듯하다. 자기 소유의 땅을 경작하는 농부들은 땅을 갈고, 씨를 뿌리고, 수확하는 등 여러 가지 일을 한다. 하지만 농부들은 농사와 관련된 여러 가지 환경적 요소들에 끌려 살아야 한다. 기계노동자들이 더 삭막한 삶을 살아가게 된다고 주장하는 사람도 있겠지만, 환경에 주체적이지 못하다는 점에서 덜 행복하다는 것이다. 그들은 자신이 환경에 의존할 수밖에 없다는 점을 깊이 인식하고 있다.

반면에 현대적 기계를 다루는 사람들은 자신의 힘을 의식하고 있으며, 인간이 자연의 노예가 아니라 주인이라는 인식을 가지게 된다. 물론 최소한의 변화 가운데 기계적인 작업을 수없이 반복해야 하는 대부분의 단순기계공들로서는 기계를 다루는 일이 재미없고 권태로울 수 있다. 재미가 없는 단순작업일수록 좀 더 기계화될 가능성이 커지고, 앞으로는 재미없는 일들은 모두 기계가 대신하게 될 것이다. 그리고 인간은 다양성과 창조성 같은 주체적 속성을 지닌 일들을 찾게 될 것이고, 그런 일들을 하면서 삶의 즐거움을 느끼며 살아가게 된다. 좋은 예로, 최근에는 집 청소와 같은 재미없는 일은 로봇청소기에게 맡기고, 그 시간에 자신은 러닝머신에서 걷기 운동을 하면서 즐거움을 찾는 것을 들 수 있다.

농업이 시작된 뒤로 일은 지루하고 재미없는 것이었지만, 지금과 같은 기계의 도움을 받는 사회에서는 그 지루함과 무료함은 훨씬 줄어들었다. 농경 사회에서 사람들은 굶주림을 덜 겪기 위해서 단조로움과 지루함을 견뎌 내며 살았다. 사냥으로 식량을 구하던 시절에는 일이 곧 기쁨이었다. 부유한 사람들이 아직도 옛 사람들이 하던 사냥을 운동 삼아 즐기고 있다는 사실만 보아도 과거에 사냥이 기쁨을 주는 일이었음을 알 수 있다. 하지만 농업이 시작되면서 인류는 힘들고 고통스럽고 울화통이 터지는 기나긴 세월로 발을 들여놓게 되었는데, 이제는 고마운 기계 문명의 도움에 의해서 그런 고통에서 벗어나고 있다.

일부 감상주의자들은 흙을 일구며 사는 것이 얼마나 좋은지 아느냐며 농부들에게서 삶의 지혜를 배워야 한다고 주장하기도 한다. 자연에 끌려가면서 사는 것이 아니라 자연에 순응하면서 살아가는 지혜를 배워야 한다고 말한다. 물론 틀린 말이 아니다. 하지만 시골에서 태어나 사는 젊은이들은 전혀 다른 소망을 가지고 있다는 것을 직시할 필요가 있다. 그들은 바람·비·눈 등 변덕스런 날씨에 매여 살아야 하는 노예와 같은 삶을 청산하고 미래를 찾아 도시로 가기를 꿈꾼다. 기나긴 겨울밤의 고독으로부터 벗어나 늦은 밤에도 영화를 즐길 수 있고 다양한 일자리가 즐비한 곳을 찾아 떠나려 한다. 공업 사회는 농업 사회에 비해서 평범한 사람들의 행복한 삶에서 없어서는 안 될 중요한 요소인 우정과 협력을 경험할 수 있는 기회가 훨씬 더 많을 수 있다.

자신의 뚜렷한 신념으로부터 행복을 얻는 사람들도 많다. 중세 말기 가톨릭교회의 부패상을 지적하며 종교개혁을 주도한 루터나 칼뱅 같은 종교개혁가, 군부독재시대에 민주주의를 부르짖던 사회운동가, 김구와 같은 민족주의자들의 신념으로부터 얻는 행복은 실로 컸을 것이다. 그런데 여기서는 이들의 이야기를 하려는 것이 아니다. 이런 사람들이 가진 신념보다 훨씬 소박한 여러 가지 신념들에 대해서 이야기해 보려 한다.

영양 주실 마을은 조선 중기 기묘사화 때 정암 조광조 선생의 환란을 피해 와서 정착한 한양조씨 집성촌이다. 그들은 민본정치를 주창하다 통렬히 죽음을 맞은 옛 선현의 깊은 뜻을 간직한채 살아가는 행복한 사람들이다. 경주 최부자집 사람들은 1600년대 초 경주 지방에서 처음 가문을 일으킨 최진립 장군에서 광복 직후 모든 재산을 바쳐 대학을 설립한 최준까지, 부자가 3대가기 힘들다는 옛말이 무색하게 무려 300년 동안 만석의 재산을 유지하며 환난상휼의 미덕을 실천하며 무한한 희열을 느끼고 살았다. 이런 신념들은 언제나 완전한 행복을 보장해 준다.

이제는 좀 더 소박한 신념에 몰두하며 행복을 느끼는 경우를 살펴보자. 독특한 취미에 몰두하는 것은 위에서 얘기한 신념들에 열중하는 것과 별반 다르지 않아 보인다. 내가 아는 한 저명한 과학자는 하루 일과를 과학 실험과 우표 수집 두 가지에 똑같이 나누어서 쓰고 있다. 짐작컨대, 그는 실험에 별다른 진전이 없거나 지루함을 느낄 때 그동안 수집한 우표를 정리하며 위안을 얻는 것 같았다. 나도 논문을 작성하다 잘 풀리지 않으면 취미로 분재 다듬기를 즐겨한다. 정신적 고통을 일시적으로 해소

하는 데는 그만이다. 오히려 논문의 내용에 집중할 때보다 분재를 다듬을 때 집중도가 더 뛰어나며 즐거움도 훨씬 크다.

우표를 수집하는 것 외에 수집할 수 있는 물건은 얼마든지 있다. 옛 그림, 진귀한 돌, 외국 동전, 골동품 등 상상해 보면 황홀한 세계가 얼마나 넓게 펼쳐져 있는지 모른다. 사실 우리 인간들 중에는 이렇게 작은 쾌락을 즐기기에는 너무나 뛰어난 사람들이 많은 것도 사실이다. 누구나 어렸을 때 구슬이나 딱지라도 수집해 보았을 것이다. 그런데 이러한 취미 활동은 어릴 때나 하는 것이지, 어른이 되어서는 더 이상 가치 없는 일이라고 생각하는 사람들이 있다. 그러나 이것은 정말로 잘못된 생각이다. 다른 사람에게 해를 주는 일만 아니라면 어떤 작은 즐거움이라도 소중히 여겨야 하며, 이는 작은 것에서 큰 행복을 맛볼 수 있기 때문이다.

동료 중에 오래된 책, 즉 고서를 수집하는 취미를 가진 사람이 있었다. 그는 아무리 먼 곳에 있는 것이라도 구하려 노력했다. 고서들은 오래되어 지금으로서는 아무런 가치도 없는 헌책방 한 구석을 차지하는 정도의 책으로 간주하는 사람들이 많았다. 그런 곰팡이 냄새나는 책들을 사 모아서 뭐할 거냐고 핀잔을 주는 사람도 있었다. 그래도 그는 전혀 동요치 않았다. 어렵게 구한 책을 만지며 표지만 보아도 너무나 큰 희열을 만끽하며 살았다.

야구팬들의 열광적인 기쁨을 생각해 보라. TV를 통해 중계되는 장면을 보면서 짜릿한 흥분을 감추지 못하며, 신문에 실린 야구 기사를 게걸스럽게 읽으며 즐거워한다. 나는 아주 유명한 소설가 한 사람을 만났던 때가 기억난다. 그가 쓴 책을 보고 그가 매우 우울한 사람일 거라고 짐작했다. 우리가 처음 만나 등산을 하고 있을 때, 라디오에서 아주 중요한 야구 경기의 결과가 발표되고 있었다. 그는 우리가 옆에 있다는 것도, 문학도, 그리고 지상의 모든 슬픔과 우울도 다 잊은 채 자기가 좋아하는 팀이 이겼다며 기쁨의 환호성을 터뜨렸다. 이 일이 있은 뒤부터 그가 쓴 소설을 보면서 주인공의 아픈 사연에 그다지 공감하지 못한다는 것이 아쉬운 일이 되었지만 말이다.

그런데 대부분의 경우 일시적인 열광과 취미는 근본적인 행복의 원천이 되지 못한다. 근본적인 행복은 무엇보다 인간과 사물에 대한 따뜻한 관심에서 비롯된다. 인간에 대한 따뜻한 관심은 사랑의 일종이다. 인간에 대해서 따뜻한 관심을 가진다는 것은 다른 사람을 지배하고 소유하기를 원하며, 언제나 명확한 반응이 되돌아오기를 바라는 사랑과는 전혀 다르다. 이런 사랑은 불행의 원천이 되는 경우가 많다. 행복을 가져오는 사랑은 다른 사람들을 관찰하기를 좋아하고 개인들의 특성 속에서 기쁨을 느끼는 사랑이며, 만나는 사람들을 지배하려 하거나 열광적인 찬

당신은 행복한 사람인가

사를 받아내려고 하는 대신, 그들의 관심과 기쁨의 폭을 넓혀 주려고 하는 사랑이다. 이런 태도로 다른 사람을 대하는 사람은 사람들에게 행복을 가져다주는 원천이 될 것이며, 그 대가로 친절을 되돌려 받을 것이다.

중요한 관계든, 사소한 관계든 이 사람이 다른 사람들과 맺는 관계는 그 사람 자신의 흥미와 사랑을 만족시켜 준다. 그는 호의를 베풀고도 감사할 줄 모르는 사람 때문에 괴로워하지 않는다. 그런 사람을 만나게 되는 일도 거의 없지만, 설령 그런 일이 있다고 해도 그것을 크게 의식하지 않기 때문이다. 이런 사람에게는 남의 신경을 거슬러 격분을 불러일으키는 행동을 하는 이상한 인물조차도 점잖은 재밋거리일 뿐이다. 이런 사람은 다른 사람들 같으면 오랫동안 애를 써도 손에 넣지 못할 성과도 굳이 애쓰지 않고 충분히 달성할 것이다.

이런 사람은 자신이 행복하기 때문에 옆의 사람에게도 즐거움을 줄 것이고, 그것은 다시 그 자신의 행복을 증진시킬 것이다. 그러나 이런 모든 일은 의무감이나 자신을 희생한다는 생각에서 비롯되어서는 안 되며, 진심에서 우러나온 것이어야 한다. 의무감은 일을 하는 데는 유용하지만 인간관계에서는 불쾌감만 불러일으키기 때문이다. 사람들은 상대방이 인내심을 가지고 자신을 참아 주는 것이 아니라 좋아해 주기를 원한다. 어쩌면 굳이 애쓰지 않고도 자연스럽게 여러 사람들을 좋아하는 것은 개인이 행복을 누릴 수 있는 가장 큰 원천이라고 할 수 있다.

이제는 사물을 향한 따뜻한 관심에 대해서 이야기해 보자. 사물에 대해 따뜻한 관심을 가진다는 말은 어쩌면 지나치게 무리한 말처럼 들릴지도 모르겠다. 사물에 대해서 따뜻하게 느끼는 것은 있을 수 없는 일이라고 생각하는 사람도 있을 것이다. 하지만 지질학자가 바위에 대해서 느끼는 관심이나 고고학자가 옛 유적에 대해서 느끼는 관심에는 우정과 비슷한 요소가 있다. 이런 관심은 다른 사람들이나 사회에 대한 태도에서 중요한 역할을 한다.

물론 사물에 대한 관심에는 따뜻한 관심뿐만 아니라 적대적인 관심도 있을 수 있다. 거미의 습성에 관련된 정보를 수집하는 사람 중에는 거미를 싫어해서 거미가 없는 곳에서 살고 싶어 하는 사람도 있을 수 있다. 그러나 이런 관심을 가진 사람은 지질학자들이 바위를 연구할 때 느끼는 것과 같은 만족감은 얻지 못할 것이다.

일찍이 동양에서는 장자(莊子)와 같은 성인에 의해서 사물에 대한 따뜻한 관심 정도를 넘어서는 물아일체(物我一體)의 경지를 말한바 있다. 물아일체란 일체 대상과 그것을 마주한 주체 사이에 어떠한 구별도 없는 것, 주체와 객체의 분별심이 사라져 조화를 이룬 진실한 세계를 가리킨다. 내가 곧 사물이 되고 사물이 곧 내가 되는 경지를 말한다. 이러한 경지에서는 사물에 대한 분별심이 사라져 모든 자연물과 내가 온전히 소통하게 된다. 한 옛 노승은 산을 바라보며 정신의 안정을 찾고 물아일체의 경지에 이르러 참 기쁨을 맛본다고 고백했다.

인간에 대한 따뜻한 관심은 행복한 일상을 만드는 데 중요한 역할을 한다. 그리고 사물에 대한 관심은 이에 비해 그 비중이 다소 작기는 하지만 역시 중요한 부분을 차지한다. 세계는 넓고 인간의 능력은 제한되어 있다. 만일 인간의 모든 행복이 개인적인 환경과 밀접한 관계가 있다면, 인생이 제공할 수 있는 행복보다 더 많은 행복을 요구해서는 안 된다. 물론 이것은 인간이 실천하기에 참 어려운 일이지만, 지나치게 많은 것을 요구하는 것이야말로 얻을 수 있는 것보다 훨씬 적은 것을 얻게 되는 가장 확실한 방법이다.

예를 들어, 종교개혁을 주창한 루터의 95개조 반박문이나 별들의 생애에 대한 순수한 관심을 통해 자신의 근심을 잊을 수 있는 사람이 있다고 하자. 이 사람은 비인격적인 세계를 산책하다가 돌아왔을 때 마음이 가라앉고 침착해져서 자신의 걱정거리를 가장 잘 처리할 수 있는 능력을 얻게 되었다는 사실을 알게 되고, 비록 잠깐이지만 진정한 행복을 경험할 것이다.

행복의 비결은 되도록 폭넓은 관심을 가지는 것이다. 그리고 관심을 끄는 사람이나 사물에게 적대적인 반응을 보이는 것이 아니라, 되도록 따뜻한 반응을 보이는 것이다. 결국 내가 준 따뜻한 관심은 곧바로 나에게로 되돌아와 큰 기쁨의 물줄기를 형성한다.

열정이 가득한
사람

열정과 모험심이 강한 사람은
자신의 건강을 해칠 정도로 위험하지 않은
범위 내에서 온갖 경험들을 즐기려 한다.

이제는 행복한 사람들이 지닌 가장 일반적이고 분명한 특징인
'열정(熱情)'에 대해 이야기하려 한다. 즉, 열정이 가득한 사람은
행복하다는 주장을 펼치려는 것이다.

여기서 나는 열정의 본질을 비교적 쉽게 이해할 수 있는 방법
의 하나로, 사람들이 식탁에 앉았을 때 취하는 여러 가지 행동
양식을 소개해 보고자 한다. 먼저 식사를 아주 지루하고 싫증
나는 일에 지나지 않는다고 생각하는 사람들의 경우이다. 그들
은 식탁에 아무리 진귀한 음식들이 차려져 있어도 별 흥미를 느

끼지 못한다. 이런 사람들은 최소한 진귀한 음식을 먹어 본 경험이 있거나, 어쩌면 거의 매 끼니마다 진귀한 음식을 먹는 사람들일지도 모른다. 이들은 눈이 뒤집힐 정도로 배를 곯는 것이 어떤 것인지 경험해 본 적이 없으며, 식사를 그저 자신이 몸담고 있는 사회의 관습에 따른 의례적인 행사로 여긴다. 이들에게는 이것저것 모두 지루하고 귀찮듯이 식사 역시 그러한 일 중 하나일 뿐이다. 식사 말고도 모든 것이 지루하고 귀찮기 때문에 이들로서는 식사에 그다지 요란스러울 필요가 없게 된다.

반면에 식사를 의사의 권유에 따라 의무감에서 하는 사람들이 있다. 자신의 건강을 회복하기 위해서는 조금이라도 영양을 섭취해야 한다는 의사의 지시 때문에 의무적으로 식사를 하는 환자들의 경우이다. 몸이 불편하니 밥맛이 있을 턱이 없고, 정해진 시간 안에 반드시 먹어야 하니 고통이 뒤따를 수밖에 없다.

다음에는 미식가들의 식사하는 모습이다. 이들은 잔뜩 기대에 부풀어서 식탁에 앉았다가 자신이 기대했던 것만큼 맛있는 음식이 없다는 걸 금방 알게 된다. 이런 사람들은 음식을 아주 조심스럽게 대하고, 이 음식이 과연 내 입맛에 맞을까, 맞지 않을까 의심의 눈초리로 쳐다보다 조심스레 맛보지만 역시 고개를 가로젓고 만다.

이번에는 대식가들의 모습이다. 이들은 음식이 보이자마자 게

당신은 행복한 사람인가

걸스럽게 달려들어 한 삼 일은 굶은 돼지처럼 폭식을 하고 나서 잔뜩 부푼 배를 끌어안고 코를 골며 잠이 든다.

끝으로, 적당히 식욕을 느끼고 식탁에 앉아 맛있게 먹다 배가 적당히 부르면 수저를 놓는 사람들의 경우가 있다. 이들은 의무 감에서 억지로 먹지도 않고, 지나치게 많이 먹어 고통스러워하지도 않는다. 바로 이들이야말로 식사를 통해 행복을 느낄 줄 아는 사람들이다.

식사하는 태도와 배고픔의 정도가 관련이 있듯이 인생을 대하는 태도 또한 열정의 정도와 관련이 있다. 식사를 귀찮게 여기는 사람은 낭만적인 불행의 늪에 빠진 사람과 비슷하다. 의무 감에서 식사를 하는 환자는 금욕주의와 다를 바 없고, 대식가는 방탕한 사람과 비슷하다. 미식가는 인생이 제공하는 즐거움의 절반은 구질구질하기 짝이 없다고 푸념하는 까다로운 사람과 비슷하다.

그런데 이러한 일은 대식가들의 경우 일부 예외인 경우가 있지만, 모든 유형의 인간들이 건강한 식욕을 가진 사람을 오히려 무시하고 자신들이 더 우월하다고 생각한다는 경향이 있다. 이들은 배가 고파서 식사를 하거나 여러 가지 재미있는 볼거리와 신기한 경험을 찾아서 인생을 즐기는 태도를 그다지 달갑지 않게 생각한다. 그들은 나름의 득도를 한 듯 고고한 태도로 자신들이 무시하는 사람들을 그저 단순한 영혼을 가진 사람들이라 여기며 얕잡아 본다.

나는 이러한 태도를 좋아하지 않으며, 그들의 생각에 동의할 수 없다. 왜냐하면 이러한 태도야말로, 즉 득도를 한 듯이 행세하는 태도야말로 불행을 초래하는 중대한 병이기 때문이다. 물론 어떤 상황 때문에 어쩔 수 없이 그런 병에 걸렸다는 것은 이해한다고 하자. 그렇더라도 그런 병에 걸렸으면 될 수 있는 대로 빨리 치료를 해야지, 자신의 지혜가 더 우월해서 그렇다고 생각하는 것은 어불성설이다.

사과를 좋아하는 사람과 싫어하는 사람이 있다고 가정해 보자. 사과를 좋아하는 사람이 어떤 면에서 더 우월한가? 사과가 유익하다, 혹은 유익하지 않다는 일반적인 이론의 근거는 존재하지 않는다. 사과를 좋아하는 사람에게 사과는 유익한 것이고, 사과를 싫어하는 사람에게는 사과가 유익하지 않은 것이다. 하지만 사과를 좋아하는 사람은 사과를 싫어하는 사람이 맛보지 못하는 즐거움을 누린다. 그만큼 이 사람의 인생은 더 즐겁고 행복한 것이다. 그리고 여러 사람이 함께 살아야 하는 세상에 더 적합한 사람이 바로 이런 사람이다.

야구 관람을 좋아하는 사람은 그렇지 않은 사람에 비해서 그만큼 즐겁다. 책 읽기를 좋아하는 사람은 그 정도가 훨씬 더하다. 왜냐하면 책 읽을 기회는 야구를 관람할 기회보다 훨씬 많기 때문이다. 관심 분야가 많은 사람일수록 행복해질 기회는 그만큼 많아지고, 불행의 여신의 손에 휘둘릴 기회는 그만큼 줄어든다. 어떤 한 가지를 잃게 되더라도 다른 것에 의지할 수 있기 때문이다.

인생은 모든 것에 관심을 가질 수 있을 만큼 그렇게 길지 않다. 따라서 우리가 죽는 그날까지 우리의 인생을 풍성하게 해줄 수 있는 모든 대상들에 대해 관심을 가지는 것은 아주 바람직한 일이다. 우리는 자칫하면 자신의 내향적인 성격 탓에 자신 앞에 펼쳐진 세계의 여러 가지 볼거리에 적극적으로 관심을 가지지 못하는 경우가 있다. 오히려 공허한 자신의 내면세계에 빠져 허우적대다 즐거움의 기회마저 저버리는 경우가 많다.

옛날 한 재래시장에 어묵을 만들어 파는 두 노파가 있었다. 춥든 덥든 매일 같이 시장 한구석에서 나란히 어묵을 만들어 팔아서 생계를 유지했다. 그런데 이 중 한 사람은 생선뼈에 관심이 많아서 영양가 있고 맛난 어묵을 끊임없이 개발했다. 자연스레 그 맛을 아는 사람들이 몰려들고 엄청난 양의 어묵을 만들어 팔았다.

하지만 다른 한 사람은 "생선뼈는 더럽기만 하고 나한테는 어울리지 않아!"라고 투덜대며 마지못해 일했다. 이 사람은 영양가 있는 어묵을 만들어 팔아서 고객들의 건강한 삶에 일조해야 겠다는 생각은 하지 않고, 생선뼈는 나한테 어울리지 않는 것이 라고 스스로에게 트집을 잡았다. "나는 좀 더 고상한 일을 해야 하는 사람인데 여기서 이런 일을 하다니!"라고 투덜댔다. 당연 히 영양가 있고 맛난 어묵을 생산할 수 없었고 손님은 점점 줄어 들었다. 옆 가게에는 줄을 서서 기다려 어묵을 사겠다는 사람들 로 북적이는데 자신의 가게에는 파리만 날렸다.

같은 일을 하면서 열정을 가지고 하는 사람과 그렇지 않은 사 람을 비교 소개한 것이다. 마음은 자신에게 주어지는 원료를 아 주 놀라울 정도로 잘 혼합할 수 있는 신비한 기계다. 마음에서 이 미 상품의 질이 결정되며, 즐거움과 기쁨의 샘터가 만들어진다.

우리는 살아가면서 무수히 많은 사건들을 만나게 된다. 그 많 은 사건들은 우리가 진정으로 관심을 기울일 때에만 비로소 참 다운 경험이 된다. 우리는 관심을 끌지 못하는 사건들을 가지고 는 아무것도 만들어 낼 수 없다. 관심이 자신의 내면으로만 쏠려 있는 사람은 자신의 관심에 값할 만한 것을 찾아내지 못한다. 하 지만 관심이 외부로 향하고 있는 사람은 드문 일기기는 하지만 자신의 영혼을 살펴보는 순간에 자신의 내면이 대단히 다채롭고 재미있는 종류의 원료들을 분류하고 재결합하여 아름다운, 혹은 발전적인 조합을 만들어 내고 있음을 깨닫게 될 것이다.

당신은 행복한 사람인가

열정의 종류는 헤아릴 수 없이 많다. 영국의 의사이자 소설가 코넌 도일의 탐정소설에 등장하는 명탐정 셜록 홈스의 이야기를 아는 독자들이 많을 것이다. 셜록 홈스는 우연히 거리에 떨어진 모자를 발견하고 집어 들었다. 이 모자를 잠시 들여다본 후, 그는 이 모자의 임자는 술 때문에 패가망신하고 아내는 전처럼 모자 임자를 좋아하지 않는다는 것을 알아냈다. 우연히 손에 넣은 물건에 대해서 지대한 관심을 가지는 홈스와 같은 사람의 인생은 결코 지루하지 않을 것이다.

시골길을 걷는 사람들이 저마다 관심을 가지는 대상이 얼마나 다른지 생각해 보라. 날아다니는 새에 관심이 많은 사람, 파릇파릇 솟아나는 새싹에 관심이 많은 사람, 흙에 관심이 많은 사람, 열심히 일하는 농부들에 관심이 많은 사람, 그 밖에도 여러 유형의 사람들이 있을 것이다. 어느 작은 것 하나라도 그 사람의 관심을 끄는 것이 있다면 그것이 바로 즐거움의 원천이 된다. 다른 조건들이 모두 비슷할 경우, 이렇게 어느 것 하나에라도 관심을 가지고 있는 사람은 어떤 것에도 전혀 관심이 없는 사람에 비해서 훨씬 더 성공적으로 세상에 적응할 수 있다.

사람에 따라서 다른 사람을 대하는 태도는 놀랄 만큼 다르다. 장시간의 기차 여행을 하다 보면 다른 승객들을 전혀 관찰하지 못하는 사람이 있는가 하면, 주위 사람들을 샅샅이 살펴보고 그들의 성격을 분석하고 그들의 생활 환경이나 사회적 지위 등을 날카롭게 추리하면서, 아마도 몇 사람의 가장 은밀한 비밀까지도 알아내는 사람도 있다.

다른 사람에 대한 평가가 각양각색인 것처럼 다른 사람에 대한 감정 또한 마찬가지로 천차만별이다. 어떤 사람들은 거의 모든 사람을 귀찮아하고, 어떤 사람들은 특별히 좋지 않은 감정을 느낄 필요가 없는 한, 자신이 만나는 사람들에 대해 아주 빠르고도 손쉽게 따뜻한 감정을 느낀다. 여러 사람이 모여 살아야 하는 세상에 어떤 사람이 더 적합한 사람인지 우리는 쉽게 알 수 있다.

다시 여행을 예로 들어 보자. 어떤 사람은 여러 나라들을 여행하면서 언제나 가장 좋은 호텔에 묵고, 고국에서 먹던 것과 똑같은 음식을 먹고, 고국에서 그랬듯이 게으른 부자들만 만나고, 자기 집에서 나누던 것과 똑같은 소재의 이야기만 나눈다. 틀림없이 이런 사람은 고국으로 돌아와서 돈만 많이 드는 지루한 여행을 끝냈다는 안도감만 느낄 것이다. 반면에 어떤 사람은 어디를 가든지 그곳의 특별한 곳을 둘러보고, 그곳의 특색을 알아내며, 그 특색을 대표할 만한 사람들을 만나 대화하고, 역사적으로나 사회적으로 관심을 끄는 것들을 낱낱이 살펴보고, 그곳의 고유한 음식도 먹어 보고, 그곳의 예절과 언어를 익힌다. 이

당신은 행복한 사람인가

들이야말로 기나긴 겨울밤에 되새기면 좋을 만한 새롭고 즐거운 생각들을 마음속에 가득 채워 집으로 돌아오게 된다. 관심과 열정이 곧 즐거움의 원천이 되는 것이다.

상황이 아무리 달라진다고 해도 인생에 대한 열정이 가득한 사람은 열정이 없는 사람보다 훨씬 더 유리하다. 이런 사람에게는 심지어 불쾌한 경험도 쓸모가 있다. 나의 경우인데, 유학 시절 중국 사람들의 청결하지 못한 모습과 그들에게서 나는 쾌쾌한 냄새를 맡으며 살았다. 그리고 미국 학생들의 뭐라 표현하기 어려운 특이한 냄새를 맡기도 했다. 당시에 기분이 썩 좋았다고 할 수는 없지만, 나는 지금 그 냄새에 대해서 그런대로 유쾌한 느낌을 가지고 있다. 그들과의 지적 교류와 함께 학문의 즐거움에 대한 열정이 있었기에 긍정적으로 받아들일 수 있었던 것 같다. 불쾌할 수도 있는 상황이 오히려 다름을 인정하는 긍정적 마인드를 형성케 했고, 즐거움으로 승화될 수 있었다.

열정과 모험심이 강한 사람은 자신의 건강을 해칠 정도로 위험하지 않은 범위 내에서 온갖 경험들을 즐기려 한다. 에베레스트를 등정하기도 하고, 남극이나 북극 등 지구상의 온갖 오지 탐험을 하기도 한다. 그러다 난파도 당하고, 화재와 홍수를 경험하기도 한다. 심지어 큰 지진을 경험하기도 하는데, 지진을 만나면 '그래, 너 잘 만났다.'라고 중얼대며 오히려 자연의 신비로움에 놀라워한다. 이러한 경험 덕분에 세상에 대한 지식이 늘어났다고 즐거워한다. 이런 사람이라고 해서 운명의 손아귀에 휘둘리지 않으리라는 보장은 없다. 반드시 그렇다고 할 수는 없지만, 건강을 잃으면 동시에 열정까지도 잃게 되기 때문이다.

나는 오랫동안 고통에 시달리다가 죽음을 맞았지만 마지막 순간까지 열정을 잃지 않았던 많은 사람들을 기억한다. 대표적으로 안중근 의사를 들고 싶다. 그는 민족의 아픔을 온몸으로 감싸 안고 통렬히 죽음을 택한 열정의 화신이었다. 그리고 『토지』라는 작품으로 유명한 박경리 선생을 기억해 낼 수 있다. 그는 우리 민족의 희로애락의 역사를 글속에 담아내려 온몸을 불살랐다. 이들의 열정은 죽음으로만 중단시킬 수 있었다.

열정은 평범한 경우도 있고, 특별한 경우도 있으며, 대단히 특별한 경우도 있다. 유학 시절 미국에서 유학 온 한 미국 학생이 생각난다. 그는 하버드대에서 법학을 전공한 학생이었는데, 중국의 문화를 공부하기 위해 상하이를 거쳐 타이베이에 와 공부하고 있었다. 그가 특히 관심을 갖는 것은 중국 사람들의 고유 문자인 한자의 유래와 그 형태에 있었다. 그는 한문을 배울 요량으로 프랑스어를 배운 다음, 프랑스어로 된 한자 문법서의 도움을 받아 가며 한자를 해독하게 되었다고 한다. 이렇게 그는 삶의 새로운 흥밋거리를 갖게 되었다고 즐거워했다. 그는 문자

당신은 행복한 사람인가

뿐만 아니라 도자기, 서화에 이르기까지 중국 문화에 흠뻑 빠져 살았고, 결국 중국과 관련된 모든 것을 열심히 연구하는 학자가 되었다. 가히 넘보기 어려운 열정의 사람이었다.

또한 나는 특정 종교에 지대한 관심을 가지고 그의 모든 열정을 다 바쳐 그 종교의 속성에 대해서 연구하는 사람을 알고 있다. 그리고 『조선왕조실록』에 관심을 가지고 온 정성을 다하여 공동으로 번역 작업을 하던 많은 젊은 학자들을 본 적이 있다. 누가 어떤 것에 흥미를 가질지 미리 짐작할 수는 없는 노릇이다. 하지만 대부분의 사람들은 어떤 것에 열정적인 흥미를 가질 능력을 가지고 있으며, 일단 어떤 것에 관심을 가지게 되면 그들의 삶은 권태로움으로부터 벗어날 수 있다. 하지만 행복의 원천이라는 점에서 본다면, 아주 특별한 열정은 평범한 열정에 비해서 그다지 만족스러운 행복을 가져다주지는 못한다. 이런 특별한 관심은 그 사람의 삶의 전부를 채워 주지 못하고, 또한 그의 취미가 된 특별한 일에 대해 알아야 될 것은 다 알아 버리는 위험이 항상 존재하기 때문이다.

나는 앞에서 연회 석상에서의 여러 종류의 사람들을 소개하면서 대식가를 좋게 평가하기 어렵다고 말했었다. 그런데 앞에서 계속 좋게 평가한 열정적인 사람들을 아무리 좋게 평가한들 대식가와 별 다르지 않다고 생각하는 사람들이 있을지 모르겠다. 이제 이 두 가지 유형에 대해서 좀 더 분명히 구별해 보기로 하자.

주지하다시피 고대의 사람들은 삶에 있어 중용, 즉 어느 한쪽에 지나치게 치우지지 않는 태도를 매우 중요한 덕목으로 여겼다. 서양과 동양 구분 없이 모두 이러한 절제된 삶을 강조했다. 그러나 서양에서는 낭만주의와 프랑스혁명의 영향을 받으면서 많은 사람들이 이러한 태도를 저버리고 절제되지 못한 열정을 찬미하게 되었다. 심지어는 바이런 소설의 주인공이 가진 열정처럼 파괴적이고 반사회적인 열정까지도 찬미의 대상이 되기도 했다.

하지만 고대 사람들의 생각이 분명 옳았다. 훌륭한 인생이라면 여러 가지 활동들 간에 균형이 이루어져야 하며, 다른 활동이 불가능할 정도로 한 가지 활동에만 치중해서는 안 된다. 그런데 대식가는 먹는 즐거움을 위해 다른 모든 즐거움을 희생하고, 이러한 희생에 의해 그의 삶의 전체적인 행복의 총량을 줄이는 사람이 된다.

먹는 것 외에도 지나칠 정도로 추구하는 열정들이 많이 있다. 나폴레옹의 황비였던 조세핀은 옷에 대한 탐욕이 도를 넘었다. 비록 잔소리가 점점 늘어 가기는 했지만 처음에 나폴레옹은 조세핀의 옷값을 순순히 지불했다. 그러나 점점 불만이 쌓여 갔고, 마침내 나폴레옹은 조세핀에게 절제하는 법을 배우라며 앞으로는 터무니없는 옷값은 지불해 주지 않겠다고 엄포를 놓았다. 옷값 청구서를 받은 조세핀은 잠시 동안 어쩔 줄 모르고 당황하다가 한 가지 꾀를 생각해 냈다. 그녀는 국방장관을 찾아가 전쟁을 대비해 비축해 둔 자금으로 옷값을 지불해 줄 것을 요구했다. 국방장관은 조세핀이 마음만 먹으면 자신의 장관직을 삭탈할 수도 있다고 생각하여 고스란히 옷값을 지불했고, 결국 프랑스는 제노바를 잃고 말았다.

이 이야기가 얼마나 정확한 사실인지는 알 수 없지만, 최소한 몇 권의 책에서 이렇게 이야기하고 있다. 사실이든 과장된 것이든 별 상관없다. 이 이야기는 탐욕을 채울 기회를 가지고 있는 한 여성이 어느 정도까지 옷에 대해 탐욕을 부릴 수 있는지를 잘 보여 주기 때문이다.

술이나 여자를 지나치게 밝히는 사람의 경우도 중용을 모르는 열정의 위험을 분명히 보여 주는 좋은 사례가 된다. 술과 여자 문제에 있어 가져야 할 원칙은 너무나 분명하다. 어떤 것에 대한 취미와 욕망은 모두 전체적인 인생의 틀에 맞는 것이어야 하며, 삶의 틀에서 크게 벗어나서는 안 된다. 즉, 취미와 욕망을 통해서 행복을 얻으려면, 그 취미와 욕망은 건강과 사랑하는 사람에 대한 애정, 그리고 사회적 명예를 해치는 것이 되어서는 안 된다.

이런 한계를 넘어서지 않고도 마음껏 빠져들 수 있는 열정이 있는가 하면, 그렇지 않은 열정이 있기도 하다. 예를 들어, 낚시를 열정적으로 좋아하는 사람이 있다고 하자. 만일 그가 자신의 재산만으로 살 수 있는 독신자라면 낚시에 대한 열정을 조금도 제한할 필요가 없다. 하지만 처자식이 있고 충분한 재산도 없는 사람이라면 낚시에 대한 열정을 엄격하게 제한해야 할 것이다. 사회적인 속박이 없는 사람이라고 해도 술이나 여자를 지나치게 밝히는 것은 자기 몸을 보호해야 한다는 점에서 보면 아주 어리석은 행위이다. 지나친 탐닉은 건강을 해치고 찰나의 쾌락을 즐긴 대가로 오랜 불행을 겪게 된다.

　어떤 열정이 불행의 원천이 되지 않기 위해서는 결코 도를 넘어서는 안 될 몇 가지 요소들이 있다. 그것은 바로 자신의 건강을 유지하는 것, 자신의 능력을 전체적으로 유지하는 것, 가족의 생계를 위해 충분한 소득을 유지하는 것, 처자식에 대한 의무와 같은 가장 근본적인 사회적 의무를 완수하는 것이다. 이 모든 것을 버리고 낚시에만 매달리는 사람은 본질적으로 보면 술꾼과 다를 바 없어 보인다. 낚시 중독자가 그다지 심한 비난을 받지 않는 이유는 술꾼에 비해 그 수가 훨씬 적고, 어느 정도 강태공적 사고를 가진 사람만이 그런 신선놀음에 빠져드는 경향이 있기 때문이다.

　　　　　　　　　　　　당신은 행복한 사람인가

고대의 사람들이 가졌던 중용에 대한 원칙은 실제로 이런 경우에도 적용된다. 일하는 동안에 줄곧 주말이면 낚시를 한다는 기대감에 부푼 채로 일을 하는 사람은 행복하지만, 일주일 내내 낚시를 하기 위해 직업까지 버리는 사람은 중용의 미덕을 잃어버린 사람이다. 기록에 의하면 톨스토이는 종교적 신념을 바꾸기 전이었던 젊은 시절, 군에 입대한 후 전투에서 용맹을 발휘하여 십자훈장을 받게 되었다. 하지만 훈장 수여식이 있던 시간에 그는 체스에 너무 열중해 있던 나머지 수여식에 가지 않기로 결심했다고 한다. 우리가 이것 때문에 톨스토이를 비난할 수는 없다. 그는 훈장을 타느냐 마느냐에 대해서 그다지 관심이 없었기 때문이다. 그러나 아주 평범한 사람이 이런 행동을 했을 경우, 그는 분명 바보 취급을 받았을 것이다.

지금까지 주장해 온 원칙에 대해 일정 부분 제한을 둘 필요가 있다. 어떤 일은 그 일을 위해서 다른 모든 일을 희생하더라도 반드시 이루어야 한다고 정당화할 수 있을 정도로 대단히 고귀한 것일 수도 있기 때문이다. 비록 처자식을 거지로 살아가게 만들었다고 해도 조국을 위해 목숨을 바친 사람을 비난할 수는 없다. 과학적인 발견이나 발명을 위해서 연구에 몰두한 사람이 그 노력의 대가로 마침내 성공의 영광을 안게 되었다면, 비록 가족이 가난에 시달려 왔다고 하더라도 그를 비난할 수는 없을 것이다.

하지만 그가 노력해 왔던 발견이나 발명이 성공하지 못하면 사람들은 그를 괴짜 내지는 엉뚱한 일을 벌이기만 하고 아무런 소득도 없는 멍청한 사람이라고 비난한다. 그러나 이러한 연구에 종사하는 사람은 미리 성공 여부를 단정할 수 없기 때문에 그와 같은 여론의 비난은 부당한 것이다. 기독교 시대의 최초의 1천 년간에는 성자적 생활을 위해 가족을 돌보지 않는 사람이 찬양을 받았다. 그러나 오늘날에는 대부분의 사람들이 그가 마땅히 가족을 위해 대책을 세워 놓아야 한다고 말할 것이다. 즉, 비록 속세를 떠나더라도 가족들을 위해서 얼마간의 준비를 해두어야 한다는 쪽으로 사람들의 생각이 달라졌다는 것이다.

나는 대식가와 건강한 식욕을 가진 사람 사이에는 언제나 심리적인 차이가 깊게 자리 잡고 있다고 생각한다. 다른 모든 것을 희생하고라도 한 가지 욕망에 과도하게 탐닉하는 사람은 대개 심각한 고민을 가지고 있는 사람으로, 그는 이 유령으로부터 달아나려고 애쓰고 있는 것이다. 술꾼들의 경우는 이 점이 분명하다. 즉, 그들의 생활에 그와 같은 유령이 없다면, 술 취한 상태가 정신이 맑을 때보다 더 유쾌하다고는 생각하지 않을 것이다. 중국의 한 시인은 "나는 술이 맛있어서 마시는 것이 아니라 취하기 위해 마신다."고 말했다. 한쪽으로 지나치게 치우친 열

당신은 행복한 사람인가

정들은 모두 이런 식이다. 이런 열정이 추구하는 것은 대상 그 자체에서 느끼는 즐거움이 아니라 망각을 위한 것이다.

하지만 같은 망각이라고 해도 곤드레만드레 술에 취해서 잊으려 하는가, 아니면 자신에게 있는 바람직한 능력을 발휘함으로써 잊으려 하는가에 따라 대단히 큰 차이가 있다. 아내를 잃은 아픔을 견디기 위해서 평소에 아내가 즐기던 서예를 배웠던 한 남편의 이야기가 있다. 그가 아내에 대한 그리움을 달래기 위해 했던 활동은 어느 누구에게도 해를 끼치지 않고 오히려 그의 지성과 지식을 계발하는 것이었다. 이런 식으로 고통에서 벗어나려고 하는 것에 대해서는 뭐라고 탓할 것이 없다.

그러나 음주, 도박을 비롯해서 손해를 일으키는 종류의 자극제에 매달리는 사람에 대해서는 상황이 다르다. 물론 한계를 확정하기 어려운 모호한 경우도 있다. 인생이 지루하다고 비행기를 타거나 등산을 하면서 무모한 모험을 하는 사람들에 대해서는 어떻게 생각해야 할까? 그의 모험이 세상에 도움이 된다면 그는 칭찬을 받을 것이다. 하지만 그렇지 않다면 그는 도박꾼과 술꾼보다 약간 나은 수준의 사람으로 취급받고 말 것이다.

진정한 열정은 망각하기 위한 열정이 아니다. 진정한 열정은 불행한 환경에 의해서 파괴된 경우를 제외하면 인간의 타고난 본성의 하나다. 어린아이들은 보고 듣는 모든 것에 흥미를 느낀다. 아이들의 눈으로 보면 세상은 놀라운 것들로 가득 차 있다. 아이들은 지식을 얻기 위해서 쉬지 않고 열심히 탐구한다. 물론 아이들이 추구하는 지식은 학문적인 것이 아니라, 자신의 관심을 끄는 대상과 친숙해짐으로써 얻는 지식이다.

동물들은 성숙한 다음에도 건강하기만 하면 이러한 열정을 유지한다. 낯선 방에 들어간 고양이는 어디선가 쥐 냄새가 나지 않을까 구석구석 냄새를 맡아 보고 나서야 자리에 앉는다. 사람은 극단적인 좌절에 빠지지 않는 한 외부 세계에 대한 자연스러운 흥미를 유지할 것이며, 흥미를 유지하는 한은 자유가 부당하게 침해되는 경우를 제외한다면 인생은 즐거운 것이라고 생각할 것이다.

문명사회에 있어서 열정을 상실하는 이유는 주로 우리들의 생활 방식에 필요불가결한 자유를 제한하는 데 있다. 미개인은 배가 고프면 사냥을 한다. 이런 모습은 직접적인 충동에 순종하는 것이다. 매일 아침 일정한 시간에 일터로 나가는 사람도 근본적으로는 같은 충동, 즉 생계유지의 필요 때문에 행동한다. 하지만 현대인의 경우 충동은 충동을 느끼는 바로 그 순간에는 직접적으로 행동하지 않고, 추상이나 신념, 의욕을 통해서 간접적으로 작용한다. 막 출근길에 나선 사람은 방금 아침밥을 먹었기 때문에 배가 고프지 않다. 그러나 그는 얼마 지나지 않아 배가

당신은 행복한 사람인가

고파질 것을 알고 있고, 직장에 나가는 것은 앞으로 다가올 배고픔을 만족시키는 수단이 된다는 것도 알고 있다.

충동은 불규칙적이지만 문명사회에서의 습관은 매우 규칙적이어야 한다. 미개인들 사이에서는 집단적인 활동조차도 자발적이고 충동적이다. 종족이 전쟁에 나서게 되면 북소리를 울려 전의를 북돋워 주고, 군중의 흥분에 고무되어 개개인은 저절로 필요한 활동을 하게 된다. 그러나 현대인의 일은 이와 같은 방식으로 진행되지 않는다. 기차가 정해진 시각에 출발할 때에 조잡한 음악을 연주한다고 해서 역무원이나 기관사, 신호수의 활동 욕구가 치솟을 리 없다. 이들이 각자 맡은 일을 하는 이유는 그것이 자신의 소임이기 때문이다. 즉, 그들의 동기는 간접적이다. 그들은 그런 활동 자체에 대해서는 아무런 충동도 느끼지 못하고 오직 그 활동이 줄 궁극적인 보상에 대한 충동만을 느낀다.

대부분의 사회적인 활동은 이와 동일한 결점을 가지고 있다. 사회적인 활동에서 사람들은 이야기를 나누고 싶다는 욕구 때문이 아니라, 협동을 통해서 얻고자 하는 궁극적인 이득 때문에 서로 이야기를 나눈다. 문명인은 삶의 매 순간마다 충동을 억제해야 하는 상황에 직면한다. 아무리 기분이 좋아도 길거리에서 노래를 함부로 부르거나 춤을 출 수 없고, 아무리 슬퍼도 함부로 길바닥에 주저앉아 울 수도 없다. 그런 행동은 행인들의 통행을 방해할 우려가 있기 때문이다.

청소년 시절에는 학교에서 자유를 제한받고, 성인이 되어서는 직장에서 근무 시간에 의해 자유를 제한받는다. 이러한 일련의 일들은 열정을 유지하는 것을 더욱 어렵게 만든다. 이러한 지속적인 제한들은 쉽게 피로와 권태를 불러일으키기 때문이다. 하지만 본능적인 충동을 상당 부분 억제하지 못할 경우, 문명사회는 유지될 수 없다. 본능적인 충동은 현대의 경제 조직이 필요로 하는 고도의 복잡한 사회적 협동 형태를 만들어 내지 못하고, 가장 단순한 사회적 협동 형태만 만들어 내기 때문이다.

열정을 가로막는 이런 장애물들을 뛰어넘으려면 건강과 넘치는 활력을 가지고 있어야 한다. 그렇지 않을 경우에는 일 자체에서 즐거움을 찾을 수 있는 특별한 직업을 가지고 있어야 한다. 통계에 의하면 지난 근 백 년 동안 문명국가에서 사람들의 건강 수치는 꾸준히 향상되어 왔다고 한다. 하지만 건강에 비해 활력은 정확히 측정하기가 매우 어렵다. 따라서 건강한 사람이 지닌 신체적 활력이 과연 옛날만큼 강대한가 하는 점에 대해 의심을 품을 수밖에 없다.

그런데 이러한 문제는 대부분 사회적인 것이므로 여기서는 본격적인 논의를 하지 않으려 한다. 하지만 이 문제는 앞에서 피로와 관련하여 논의한바 있듯이 개인적이며 심리적인 측면과 관련이 있다. 문명 생활의 구속을 받으면서도 열정을 유지하는 사람들도 있다는 것이다. 또한 대부분의 사람들도 활력의 상당 부분을 소모하게 만드는 내면의 심리적 갈등으로부터 벗어날 수 있다면 열정을 유지할 수 있을 것이다. 열정을 유지하기 위해서는 작업에 필수적으로 요구되는 것보다 많은 양의 활력이 필요하고, 이런 활력을 얻으려면 심리적 기능이 원만하게 작동할 수 있어야 한다.

옛날에 비해 많이 덜해지기는 했지만 최근까지도 많은 여성들의 경우, 체면에 대한 잘못된 생각 때문에 열정이 줄어드는 경우가 많았다. 여성이 남성에 대해서 적극적으로 관심을 표현하거나, 남들 앞에서 지나치게 활발한 모습을 취하는 것은 여성스럽지 못하다는 선입견 때문이었다. 따라서 여성들은 남성에 대한 소극적인 태도를 몸에 익히는 과정에서, 흔히 모든 일에 대한 관심을 잃게 되거나, 기껏해야 특정한 종류의 바른 행동을 제외하고는 다른 어떤 일에 대해서도 관심을 가지지 않게 되는 경우가 종종 있었다.

삶에 대한 방관적이며 소극적인 태도를 가르치는 것은 열정에 있어서 바람직하지 못한 것이며, 일종의 자기도취를 강화하는 것이다. 교육을 제대로 받지 못한 여성의 경우, 이런 가르침은 더 심각한 영향을 미친다. 그들은 보통의 남성들이 다 가지고 있는 스포츠에 대한 관심도 없고, 정치 문제에도 무관심하다. 그들은 남성들을 대할 때는 새침을 떨며 냉담한 태도를 취하고, 같은 여성들을 대할 때는 다른 여성들은 자신보다 품위가 떨어진다고 은근히 적대적인 태도를 취한다. 여성들은 자신이 남들과 잘 어울리지 않는다는 것을 자랑한다. 즉, 그들은 남에게 관심을 갖지 않는 것을 미덕이라 여긴다.

물론 이 때문에 여성들을 비난해서는 안 된다. 그들은 여성에 한해 오랫동안 적용되어 온 도덕적 교훈을 충실히 따르고 있을 뿐이다. 하지만 그들은 애석하게도 억압 체제의 피해자이면서도 그 억압 체제가 부당하다는 인식을 제대로 하지 못한다. 이러한 여성들에게 있어 엄격한 것은 모두 선으로 여겨지고, 관대한 것은 모두 악으로 보인다. 이런 여성들은 사람들과의 교제에서는 기쁨을 감소시키는 방향으로 노력하고, 정치적으로는 억압적인 법률을 좋아한다. 다행히 이러한 유형의 여성들은 점점 줄어들고는 있으나, 아직도 생각하는 것보다는 여전히 많은 편이다.

진정한 의미에서 남성의 미덕과 여성의 미덕에는 아무런 차이도 없으며, 비록 어떤 차이가 있다고 해도 관습이 주입해 온 것과 같은 차이는 존재하지 않는다. 남성에게나 여성에게나 행복과 번영을 누릴 수 있는 비결은 바로 열정에 있다.

사랑의 기쁨을 아는
사람

사랑에 빠진 사람들은 대부분 사랑 속에서
온갖 세파 가운데서도 안전한 작은 피난처를 갖게 된다.

여기서는 사랑이란 감정과 행복에 관한 이야기를 해 보려 한다. 만약 자신이 사랑받고 있다는 감정을 크게 느낀다면 열정을 불러일으키겠지만, 반대로 자신이 사랑받지 못한다고 느끼는 감정이 큰 사람은 아마도 열정을 잃고 말 것이다. 어떤 사람이 사랑받지 못한다고 느끼는 데는 여러 가지 이유가 있을 것이다. 자기 자신이 누구한테도 사랑받지 못할 만큼 남에게 불쾌감만 주는 사람이라고 생각할 수도 있다. 어쩌면 그는 어릴 적부터 다른 아이들에 비해 적은 사랑을 받으면서 자랐는지도 모른다. 그리고 실제로 어느 누구에게도 사랑받지 못하는 사람일지도 모른다.

어느 누구의 사랑도 받지 못하는 사람의 경우, 아마도 그 원인을 찾자면 어릴 적에 겪었던 불행으로 자신감을 잃어버린 데 있을 것이다. 자기 자신이 사랑받지 못한다고 느끼는 사람은 그 결과로 여러 가지 태도를 취하게 된다. 그는 아마도 유달리 친절한 행동을 함으로써 남의 사랑을 얻으려고 필사적인 노력을 해 볼 것이다. 그럼에도 불구하고 그는 대체로 성공하지 못하는 경우가 많다.

그렇게 친절을 베푸는 것은 그 동기가 쉽게 상대방에게 간파되기 마련인데, 인간의 본성은 사랑을 거의 요구하지 않는 사람에게 가장 쉽게 사랑을 기울이도록 되어 있기 때문이다. 그러므로 유달리 친절한 행동의 대가로 사랑을 구하려 애쓰는 사람은 은혜를 모르는 인간의 배은망덕을 경험하면서 환멸을 느끼게 된다. 그의 경우, 그가 얻으려고 애쓰는 사랑이 그 대가로 지불한 물질적 혜택보다 훨씬 값지다는 것을 결코 알 수 없을 것이다. 그럼에도 불구하고 그의 행동의 밑바닥에는 '이 정도면 충분하겠지.' 하는 감정이 깔려 있다.

자신이 사랑받지 못한다는 것을 알고 세상에 앙갚음을 하려는 사람도 있다. 이런 사람은 전쟁이나 혁명을 선동하기도 하고,

당신은 행복한 사람인가

때로는 원한 어린 붓을 휘둘러 세상에 복수하려 한다. 이런 행동은 불행에 대한 영웅적 반응으로 세계 전체와 맞서 싸울 수 있을 만큼 다부진 기개가 있어야 가능하다. 그리고 이러한 수준에 도달할 수 있는 사람은 거의 드물다. 사랑받지 못하고 있다고 느끼는 대다수의 사람들은 소심한 절망에 빠져 가끔씩 질투와 적대감을 분출함으로써 단지 이런 절망감을 누그러뜨릴 뿐이다.

일반적으로 이러한 사람의 생활은 극단적으로 자기중심적이며, 사랑의 결여로 말미암아 불안감에 싸여 습관이 생활을 철저하고 완전하게 지배하도록 내버려 둠으로써 본능적으로 이러한 불안감에서 벗어나려고 한다. 왜냐하면 변함없는 일과(日課)의 노예가 되는 사람은 일반적으로 냉담한 외부 세계에 대한 공포에 의해, 그리고 이전에 걸어왔던 길과 똑같은 길을 걸어간다면 냉담한 외부 세계와 부딪치지 않으리라는 믿음에 의해 그와 같이 행동하지 않을 수 없기 때문이다.

안정감을 가지고 삶에 임하는 사람들은 불안감을 가지고 삶에 임하는 사람들보다는 훨씬 더 행복하다. 적어도 그들의 안정감이 그들을 재난으로 이끌고 가지 않는 한 그럴 것이다. 그리고 전적으로 그렇다고 할 수는 없지만 대부분의 경우, 안정감은 다른 사람이라면 굴복하고 말았을 위험으로부터 벗어나게 하는 데 도움을 준다. 가령 높은 계곡에 걸린 좁은 외나무다리를 걸어서

건너는 사람이 겁을 먹으면 겁을 먹지 않을 때보다 아래로 떨어질 확률이 더 높은 것과 마찬가지다. 인생도 마찬가지다. 용감한 사람도 뜻하지 않은 재난을 만날 수 있다. 하지만 용감한 사람은 겁 많은 사람이라면 넋을 잃고 말 정도의 여러 가지 어려운 상황들을 아무런 상처 없이 뚫고 나오는 경우가 많다.

이처럼 유익한 자신감의 종류는 무수히 많다. 산을 오를 때 용감한 사람이 있고, 바다를 건널 때 용감한 사람이 있으며, 또 공중에서 뛰어내릴 때 용감한 사람이 있다. 그러나 인생에 대한 일반적인 자신감은 무엇보다도 자신이 필요로 하는 만큼 올바른 종류의 사랑을 받고 있다고 느낄 때 생긴다. 여기서 말하고자하는 것은 열정의 원천이라고 할 수 있는 이런 정신적인 태도에 관한 것이다.

안정감을 주는 것은 대부분의 경우 서로 주고받는 사랑에서 나오는 것이기는 하지만, 정확히 구분하자면 안정감은 주는 사랑이 아니라 받는 사랑에서 나온다. 그리고 엄격히 말하면, 사랑만이 아니라 존경심도 안정감을 주는 효과가 있다. 배우, 전도사, 연설가, 정치가 등 직업상 대중의 존경을 얻어야 하는 직업을 가진 사람들은 날이 갈수록 박수갈채에 의존하게 된다. 대중의 찬동이라는 당연한 보상을 받으면 그들의 삶에는 열정이 넘치지만, 그렇지 못하면 불만을 느끼고 자기중심적인 삶이 된다. 대중들의 광범위한 호감이 그들에게는 다른 사람들에 대한 소수의 보다 집중적인 사랑과 같은 효과를 갖는다.

부모의 귀여움을 받는 아이는 부모의 사랑을 당연한 것으로 받아들인다. 부모의 사랑이 자신의 행복을 위해 매우 중요한 것임에도 불구하고, 그에 대해 그다지 깊이 생각하지 않는다. 그 아이는 세상에서 겪는 모험에 대해, 그리고 어른이 되어서 마주치게 될 더욱 경이로운 모험에 대해 생각한다. 그러나 이러한 모든 외부적 관심의 배후에는 부모의 사랑이 그를 재난으로부터 보호해 주리라는 믿음에 있는 것이다.

어떠한 이유로 부모의 사랑을 받지 못하는 아이는 대체로 겁이 많아지고 모험심이 부족해진다. 이런 아이는 두려움과 자기 연민의 감정에 빠져 신나는 모험을 하는 기분으로 세상에 나설 수 없게 되고, 유달리 어린 나이에 삶과 죽음 그리고 인간의 운명에 대해 생각하기 시작할지도 모른다. 그러다 처음에는 내성적이고 우울한 사람이 되었다가 결국에는 특정한 철학이나 신학에서 비현실적인 위안을 구하기도 한다.

세상은 즐거운 일들과 불쾌한 일들이 일정한 순서 없이 뒤얽혀 있다. 이런 뒤죽박죽인 세상에서 지성적인 체계나 양식을 만들어 내려고 하는 욕망은 근본적으로 일종의 두려움의 소산이며, 사실상 일종의 광장 공포증, 즉 공개적인 장소를 두려워하는 데서 기인하는 것이다. 겁이 많은 학생은 질서정연한 자신의 방 네모진 벽에 둘러싸여 있어야 안심한다. 만일 그가 우주도 자신의 방과 마찬가지로 질서정연하다는 확신을 가질 수 있다면, 그는 용감히 거리에 나서야 할 때에도 자기 방에 있을 때와 마찬가지로 안심할 수 있을 것이다. 이러한 사람이 만약 더많은 사랑을 받았더라면 현실 세계에 대한 두려움을 덜 느꼈을 것이고, 마음속에 현실 세계를 대체할 만한 이상 세계를 설정해놓고 이를 신앙으로 삼지 않아도 되었을 것이다.

그러나 모든 사랑이 이처럼 모험심을 고무시키는 효과를 갖는 것은 결코 아니다. 사람들이 받는 사랑은 그 사랑 자체가 소심하지 않고 강한 것이어야 하며, 그 사랑을 받는 사람이 안정감보다는 탁월한 능력을 갖길 바라는 것이어야 한다. 물론 이런탁월한 능력이란 안정감과 어느 정도 관계가 있긴 하다. 겁이많은 어머니는 개들은 죄다 물기 마련이고 소들은 죄다 사납다고 생각하여, 일어날 수 있는 여러 가지 재난에 대해 조심해야한다고 아이에게 끊임없이 경고한다. 이러한 어머니는 아이에게 자신이 가진 똑같은 소심함을 심어 주고, 아이가 어머니 곁에 있지 않으면 안심하지 못하도록 만든다.

지나치게 자식을 독점하려는 어머니는 아이가 이러한 감정을갖는 것이 오히려 유쾌할지 모른다. 그런 어머니는 아이가 세상에 대처하는 능력을 갖기보다는 오히려 어머니에게 의지하기를 바랄 것이다. 이러한 어머니 밑에서 자란 아이는 결국 사랑받지 못하고 자란 아이보다도 훨씬 더 불행해지기 쉽다. 어릴 적에 형성된 마음의 습관은 평생 동안 지속되기 때문이다.

사랑에 빠진 사람들은 대부분 사랑 속에서 온갖 세파 가운데서도 안전한 작은 피난처를 갖게 된다. 이 피난처에서는 존경받을 만한 점이 별로 없어도 존경을 받고, 칭찬받을 만한 일이 별로 없을 때에도 칭찬을 받을 수 있다. 많은 사람들에게 가정은 편안한 피난처가 된다. 공포와 두려움을 가라앉혀 주는 가정에서의 휴식을 좋아하는 것은 그들이 공포를 느끼고 두려움이 많기 때문이다. 그들은 아내에게서 전에 현명하지 못한 어머니로부터 받던 것을 구하지만, 그들의 아내가 그들을 어른으로 대접하지 않고 몸집만 큰 어린애로 여긴다는 것을 알면 깜짝 놀란다.

최고의 사랑이 어떤 것인지 정의하기란 쉽지 않다. 사랑에는 일종의 보호적 요소가 있기 때문이다. 우리는 우리가 사랑하는 사람들이 받은 상처에 무관심할 수는 없는 노릇이다. 그러나 불행에 대한 염려는 현실적으로 발생한 불행에 대한 동정과는 반대로, 사랑에 있어서 가능한 작은 역할을 해야 한다고 생각한다. 다른 사람에 대한 지나친 걱정은 자기 자신에 대한 지나친 걱정에 비해 크게 나을 것이 없다.

게다가 그것은 대체로 소유욕의 위장된 형태인 경우가 많다. 그런 태도가 의도하는 것은 두려움을 불러일으켜 상대방에 대한 보다 완전한 지배권을 획득하고자 하는데 있다. 남자들이 겁 많은 여자를 좋아하는 이유도 그 때문이다. 겁 많은 여자를 보호함으로써 남자들은 그 여자를 소유하게 되는 것이다. 두려움에 아무런 타격을 받지 않고 얼마나 견딜 수 있느냐 하는 것은 그 사람의 성격에 달려 있다. 즉, 대담하고 진취적인 사람은 아무런 손상을 입지 않고 이런저런 역경을 간단히 감내할 수 있지만, 겁이 많은 사람은 사전에 충분히 깨우쳐 주어야 한다.

지금까지는 안정감과 관련된 사랑을 살펴보았다. 하지만 어른들의 생활에서 사랑은 훨씬 본질적인 생물학적 목적을 가지고 있다. 그것은 바로 자녀를 낳아 키운다는 목적이다. 남녀를 막론하고 성애(性愛)를 느끼지 못하는 것은 큰 불행이다. 이런 경우에 그 사람은 인생이 제공하는 가장 큰 환희를 누릴 수 없다. 이런 환희를 누리지 못하는 사람은 언젠가는 열정을 잃게 되고 내향적인 성격이 된다. 어린 시절에 겪은 여러 가지 불행으로 인하여 훗날 사랑을 얻을 수 없게 만드는 성격적인 장애를 초래하는 경우가 상당히 많다. 이것은 아마도 여자의 경우보다는 남자의 경우에 특히 심하게 나타난다. 대개 여자는 남자의 성격에 끌려 남자를 사랑하지만, 남자는 여자의 외모에 반해 여자를 사랑하기 때문이다.

이러한 점에서 남성은 여성보다 열등하다고 말하지 않을 수 없다. 남성들이 흡족하다고 여기는 여성의 특성은 대개 여성들이 흡족하게 여기는 남성의 특성보다 바람직하지 못한 경우가 많기 때문이다. 하지만 좋은 성격을 가꾸는 것은 아름다운 외모를 가꾸는 것에 비해서 결코 쉬운 일이 아니라고 생각한다. 어쨌든 여성은 아름다운 외모를 가꾸기 위해서 필요한 과정을 잘 이해하고 쉽게 따라가지만, 남성은 좋은 성격을 기르기 위해서 필요한 과정을 이해하고 추구하는 데 있어서 여성에 비해 뒤떨어진다.

앞에서는 주로 받는 사랑에 대해 살펴보았지만, 이제부터는 베푸는 사랑에 대해 살펴보려 한다. 여기에는 두 가지 종류의 의미가 있는데, 그중 하나는 삶의 열정을 드러내는 가장 중요한 표현으로서의 사랑이고, 다른 하나는 두려움을 드러내는 표현으로서의 사랑이다. 나는 전자는 매우 바람직한 것이지만, 후자는 기껏해야 위안거리에 지나지 않는다고 생각한다.

맑게 갠 날 아름다운 해안을 따라 배를 타고 항해하고 있는 사람은 해안의 아름다움에 감탄하며 즐거워할 것이다. 이러한 즐거움은 오직 밖을 바라보는 데서 얻는 즐거움으로, 그 사람의 간절한 욕구와는 아무런 관계가 없다. 그런데 만약 배가 난파되는 바람에 해안을 향해 헤엄쳐 가고 있다면, 그 사람은 그 해안에 대해 새로운 종류의 애정을 느낄 것이다. 해안은 위험한 파도와 대비되는 안전한 곳으로서의 의미가 있기 때문에 해안의 경치가 좋냐, 나쁘냐는 아무런 의미도 없다. 보다 좋은 사랑은 안전한 배에 탄 사랑의 감정에 견줄 수 있고, 배가 난파당하여 헤엄을 쳐야 하는 사람이 느끼는 감정은 그보다 못한 사랑에 견줄 수 있다.

이러한 두 가지 사랑 중에서, 첫 번째 사랑은 어떤 사람이 안정감을 느끼고 있거나, 자신을 둘러싸고 있는 위험에 대해서 무관심한 경우에만 가능한 사랑이다. 하지만 두 번째 사랑은 불안감에서 비롯되는 사랑이다. 불안감으로 인한 사랑은 안정감으로 인한 사랑에 비해서 훨씬 주관적이고 자기중심적이다. 불안감을 느끼는 사람은 상대방을 본질적인 특성으로 평가하지 않고, 그 사람이 베푸는 봉사로 평가하기 때문이다. 나는 이러한 종류의 사랑이 인생에서 어떤 중요한 역할도 하지 못한다고 주장하려는 것은 아니다.

현실적인 사랑은 두 가지의 성격을 함께 가지고 있다. 불안감을 치료해 주는 사랑은 사람을 자유롭게 만들어 위험과 두려움을 느끼는 순간에 희미해졌던 세상에 대한 관심을 다시 느끼게끔 해 준다. 비록 불안감에서 비롯된 사랑도 인생에서 담당하는 역할이 있긴 하지만, 안정감에서 비롯된 사랑보다 못하다는 것을 잊지 말아야 한다. 불안감에서 비롯된 사랑은 두려움에 의해서 좌우되는데, 그런 사랑은 안정감에서 비롯된 사랑에 비해서 훨씬 자기중심적이다. 낡은 불행에서 벗어나려는 사랑보다 새로운 행복을 바라는 사랑이 더 바람직하다.

가장 바람직한 사랑은 서로 생명력을 주고받는 사랑이다. 이런 경우 두 사람은 서로 기쁨으로 사랑을 받아들이고, 아무런 대가 없이 사랑을 주며, 서로가 행복을 느낌으로써 결국 세상이 더욱 흥미롭다고 생각하게 된다.

그런데 결코 흔하지는 않지만, 또 다른 종류의 사랑이 있다. 즉, 어떤 사람이 상대방의 생명력을 흡수하며, 다른 쪽이 주는 사랑을 받아들이기는 하지만 그 대신 거의 아무것도 주지 않는 사랑이다. 매우 이기적이고 비인격적인 사람들이 이러한 흡혈적 유형에 속한다. 그들은 희생자들로부터 차례차례 그 생명력을 흡수한다. 그들이 번영을 누리면서 점점 흥미로운 존재가 되는 동안 그들에게 희생된 사람들은 점점 창백해지고, 우둔해지고, 무력해진다.

이들은 다른 사람들을 자신의 목적을 실현하기 위한 수단으로 사용하지, 결코 목적 그 자체로 생각하지 않는다. 그들은 잠시 동안 어떤 사람을 사랑한다고 생각하지만 근본적으로는 사랑하는 사람에 대해 아무런 관심도 가지고 있지 않으며, 다만 그들 자신의 활동에 대한 자극에만 관심을 가지고 있을 뿐이다. 이러한 태도는 예외 없이 성격상의 장애에서 비롯된다. 하지만 이런 성격상의 장애는 진단하기도 쉽지 않고 치료하기도 쉽지 않다. 이런 특성은 단지 거대한 야망과 결부되는 경우가 많은데, 행복에 대한 지나치게 일면적인 관점에 그 뿌리를 두고 있다.

두 사람이 서로에 대해 진정한 관심을 가지고 있는 사랑, 서로를 단순히 자신의 행복에 도달하기 위한 수단으로 보는 것이 아니라 공동의 행복을 추구하는 결합체로 보는 사랑이야말로 진정한 행복에 이르는 아주 중요한 요소이다. 자아를 철벽 속에 가두어 놓아서 자아를 확대할 수 없는 사람은 설사 직업에서 성공한다고 해도 인생이 베푸는 최고의 행복은 놓치게 마련이기 때문이다.

사랑을 도외시하는 야망은 대게 인류에 대한 일종의 분노, 또는 증오가 빚어낸 산물이다. 이러한 분노와 증오는 어려서 겪은 불행, 어른이 되어 겪은 불의, 또는 피해망상을 일으키는 여러 가지 원인에서 비롯된다. 세상을 완전히 즐기고자 한다면 지나치게 강한 자아라는 이름의 감옥에서 벗어나야 한다. 자아의 감옥에서 벗어난 사람이 가진 특징 중에는 진정한 사랑을 할 수 있는 능력이 포함된다. 사랑을 받는 것만으로는 결코 충분하지 않다. 받는 사랑은 마땅히 베푸는 사랑을 해방시켜야 한다. 이 두 종류의 사랑이 같은 정도로 존재할 때, 사랑은 그 최대의 가능성을 달성할 수 있게 된다.

서로 주고받는 사랑을 가로막는 심리적인, 또는 사회적인 방해물은 우리 사회에 중대한 해악을 끼친다. 지금까지 세상에는 늘 이런 방해물이 있어 왔고, 지금도 이런 방해물이 존재한다. 사람들은 혹시 부당한 것이 아닐까 하는 두려움 때문에 칭찬하기를 주저한다. 다시 말해서, 사랑을 준 상대로부터, 또는 비판적인 세상으로부터 피해를 입을까 두려워서 사랑을 베풀기를 주저한다. 도덕이라는 미명 아래, 그리고 세속적인 처세술이라는 미명 아래 신중한 태도가 강요되고, 그 결과 사랑에 관해서는 관대한 태도와 모험적인 태도가 억제된다. 이러한 경향은 인간 세상에 대한 두려움과 분노를 자아내며, 많은 사람들로 하여금 세상에 대한 행복하고 적극적인 태도를 가지기 위해 없어서는 안 될 근원적인 욕구를 잊고 지내게 만든다.

그렇다고 하여 이른바 부도덕한 사람이 그렇지 않은 사람보다 우월하다고 할 수는 없다. 대부분의 성적 관계에는 흔히 진정한 사랑이라고 할 수 있는 것이 거의 없으며, 오히려 심각한 적의가 깃든 경우가 드물지 않다. 성적 관계 속에서 남자나 여자나 저마다 자기 자신을 지키려고 애쓰며, 근원적인 고독을 간직하고 자기의 세계를 버리지 않은 채로 남아, 결국 아무런 결실도 맺지 못한다. 이러한 성적 경험은 어떠한 중요한 가치도 가질 수 없다.

그렇다고 성적 관계를 신중하게 피해 가야 한다고 주장하려는 것은 아니다. 그 목적을 이루기 위해 거쳐야 할 과정이 자칫하면 보다 가치 있고 깊은 사랑이 자라날 수 있는 상황에서 장애물이 될 수도 있기 때문이다. 여기서 말하고 싶은 것은 진정한 가치를 가진 성적 관계는 두 사람의 모든 인격이 융합하여 새로운 공동의 인격을 형성하는 관계라는 점이다. 모든 종류의 신중함 가운데서도 사랑에 대한 신중함이 참된 행복에 있어 가장 치명적일 수 있다는 말이다.

좋은 부모로 사는
사람

자녀들과 행복한 관계를 맺고 싶어 하거나
자녀들에게 행복한 생활을 마련해 주기를 바라는 어른은
부모다움, 즉 부모의 역할에 대해서 참으로 진지하게 고민해야 한다.

과거로부터 전승되어 온 제도 중에서 오늘날 가족제도만큼 심
하게 와해되고 변질된 것은 없을 것이다. 부모의 자녀에 대한
사랑과 자녀의 부모에 대한 사랑은 행복의 가장 큰 원천 중 하
나가 될 수 있다. 그럼에도 불구하고, 오늘날 부모와 자녀의 관
계는 양쪽 모두에게, 아니면 적어도 그중 어느 한쪽에게 불행의
원천이 된다. 본래 가족이란 근원적인 만족을 줄 수 있는 것인
데, 오늘날의 가족은 그러한 만족을 주지 못하고 현대인의 보편
적인 불만족을 빚어내는 가장 뿌리 깊은 원인이 되고 있다.

자녀들과 행복한 관계를 맺고 싶어 하거나 자녀들에게 행복한

생활을 마련해 주기를 바라는 어른은 부모다움, 즉 부모의 역할에 대해서 참으로 진지하게 고민해야 한다. 그리고 고민을 하였다면 그 역할을 가장 현명하게 행동으로 옮겨야만 한다. 사실 '가족'이라는 문제는 그 범주가 너무나 광범위하여 모든 문제를 다 다루기에는 본 글의 특성상 불가능한 일이다.

그래서 여기서는 '어떻게 하면 행복을 찾을 수 있을까?'라는 주제에 한정하여 다루어 보려 한다. 행복을 찾는다는 문제와 관련된 경우를 다루지만 사회 구조의 변혁이 없다는 것을 전제로 각 개인의 능력으로 이룰 수 있는 개선 사항에 대해서 이야기해 보려 한다. 물론 이것은 매우 중대한 제한 사항이다. 오늘날 가족의 불행은 대단히 다양한 원인, 즉 심리적·경제적·사회적·교육적·정치적 원인들에서 비롯되는 아주 복잡한 문제들이기 때문이다.

사회의 부유한 계층의 경우에는 여성들로 하여금 자식을 낳아 기르며 어머니 역할을 하는 것이 예전보다 훨씬 무거운 짐이 되었다고 느끼게 만든다. 이런 현상에는 두 가지 원인이 얽혀 있다. 그중 하나는 독신 여성에게 직업을 가질 기회가 광범위하게 열려 있다는 것이고, 다른 하나는 옛날처럼 누군가가 가사 일을 전담해 주지 않는다는 것이다. 이전에는 한 집에 사는 부모님들이나 가정부가 있어 그들이 집안일을 도맡아 해 주었다. 하지만 지금은 이러한 풍토가 점점 사라져 가고 있다.

옛날에는 결혼하지 않은 노처녀의 생활 조건 때문에 어쩔 수 없이 결혼을 해야만 하는 경우가 많았다. 이들은 경제적으로 가족에게 의존한 채 살아야만 했다. 이들은 처음에는 아버지에게, 다음에는 형제들에게 의존해야만 했다. 이들에게는 하루하루를 메워 나갈 직업이란 있을 수 없었고, 집 울타리 밖에서 즐거움을 추구할 자유도 없었다. 이들에게는 성적 모험을 즐길 만한 기회도 주어지지 않았고, 그럴 생각도 없었다. 이들은 혼인 관계를 기초로 하지 않는 성적 모험은 추악한 것이라고 굳게 믿고 있었기 때문에 엄두도 내지 못했다. 모든 보호 장치에도 불구하고 음흉한 유혹자의 계획적인 간계에 넘어가 정조를 잃게 되면 이들의 처지는 극단적으로 가련해진다. 온갖 고난과 비인간적 대우를 감내하며 눈물로 한평생을 살든지, 아니면 죽음이라는 극단적인 방법을 찾기도 한다.

그런데 오늘날의 독신 여성들은 이러한 처지가 되어도 죽음이 유일한 해결책이라고 생각하지 않는다. 제대로 교육을 받은 여성이라면 어렵지 않게 안락한 생활을 할 만한 소득을 올릴 수 있고, 일일이 부모의 허락을 구할 필요도 없다. 부모는 점점 딸에 대한 경제적 지배권을 행사할 수 없게 되고, 따라서 딸을 도덕적으로 비난하는 일을 점점 삼가게 된다. 야단맞기를 바라지 않는 딸에게 야단을 치는 것처럼 무익한 일은 없다. 그러므로 오늘날 직업을 가지고 있는 젊은 여성은 지성이나 매력이 평균 이하가 아니라면, 그리고 자녀를 낳아 잘 기르고 싶다는 욕망을 강하게 가지지 않는 한 독신으로 아주 즐거운 삶을 살려 한다.

그러나 자녀를 낳아 잘 기르고 싶다는 욕망을 억누르지 못한다면 그 여성은 결혼을 하지 않을 수 없고, 그렇게 되면 많은 여성들은 직장을 그만두게 된다. 직장을 잃은 여성이 누리는 안락함은 처녀 때에 몸에 밴 안락함과 비교하면 훨씬 낮은 수준으로 떨어진다. 남편의 수입은 그 여성이 예전에 벌던 것과 별 차이가 없는 경우가 많은데다, 이 수입을 전처럼 혼자서 쓰는 것이 아니라 가족을 부양해야 하기 때문이다. 이 여성은 이미 독립적인 생활을 누려 본 경험이 있기 때문에 필수적인 지출에 필요한 돈을 타기 위해 남편에게 손을 벌리는 것을 아주 성가시고 자존심 상해한다. 이러한 여러 가지 이유 때문에 여성들은 아기 갖는 것을 주저한다.

그럼에도 불구하고 과감하게 결혼에 뛰어드는 여성은 이전 세대의 여성들과 비교할 때 새롭고 엄청난 문제에 부딪치게 된다. 그것은 바로 가사 노동 문제이다. 그 결과 이 여성은 가정에 묶인 채 능력과 교육 수준에 어울리지 않는 수없이 많은 자질구레한 일들을 감당하게 되며, 직접 가사 노동을 하지 않는 경우라

당신은 행복한 사람인가

고 해도 마음에 들지 않게 일하는 가사 도우미들에게 만족하지 못하여 마음의 평정을 잃게 된다.

육아 및 자녀 교육은 더더욱 큰 문제로 다가온다. 이 문제에 대해 비교적 높은 수준의 양식을 지닌 여성이라면 전문적인 기관에서 제대로 된 교육과 훈련을 받은 자격 있는 사람을 채용하려 할 것이다. 막중한 재난이 일어날지도 모른다는 각오를 하지 않고서는 수준 미달의 사람에게 안심하고 아이를 맡길 수 없음을 알게 될 것이기 때문이다. 더더욱 청결이나 위생이라는 가장 기본적인 예방조치는 도저히 남한테 맡겨 놓을 수 없음을 알게 된다. 결국 이 여성은 엄청난 양의 자질구레한 일들에 치이게 되고, 얼마 가지 않아 모든 매력을 잃고 지성의 절반 이상을 잃고 말 것이다. 그렇게 살면서도 매력과 지성을 온전히 유지할 수 있는 여자가 있다면 퍽이나 운이 좋은 여자일 것이다.

집안에서 꼭 해야만 하는 일들을 충실히 수행하고 있음에도 불구하고 이런 여성들은 남편에게는 매력 없는 아내, 자녀들에게는 귀찮은 존재가 되는 경우가 많다. 저녁이 되어 남편이 직장에서 돌아오면 아내는 낮에 일어난 이런저런 일들을 이야기하게 되는데, 그런 아내를 남편은 매우 귀찮아하고 이야기를 들더라도 매우 지루해한다. 그런데 그런 이야기조차 하지 않으면 남편은 또 그를 아주 멍청한 아내로 치부한다. 자녀들과의 관계에 있어서도 어머니는 자녀를 기르느라고 치른 여러 가지 희생들을 늘 마음속에 새겨 두고 있기 때문에 자연히 기대할 수 있는 것 이상의 보상을 요구하게 되기 쉽고, 한편 끊임없이 자질구레한 일을 하는 습관 때문에 잔소리가 많아지고 소심해진다.

이런 여성들이 겪는 부당한 대접 중에 가장 치명적인 것은 가족들 옆에서 충실하게 의무를 수행한 대가로 가족의 사랑을 잃게 되는 것이다. 만일 이런 여성이 가족에게 다소 소홀히 하더라도 자신의 삶을 최대한 쾌활하고 매력적으로 유지했다면 아마 가족들은 그를 사랑하지 않을 수 없을 것이다.

이런 문제들은 본질적으로 경제적인 문제인데, 이에 못지않게 중요한 문제가 또 하나 있다. 대도시로 인구가 집중되면서 생겨난 주거 문제가 바로 그것이다. 얼마 전까지만 해도 인구의 대부분은 농촌에 살고 있었다. 도시라고 하지만 그렇게 크지 않았고 오늘날의 농촌처럼 전원적인 맛도 있었다. 도시의 집이었지만 정원이 딸려 있는 집들이 많았고 쉽게 도시를 벗어날 수도 있었다. 그러나 오늘날 산업이 발전한 대부분의 나라에서는 도시 인구가 농촌 인구를 훨씬 능가한다. 특히 한국의 경우, 도시 인구의 증가는 놀라울 정도이며, 서울 같은 대도시에 살다 보면 도시를 빠져나오는 데만 해도 상당한 시간이 걸린다.

대도시에 사는 사람들은 대개 아파트 생활에 만족해야 한다.

　　　　　　　　　당신은 행복한 사람인가

물론 아파트에는 한 뼘의 땅도 붙어 있지 않다. 수입이 넉넉하지 못한 사람들은 그런 최소한의 공간에 만족해야만 한다. 어린 자녀들이 있는 경우에는 아파트 생활도 곤란하다. 아파트에는 어린이들이 놀 수 있는 장소가 없거나 부족하다 보니 집안에서의 소음 문제를 피할 수 없다. 따라서 전문직에 종사하거나 경제적인 여건이 다소 나은 사람들은 교외로 나가 사는 경향이 점점 늘어나고 있다.

이것은 아이들의 입장에서 보면 아주 바람직한 일임에 틀림없다. 하지만 이로 인해서 가장들이 겪어야 하는 생활의 피로는 늘어나고 가장이 가정에서 할 수 있는 역할을 많은 부분 감소시킨다. 하지만 이런 문제를 여기서 구체적으로 다룰 수는 없다. 이 문제는 지금 우리가 전개해 오고 있는 당면 문제, 즉 '개개인은 어떻게 행복을 찾을 수 있는가?' 하는 문제로부터 벗어나는 것이기 때문이다.

오늘날 부모와 자녀 사이의 관계에 존재하는 심리적 장애를 다루다 보면 이러한 문제에 좀 더 접근하게 된다. 사실 이것은 민주주의 사회에서 나타나는 문제 중의 일부분이다. 옛날 비민주적 사회에서는 주인과 노예가 있었다. 즉, 주인은 무슨 일을 해야 하는가를 결정했고, 또 노예는 주인의 행복에 이바지했기 때문에 주인은 대체로 노예를 좋아했다. 하지만 노예는 비록 민주적 이론에 입각하여 우리가 상상하는 정도로 보편적인 현상은 아니겠지만 주인을 미워했을 것이다. 그러나 노예가 주인을 미워했다 하더라도 주인은 이러한 사실을 전혀 몰랐고, 어쨌든 주인은 행복했다.

그러나 민주주의 이론이 보편적으로 받아들여지면서 사정은 완전히 달라졌다. 이제까지 고분고분하게 굴던 노예들은 순종적인 태도를 버렸고, 이제까지 노예를 부리는 자신의 권리에 대해 전혀 의심을 갖지 않았던 주인들은 확신을 잃고 주저하게 되었다. 주인과 노예 사이에 마찰이 생기면서 양쪽 모두 불행해졌다. 민주주의가 나쁜 것이 아니라, 이런 문제는 중요한 전환기마다 항상 제기되는 문제이다.

부모와 자녀 간의 관계에 있어서의 변화는 민주주의가 보편적으로 확산되었음을 보여 주는 한 가지 특별한 예이다. 부모들은 자신에게 자녀들의 의사를 막을 수 있는 권리가 있다는 확신을 잃어버렸고, 자녀들은 부모의 뜻을 존중해야 한다는 생각을 하지 않게 되었다. 예전 같으면 이유를 따질 필요 없이 강요되던 순종의 미덕은 케케묵은 것이 되었으며, 이것은 당연한 일이다.

정신분석 이론을 알게 된 교양 있는 부모들은 자신들이 미처 깨닫지 못하는 사이에 자녀들에게 해를 끼치게 되지는 않을까 무서워하고 있다. 부모의 따뜻한 포옹을 받고서 오이디푸스 콤플렉스가 생기는 아이도 있을 수 있고, 반대로 부모의 따뜻한 환대를 받지 못해서 격렬한 질투심이 생기는 아이도 있을 수 있다. 부모에게서 이렇게 하라, 저렇게 하라는 지시를 받고서 죄의식을 느끼는 아이도 있을 수 있다. 하지만 아무런 지시도 받지 않고 큰 아이는 좋지 않은 버릇이 들게 된다. 엄지손가락을 빠는 아이를 보면 부모는 온갖 무서운 추리를 하면서도, 정작 그런 행동을 하지 못하게 하려면 어떻게 해야 할지 몰라 당황한다.

예전 같으면 부모로서 당당하게 권위를 행사하였지만, 이제는 부모로서의 권위를 행사하기가 왠지 겁나고, 불안하고, 양심에 걸리는 고민거리가 되었다. 옛날의 단순한 환희는 사라졌다. 게다가 독신 여성으로 살 경우에 누리는 달콤한 자유 때문에 여성들은 어머니가 될 각오를 하려면 예전보다 훨씬 더 많은 것을 희생해야 한다. 이제는 예전에 부모 노릇을 하면서 느낄 수 있었던 단순한 기쁨은 기대할 수 없다.

이런 상황에서 어떤 어머니는 자녀들에게 너무 적게 요구하고, 다른 어떤 어머니는 너무 많이 요구한다. 전자의 어머니는 그의 자연스러운 애정을 억제하고 조심스러워하며, 후자의 어머니는 그가 어쩔 수 없이 포기한 환희의 보상을 자녀들에게서 구한다. 전자의 경우에는 어린이들의 애정이 메마르고, 후자의 경우에는 어린이들의 애정이 과도한 자극을 받는다. 어느 경우에든 가정이 최선의 상태에서 제공할 수 있는 단순하고 자연스러운 행복은 결여된다.

이런 어려움이 있으니 출산율이 줄어드는 것이 이상할 것도 없다. 출산율 저하는 자연스럽게 인구 감소로 연결된다. 이런 현상은 한 나라뿐만 아니라 거의 모든 선진 문명국에서 골고루 나타나고 있다. 이에 대한 한 예로, 미국의 경우 1919년부터 1922년 사이 스톡홀름에서 직업여성의 임신율은 전체 여성 임신율의 3분의 1밖에 되지 않았다고 한다. 또한 1896년부터 1913년 사이에 미국 웰즐리 대학의 졸업생 4천 명이 낳은 자녀는 약 3천 명에 불과하다고 한다. 하지만 실제로 인구 감소를 막으려면 졸업생은 8천 명의 아이들을 낳아야 하고, 그중 어려서 죽은 아이가 단 한 명도 없어야 한다. 이러한 사례는 이미 오래전부터 출산율 저하와 인구 감소 현상이 일어나고 있었음을 알게 하는 좋은 예이다.

문명에 동화될수록 사람들의 출산율은 낮아진다는 특성을 지닌다. 즉, 문명이 발달한 곳일수록 출산율이 낮고, 문명이 발달하지 못한 곳일수록 출산율은 높아지며, 이 양자 사이에는 연속적인 단계가 있다. 오늘날 서구 국가들에서 가장 지성적인 계층이 소멸해 가고 있다. 문명화가 덜 된 지역에서 들어오는 이민자들이 인구를 보충해 주지 않으면 얼마 지나지 않아 서구 국가들의 인구는 줄어들 것이다. 이민자들 역시 이주한 국가의 문명에 동화되는 순간부터 출산율이 낮아지기 시작할 것이다. 이러한 특성을 가진 문명은 불안정할 수밖에 없다. 구성원을 충원하지 못하는 문명은 조만간 소멸할 것이며, 그 대신 인구 감소를 예방할 수 있을 만큼 자녀 출산의 욕구가 강한 다른 문명이 번성하게 될 것이다.

모든 서방 국가의 도덕주의자들은 지금까지 이 문제를 단순히 권고와 감상적인 방법으로 다루려고 노력해 왔다. 한편으로 이들은 설사 자신의 아이들이 건강과 행복을 누릴 수 있는 가능성이 없다고 하더라도 결혼한 부부는 신이 원하는 대로 아이를 낳을 의무가 있다고 주장한다. 다른 한편으로 남자 목사들은 모성의 성스러운 기쁨에 대해 강조하며, 설사 질병과 가난으로 고통받는 아이들이 있다고 하더라도 아이를 많이 낳는 가정이 행복한 가정이라고 주장한다.

국가는 총알받이로 쓰려면 충분한 인구가 필요하다며 거들고 나선다. 전쟁을 할 수 있을 만한 충분한 인구가 없다면 아무리 정교한 살상무기가 있더라도 무슨 소용이 있겠는가? 이상하게도 사람들은 이런 일은 다른 사람들에게만 일어날 것이라고 생각하고, 막상 자신은 이런 경우와는 거리가 멀다고 생각한다.

목사들이 사용하는 심리 작전에는 결점이 있다. 지옥의 불구덩이에 빠지게 될 것이라는 위협이 사람들에게 통한다면 목사들의 작전은 성공할 것이다. 하지만 오늘날 세상에 이런 위협을 곧이곧대로 받아들이는 사람은 아주 극소수에 불과하다. 이런 결점을 지닌 위협으로는 본질적으로 사적인 문제에 속하는 행동을 제대로 통제할 수 없다.

그리고 국가의 이론은 너무나 무자비하다. 사람들은 남들을 총알받이로 쓰는 것에는 동의할지 몰라도 자신의 자녀들이 이런 방식으로 사용되는 것을 좋아할 리가 없다. 그러니 국가가 할 수 있는 일이란 가난한 사람들이 계속 무지한 상태로 남아 있도록 노력하는 것뿐이다. 하지만 통계가 보여 주는 바에 따르면, 이상하게도 서구 국가들 가운데 특별히 뒤떨어진 국가를 제외하고는 이런 노력이 성공을 거둔 경우가 없다는 사실이다.

국가에 대한 공적인 의무감에서 자녀를 낳는 사람은 거의 없을 것이다. 비록 이러한 공공의 의무가 실재한다 하더라도, 자녀를 낳을 때에는 자녀가 그들의 행복에 보탬이 된다고 믿기 때문에, 또는 아직 피임하는 방법을 제대로 모르기 때문에 자녀를 낳는 것이다. 후자의 경우가 아직도 강력하게 작용하고 있으나 그 힘은 점점 줄어들고 있다. 국가나 종교적 관점에서 출산율이 계속 감소하는 것을 막을 수 있는 방법은 없다. 그러므로 지구 상에 인종이 살아남으려면 부모가 된다는 것이 부모에게 행복을 주는 일이 되어야만 한다.

오늘날의 환경을 고려하지 않고 인간의 본성 자체만 놓고 본다면, 부모가 된다는 것은 심리적으로 볼 때 인생이 제공할 수 있는 가장 훌륭하고도 지속적인 행복이다. 이것은 남성들보다 여성들에게 더 잘 들어맞는 것 같지만, 남성들에게도 대부분의 현대인들이 상상하는 것보다 잘 들어맞는다. 이것은 과거의 문학에서는 대부분 당연시되었던 사실이었다. 셰익스피어의 비극 「맥베스」에 등장하는 맥더프는 분명 아내보다 자식을 더 사랑했다. 『구약성서』에도 남성 여성 할 것 없이 자손을 남기는 데 대단히 관심이 많았다.

중국과 한국 같은 나라에서는 이러한 태도가 오늘날까지도 계속되고 있다. 이러한 욕망은 조상 숭배에서 비롯되었다는 주장도 있지만, 내가 보기에는 오히려 진실은 그 반대인 듯하다. 다시 말하자면, 조상 숭배야말로 가족의 지속성에 대한 사람들의 관심에서 나온 현상인 것이다.

앞서 살펴보았던 직업을 가진 여성의 문제로 돌아가서 생각해보자. 자녀를 갖기 위해서 직업을 가진 여성이 감수해야 할 희생은 매우 크다. 그럼에도 불구하고 대부분의 직장 여성이 자녀를 갖는다는 사실은 자녀를 가지고 싶다는 여성의 충동이 매우 강하다는 것을 뒷받침한다고 볼 수 있다. 많은 사람들이 말하기를, 이제껏 경험해 온 다른 어떤 행복보다도 아이를 낳아 기르는 행복이 가장 크다고 말한다. 환경 때문에 이러한 행복을 포기할 수밖에 없는 남성이나 여성은 이러한 근본적인 욕구가 충족되지 않기 때문에 원인 모를 불만과 무기력증이 생길 것이다.

젊은 시절이 지나간 뒤에는 더욱 그렇겠지만, 이 세상에서의 삶을 행복하게 영위하기 위해서는 반드시 다음과 같은 마음가짐이 갖추어져야 한다. 그것은 바로 자신은 곧 인생의 막을 내릴 고립된 개체가 아니라, 최초의 세포로부터 멀고 먼 미지의 세계로 이어지는 생명의 흐름의 한 부분이라고 생각하는 마음가짐이다. 이런 마음가짐을 관습적인 표현을 빌린 의식적인 생각이라는 측면에서 본다면 이는 분명 초문명적이며 지적인 세계관이지만, 막연한 본능적 감정이라는 측면에서 본다면 아주 원시적이고 자연스러운 것이다.

그런데 초문명적인 세계관에는 이런 본능적인 감정이 결여되어 있다. 미래에 확고한 흔적을 남길 만큼 위대하고 뛰어난 업적을 이룰 수 있는 능력을 가진 사람은 업적을 통해서 이러한 감정을 만족시킬 수 있겠으나, 특별한 재능을 갖지 못한 남녀의 경우에는 오직 자녀를 통해서만 이러한 감정을 충족시킬 수 있게 된다.

자신의 생식적 충동이 위축된 사람들은 곧 자신을 생명의 흐

당신은 행복한 사람인가

름으로부터 격리시키고, 이렇게 함으로써 생명력을 메마르게 하는 중대한 모험을 감행하고 있다. 이러한 경우, 그들에게 예외적인 초인간적인 힘이 없는 한 죽음은 곧 모든 것의 끝이다. 그들은 그들 다음에 올 세계를 전혀 고려하지 않으며, 그렇기 때문에 그들은 자신이 하는 일을 아주 보잘것없고 무의미한 것으로 여기게 된다.

그런데 슬하에 사랑하는 자녀와 손자, 손녀가 있다면 경우는 달라진다. 후손들의 생명이 관련되어 있기 때문에 이들에게 미래란 아주 중요하게 된다. 이들의 입장에서 보자면 도의적으로 생각해 보아도 미래는 중요하고, 애써 상상력을 동원해 보아도 미래는 중요하다. 그리고 아주 진지하게 생각해 보지 않더라도 자연스럽게, 그리고 본능적으로 미래는 중요하다는 느낌을 가지게 된다.

그리고 자신의 삶을 넘어서서 후손의 삶까지 관심을 가지는 사람이라면 그보다 더 먼 미래에까지 관심을 확대할 수 있을 것이다. 아브라함이 그랬듯이 이 사람도 언젠가는 자신의 후손이 약속의 땅을 물려받을 것이라고 생각하며 만족해할 것이다. 이러한 만족감을 느끼는 사람은 모든 감정을 말라붙게 만드는 공허감으로부터 벗어날 수 있을 것이다. 그러나 만약 그렇지 못하다면 공허감은 그의 모든 감정을 메마르게 만들 것이다.

가족의 기반을 이루는 것은 부모가 자녀에게 느끼는 특별한 사랑이다. 이 사랑은 부부가 서로에게 느끼는 사랑이나, 남의 아이에게 느끼는 사랑과는 전혀 다른 사랑이다. 물론 자녀를 아예 사랑하지 않거나 인색한 사랑을 베푸는 사람도 있을 수 있고, 남의 자녀에 대해서도 자기 자녀와 마찬가지로 깊은 사랑을 느끼는 사람이 있을 수도 있다.

　그러나 일반적으로 보면 부모의 자녀에 대한 사랑이란 평범한 사람들이 자신들의 자녀에 대해서만 느끼는 특별한 감정이다. 평범한 사람들은 자녀가 아닌 사람에 대해서는 결코 이런 감정을 느끼지 못한다. 자녀에 대한 사랑은 이러한 동물의 모성애와 결코 다르지 않다. 새끼를 거느린 암컷을 관찰해 보면, 어미가 새끼를 대할 때는 자신의 짝인 수컷을 대할 때와는 전혀 다른 행동 양식을 따르고 있음을 알 수 있다.

　인간 사회에서도 이 암컷이 보이는 것과 같은 특이하고 본능적인 행동 양식이 존재한다. 물론 인간 사회에서는 이런 행동 양식이 상당 부분 수정되어 그 특징이 흐릿해진 것은 사실이지만. 만일 이와 같은 특별한 감정이 없다면 가족제도라고 말할 여지가 없을 것이다. 자녀들을 보육전문가의 손에 맡겨 놓아도 어머니가 직접 돌보는 것과 다름이 없을 것이기 때문이다. 그러나 현재로서는 만일 부모의 본능이 위축되지 않았다면 부모가 자녀에게 느끼는 특별한 사랑은 부모 자신에게 있어서나, 자녀들에게 있어서나 매우 소중한 가치를 지닌다.

부모의 자녀에 대한 사랑이 갖는 특별한 가치는 다른 어떤 사랑보다도 믿을 만한 사랑이라는 데에 있다. 친구는 당신이 가진 감정 때문에 당신을 사랑하고, 애인은 당신이 가진 매력 때문에 당신을 사랑한다. 당신이 가진 감정과 매력이 줄어들면 친구와 애인은 모두 떠나갈 것이다. 그러나 부모는 당신이 불행에 처했을 때에나 병들었을 때도 큰 힘이 될 것이다.

우리는 누구나 남으로부터 칭찬을 받으면 기쁨을 느끼지만, 대부분의 사람들은 마음속으로 그런 칭찬이 진심으로 나온 것이 아닐지도 모른다고 느낀다. 그런 칭찬에 대해 불안을 느끼는 것이다. 부모가 우리를 사랑하는 것은 단지 우리가 자식이기 때문이다. 이것은 결코 바뀌지 않는 사실이기 때문에 우리는 다른 누구와 같이 있을 때보다 부모와 함께 있을 때에 훨씬 안정감을 느낀다. 부모의 사랑은 성공의 길을 가고 있을 때에는 그다지 중요하게 느끼지 못할 수도 있지만, 실패의 낭떠러지로 떨어졌을 경우에는 다른 어떤 곳에서도 찾을 수 없는 위안과 안정감을 준다.

어떤 인간관계든지 어느 한쪽이 행복을 얻기는 아주 쉬운 일이지만, 양쪽이 모두 행복해지기는 매우 어려운 일이다. 예를 들어, 교도관은 죄수들을 감시하는 데서 즐거움을 얻을 수도 있다. 고용주는 종업원에게 으름장을 놓는 데서, 통치자는 강경한 수단으로 국민을 다스리는 데서 즐거움을 얻을지도 모른다. 그리고 낡은 사고방식에 얽매인 아버지라면 아들에게 회초리를 들며 선행을 강요하는 데서 즐거움을 느낄 수도 있을 것이다.

그러나 이러한 것들은 모두 일방적인 즐거움일 뿐이다. 그러한 취급을 받는 상대방의 입장에서 보면 불쾌하기 짝이 없는 것들이다. 우리는 이러한 일방적인 즐거움으로는 결코 근원적인 만족감을 얻지 못한다는 사실을 알게 된다. 즉, 바람직한 인간관계는 양쪽 모두에게 만족감을 안겨 주어야 한다는 사실을 깨닫게 된다는 것이다.

이것은 부모와 자녀 관계에 있어서도 마찬가지이다. 요즘은 부모들이 자녀들에게서 얻는 즐거움이 과거에 비해서 훨씬 줄어들었고, 자녀들이 부모 밑에서 겪는 고통 역시 예전 세대에 비해서 훨씬 줄어들었다. 이것은 분명한 사실이지만, 부모들이 자녀들로부터 얻는 즐거움이 과거에 비해서 줄어들어야 할 뚜렷한 이유가 따로 있어 보이지는 않는다. 또한 나는 부모가 자녀들의 즐거움을 증진시켜 주지 못하는 실제적인 이유가 있다고 생각하지도 않는다. 하지만 부모와 자녀의 관계에 있어서 양쪽 모두가 만족감을 얻으려면 상대방의 인격이 다치지 않도록 세심하게 배

당신은 행복한 사람인가

려하고 존중하는 마음가짐이 있어야 한다.

현대 사회가 요구하는 모든 인간관계에서의 평등을 이룩하기 위해서도 역시 이러한 마음가짐이 요구된다. 일상생활의 반목과 불화 속에서는 이러한 심성이 길러지지 않는다. 우선 생물학적인 관점에서 부모가 자녀로부터 얻는 즐거움에 대해서 생각해 본 후에, 평등을 신조로 하는 현대 사회에서 꼭 필요로 하는 자세, 즉 상대편의 인격을 세심하게 배려하고 존중하는 마음가짐을 가진 부모가 자녀로부터 얻는 즐거움에 대해 논의해 보고자 한다.

자녀를 낳아 기르면서 느끼게 되는 즐거움의 근원에는 두 가지가 있다. 하나는 자기 자신의 신체의 한 부분이 외형화되어 독립된 생명을 얻었으니, 자신이 죽고 난 후에도 생명은 계속될 것이며, 이후에도 그 새로운 생명의 일부가 같은 방식으로 독립된 생명체로 외형화된다면 그 생식질이 영원히 사멸하지 않고 살아남을 것이기 때문에 즐거워한다. 또 하나는 긴밀하게 결합되어 있는 권력과 자애를 자녀에게 행사하는 데서 즐거움을 얻는다.

새로 태어난 자녀는 무력하므로 부모는 새로운 생명이 필요로 하는 모든 것을 주고 싶어 하는 충동을 느낀다. 이 충동은 자녀에 대한 부모의 사랑을 만족시켜 줄 뿐만 아니라 부모의 권력욕도 만족시켜 준다. 갓난아이를 무력한 존재로 여기면서 기울이는 사랑은 사실 아주 이기적인 것이며, 결코 이타적인 것이라 할 수 없다. 그것은 본질적으로 자신의 연약한 일부분을 보호하는 행동이기 때문이다.

그러나 아주 이른 시기부터 자녀에 대해 권력을 행사하고 싶어 하는 감정과 자녀의 행복을 바라는 욕구 사이에서 갈등이 일어난다. 부모가 자녀에게 권력을 행사하는 것은 어느 정도까지는 자연적 필요에 의해서 규정된 것이지만, 자녀는 되도록이면 빨리, 되도록 여러 가지 방법으로 독립적으로 살아가는 법을 배워야 한다. 그런데 부모의 권력욕은 이것에 대해 불쾌감을 느낀다. 이러한 갈등을 전혀 느끼지 못한 채 폭군 행세를 계속하다가 자녀들에게 반발을 사는 부모도 있고, 이러한 갈등을 의식하고 자신이 이렇게 모순된 감정에 시달리고 있다는 것을 깨닫는 부모도 있다.

이러한 갈등을 겪는 순간, 부모는 자녀를 둔 행복감을 느끼지 못하게 된다. 온갖 정성을 다해 키워 온 자식이 자신이 기대했던 것과는 전혀 다르게 행동하는 것을 보는 순간, 부모의 마음속에는 억울하다는 생각이 솟구친다. 군인이 되기를 바랐던 자식이 평화주의자가 되거나, 평화주의자가 되기를 바랐던 자식이 극우비밀단체의 결사대원이 되는 경우이다.

그러나 자식이 성장한 다음에만 문제가 있는 것은 아니다. 혼자서 밥을 먹을 수 있는 자녀에게 당신이 밥을 먹여 준다고 하자. 당신은 그저 아이의 수고를 덜어 주려고 한 행동이라고 생각하겠지만, 사실은 아이의 행복보다는 자신의 권력욕을 앞세우고 있는 것이다. 만일 당신이 자녀에게 위험에 대해 너무 생생하게 알려 줌으로써 그 위험에 대한 강박관념을 가지게 한다면, 당신은 자녀가 계속 당신에게 의존하며 살았으면 하는 욕망 때문일 것이다. 또한 만일 당신이 자녀의 반응을 기대하면서 사랑을 과시한다면, 당신의 그 행동은 아이의 감정을 움직여서 아이를 당신 곁에 꼭 붙들어 매려는 욕망 때문일 것이다.

마음이 특별히 순수하지 않는 한, 보통의 우리 부모들은 욕망이 많든 적든 간에 그 소유욕 때문에 자녀들을 빗나가게 만든다. 이런 위험성을 잘 알기에 현대의 부모들은 자녀를 다룰 때 지나치게 조심스러워 하며 자신 없는 태도를 보이는 경우가 있다. 이런 부모는 그런 것을 모르고 무의식적으로 실수를 저지르는 경우보다 자녀에게 훨씬 더 좋지 않은 영향을 미칠 수 있다. 부모가 신념과 자신감을 갖지 못하는 경우, 자녀에게 이루 말할 수 없는 불안감을 안겨 주기 때문이다.

그러므로 지나치게 조심하는 것보다는 그저 여유로운 마음을 갖는 편이 더 낫다. 자녀에게 권력을 행사하는 것보다 자녀가 행복하게 살기를 바라는 부모라면 '이렇게 하라', '저렇게 하라', '이렇게 하면 안 돼', '저렇게 하면 안 돼' 하는 식의 정신분석학 교과서는 결코 필요하지 않을 것이다. 이런 부모는 그저 마음 가는 대로 따라가다 보면 올바른 길을 찾게 된다.

이렇게 되면 부모와 자녀의 관계는 한결같이 화목해질 것이다. 자녀가 반발할 일도 없고, 부모가 실망할 일도 없을 것이다. 그러나 이렇게 되기 위해서는 부모가 처음부터 자녀의 인격을 존중하는 마음을 가져야 한다. 자녀의 인격을 존중하는 마음은 도덕적이거나 논리적인 원칙의 문제에 그쳐서는 안 되며, 소유욕이나 억압이 결코 뿌리내리지 못할 만큼의 확고한 신념에서 비롯된 것이어야 한다. 물론 이러한 마음가짐은 자녀에 대해서뿐만 아니라, 결혼 생활이나 친구 관계에 있어서도 꼭 필요한 것이다.

이상적인 세계라면 인간 집단 간의 정치적 관계에서도 이러한 태도가 충만할 것이다. 그러나 이것은 사실 너무나 요원한 희망이므로 우리는 더 이상 집착할 필요가 없다. 이러한 관대한 태도는 언제 어디서나 필요한 것이지만 무엇보다도 자녀와 관련해서 절실히 요구되는 태도다. 무력한데다 덩치도 작고 힘도 약한 아이들은 세속적인 생각을 가진 사람들, 즉 야비한 사람들이 얕잡아 보기 쉬운 존재이기 때문이다.

당신은 행복한 사람인가

본 주제로 다시 돌아가 보자. 현대 사회에서는 지금까지 이야기한 바와 같이 자녀의 인격을 존중하는 마음을 가진 사람만이 부모 노릇을 하면서 충만한 기쁨을 얻을 수 있다. 이런 사람들은 권력욕을 자제하느라 신경을 쓸 필요도 없고, 자녀들이 자신의 품을 벗어날 때 쓰라린 고통을 겪을까 봐 두려워할 필요도 없다. 이러한 태도를 가진 부모가 부모 노릇을 하면서 느끼는 기쁨은 과거에 강압적인 부모들이 막강한 권력을 행사하면서 느낄수 있었던 기쁨보다 훨씬 크다. 너그러운 태도로 강압적인 태도를 물리친 사랑이 베푸는 기쁨은 불안정한 세계에서 주도권을 유지하려고 애를 쓰는 사람들이 느낄 수 있는 그 어떠한 감정보다 강렬하고 소중하다. 이런 사랑은 일상생활이라는 조악한 금속을 신비로운 황홀경이라는 순금으로 바꿀 수 있는 기쁨을 줄수 있기 때문이다.

나는 부모의 사랑을 매우 높게 평가하지만, 어머니는 자녀를 위해서 가능한 한 많은 일을 해 주어야 한다는 생각에는 동의하지 않는다. 자녀 양육과 관련된 지식이라곤 나이 많은 여성이 젊은 여성에게 전수해 주는 잡다한 비과학적인 정보뿐이었던 시절에는 이런 인습도 꽤나 쓸모가 있었다. 하지만 요즘에는 자녀 양육의 많은 부분을 전문적으로 배운 사람들이 그 역할을 효과적으로 수행하고 있다. 특히 자녀 양육 중 '교육' 분야에서는 널리 알려진 보편적인 현상이다. 자녀를 대단히 사랑한다고 해서 어머니가 직접 미적분을 가르쳐야 한다고 주장하는 사람은 아무도 없다. 적어도 지식의 습득에 관해서는 지식이 부족한 어머니에게 배우는 것보다 전문 지식을 가진 사람에게 배우는 편이 더 낫다는 점은 누구나 인정하고 있다.

하지만 자녀 양육의 다른 분야에 관해서는 이런 점이 널리 인정되지 않고 있다. 그것은 각 분야에 필요한 경험이 어떠어떠한 것이라는 일반적인 인식이 형성되지 않았기 때문이다. 확실히 어머니가 하는 편이 훨씬 더 나은 일들이 있긴 하다. 하지만 자녀가 나이를 먹으면 먹을수록 다른 사람이 하는 편이 더 나은 일들이 점점 늘어날 것이다. 만일 이런 사실이 일반적으로 인정된다면, 어머니들은 자신들의 적성에 맞는 분야가 아니라서 따분하게만 여겨 왔던 수많은 노역으로부터 벗어날 수 있게 될 것이다.

어떤 전문적인 기술을 가진 여성은 어머니가 되더라도 자기 자신을 위해서나, 사회를 위해서나 그 기술을 계속해서 발휘할 수 있는 자유를 가져야 한다. 물론 임신 후기와 수유기에는 다소 어렵겠지만, 자녀 출생 후 일정한 기간(사람마다 개인차가 있을 수 있으나, 1년 정도)이 지나면 아기가 어머니의 전문적인 활동을 막아서는 거대한 장벽이 되어서는 안 된다.

당신은 행복한 사람인가

사회가 어머니에게 자녀를 위해서 합리적으로 이해할 수 없을 정도의 희생을 요구한다면, 성자가 아닌 다음에야 그 어떤 어머니도 자연히 과도한 보상을 자녀들에게 기대할 것이다. 특히 헌신적이라는 말을 듣는 어머니들은 대부분의 경우 자녀들에 대해 유달리 이기적인 경우가 많다. 부모 노릇을 한다는 것은 인생의 중요한 일부분일 뿐인데, 그것을 인생의 전부로 여긴다면 만족을 얻기 어렵고, 또 만족하지 못하는 부모는 욕심 많은 부모가 되기 쉽다.

그러므로 어머니가 되었다고 해서 다른 여러 가지 관심과 직업을 포기해서는 안 되며, 그것이 어머니에게도 이롭고 자녀에게도 이롭다. 자녀 양육에 대한 진정한 사명감과 자기 자녀를 제대로 돌아볼 수 있을 정도의 지식을 가지고 있는 사람이라면 이런 어머니의 기술을 더욱 널리 활용해야 한다. 이런 사람은 자기 자녀가 포함된 아이들 집단을 돌보는 일에 전문적으로 종사해야 한다. 국가가 요구하는 최소한의 조건을 갖추고 있는 부모라면 자기 자녀가 어떤 사람에 의해서 어떤 보살핌을 받아야 하는지에 대해 발언권을 가지는 것이 당연하다. 물론 이런 경우에도 부모가 요구하는 사람이 적절한 자격을 갖춘 사람들의 범위를 넘어서서는 안 된다.

다른 사람이 훨씬 잘할 수 있는 일을 굳이 어머니들이 각자 맡아야 한다고 생각하는 낡은 인습도 버려야 한다. 자녀들을 다루는 일에 좌절감이나 무능함을 느끼는 어머니들이 많은데, 이런 사람들은 서슴지 말고 이 일에 적성이 맞고 전문적인 훈련을 받은 사람에게 도움을 받아야 한다. 여성들에게는 어떻게 해야 아이를 제대로 돌보는 것인지 일깨워 주는 천부적인 본능이란 존재하지 않으며, 지나치게 자식을 염려하는 것은 소유욕의 위장된 형태에 지나지 않는다. 어머니의 무지하고 감상적인 태도 때문에 심리적인 장애를 입는 아이들이 많다.

아버지들이 자녀를 위해 많은 일을 해 줄 것을 기대하기는 어렵다는 것은 누구나 인정하는 것이지만, 아이들은 어머니를 사랑하는 것과 마찬가지로 아버지를 사랑한다. 여성들의 생활이 불필요한 속박에서 벗어나고, 자녀들의 양육에 있어 날로 발전하는 과학적 지식의 혜택을 받게 된다면 장차 어머니와 자녀의 관계는 현재의 아버지와 자녀 정도의 관계와 유사해질 것이다.

...

일하는 즐거움을 아는
사람

일이 있기 때문에
다가오는 휴일이 훨씬 더 즐겁다.

이런 질문에서부터 시작해 보자. 당신은 "일하는 것이 즐거운
가?" 아니면 "일하는 것은 고통인가?" 이는 일을 행복의 원인으
로 볼 것인가, 아니면 불행의 원인으로 볼 것인가에 관한 문제
이다. 사실 이에 대한 명확한 답을 제시하는 것은 어려운 일이
다. 보통의 경우 지나치게 따분한 일도 많이 있으며, 지나치게
많은 양의 일은 매우 큰 고통을 수반하는 것도 사실이다. 그러
나 일이 그 양에 있어서 과도하지만 않다면, 일을 하는 것이 아
무 일도 하지 않는 것보다는 덜 고통스러울 것이다.

일에는 여러 단계의 것이 있을 수 있다. 일의 특성과 일하는 사람의 능력에 따라서 그저 권태로움을 덜어 주는 정도의 일에서부터 매우 심오한 기쁨을 주는 일까지 다양한 단계가 존재한다. 대부분의 사람들의 일상의 일들은 그 자체로는 그다지 흥미 있는 것은 아니지만, 그런 일 역시 중요한 몇 가지 장점을 가지고 있다.

우선 하루 시간의 대부분을 메워 주므로 무엇을 할 것인가를 걱정할 필요가 없게 된다. 대부분의 사람들은 자신의 선택에 따라 시간을 쓸 수 있는 자유가 주어지면 해 볼 만하고, 보람이 있으며, 충분히 즐거운 일은 없을까 생각해 내느라 아주 분주하다. 그리고 어떤 결정을 내렸을 때에는 다른 일이 좀 더 즐겁지 않을까 하는 의혹 때문에 마음이 편하지 않다. 여가를 슬기롭게 이용할 수 있다는 것은 높은 수준의 문명 단계인데, 오늘날 이러한 경지에 도달한 사람은 그다지 많지 않다. 게다가 선택의 과정 자체가 번거로운 일이다. 특별한 독창성을 가진 사람을 제외하고는 그 지시가 지나치게 불쾌한 것이 아니라면 하루의 일과를 그냥 지시받아 하는 것이 훨씬 더 편하다.

게으른 부자들 중에는 힘든 일로부터 해방된 대가로 심한 권태에 시달리며 사는 사람들이 있다. 이들은 가끔씩 해외에 나가 골프를 치거나, 세계 문화유적을 찾아 여행하며 마음의 위안을 얻기도 한다. 하지만 그렇게 신나는 일들이 끝없이 많지도 않은 데다가, 특히 젊음이 시들고 몸이 쇠약해지면 사정이 완전히 달라진다. 따라서 부자들 중에서도 지혜로운 사람들은 보통의 사람들처럼 일거리를 찾아 열심히 일을 한다. 심지어 부유한 계층의 여성들도 지혜로운 사람들은 아주 사소한 일이라도 대단히 중요한 일이라 여기며 열심히 해나가는 경우가 많다.

그러므로 권태의 예방책으로 가장 적절하고 바람직한 것은 바로 내가 할 수 있는 일을 찾아 하는 것이다. 별 재미는 없더라도 꼭 필요한 일을 하는 동안에 느끼는 권태는 하는 일 없이 허송세월하는 사람이 느끼는 권태에 비하면 아무것도 아니다. 이러한 이점 말고도 일은 또 다른 큰 장점을 가지고 있는데, 그것은 바로 일이 있기 때문에 다가오는 휴일이 훨씬 더 즐겁다는 것이다. 원기를 잃을 정도로 힘든 일을 하는 경우가 아니라면, 일을 하는 사람은 아무 일도 하지 않는 사람에 비해서 자유 시간에 대해 훨씬 많은 기대와 열정을 가지게 마련이다.

대부분의 보수를 받는 일이나 보수가 없는 특정한 일이 가진 또 다른 장점은 성공을 이룰 기회와 희망을 달성할 기회가 열려 있다는 점이다. 대부분의 경우, 일에서 성공을 거두었느냐 아니냐는 그 일을 해서 벌어들이는 수입에 의해 측정된다. 이것은 자본주의 사회가 계속되는 동안에는 불가피하다. 이러한 가치

판단이 통하지 않는 것은 오직 가장 훌륭한 일을 하는 경우에 한한다. 수입을 늘리고 싶다는 욕망이나 보다 많은 수입이 가져다주는 안락함을 누리고 싶다는 욕망은 모두 성공하고 싶다는 욕망이다.

이름을 떨칠 수 있게 된다면 아무리 지루한 일이라도 참을 수 있다. 그 일이 넓은 세상에 이름을 떨치는 일이냐, 아니면 자기가 속한 계층에 이름을 떨치는 일이냐는 것은 그다지 중요하지 않다. 자신의 야망을 지속시키는 것은 최종적인 행복에 도달할 수 있게 해 주는 본질적인 요소 중 하나인데, 대부분의 사람들은 대개 일을 통해서만 야망을 지속시킬 수 있다.

이러한 점에서 보면 가사에 전념하고 있는 여성들은 남성들이나 가정 밖에서 일을 하고 있는 여성들보다 훨씬 불행한 사람들이다. 가정에 묶인 아내는 임금을 받지도 못하고 자기 자신을 향상시킬 수 있는 방법도 별로 없다. 남편들은 아내가 하는 일을 전혀 알지도 못하면서 아내가 하는 일을 당연하다고 생각한다. 물론 집과 정원을 아름답게 꾸미면서 이웃의 부러움을 살 수 있을 만큼 부유한 여성들은 예외겠지만, 이런 여성들의 경우는 극히 드물다. 대부분의 경우, 살림만 해서는 남성들이나 직장 여성들이 직업을 통해 얻는 것과 같은 만족을 얻을 수 없다.

대부분의 일에는 시간을 보내면서 느끼는 만족감과 사소하나마 야심의 배출구를 마련하는 데서 생기는 만족감을 준다. 이런 만족감이 있기 때문에 지루한 일이나마 할 일이 있는 사람은 아무 일도 하지 않는 사람에 비해서 대체적으로 더 큰 행복을 누릴 수 있다. 게다가 일이 매우 흥미 있는 것이라면, 그 일은 단순한 권태로부터의 위안보다는 훨씬 높은 차원의 만족을 줄 수 있다. 다소 흥미가 있는 일의 종류를 체계적으로 나열할 수도 있을 것이다. 여기서는 가벼운 흥미만을 느낄 수 있는 일에서부터 위대한 사람일지라도 모든 열정을 다 바칠 만큼 흥미 있는 일까지 순서대로 살펴보려 한다.

일을 흥미 있게 만드는 주요 요소를 두 가지 정도로 나누어 볼 수 있겠다. 그중 하나는 기술의 발휘이고, 다른 하나는 건설이다. 여기서의 기술은 기예·재능 등의 의미를 포괄하고, 건설은 재건·달성 등의 의미를 포괄한다.

어떤 특정한 기술을 익힌 사람들은 누구나 자기가 가진 기술을 발휘하는 데서 큰 기쁨을 느낀다. 하지만 그 기술이 언젠가 그냥 평범한 것으로 인식되거나 더 이상 자신의 기술을 향상시킬 수 없게 되면, 그 기술을 발휘하는 것은 아무런 기쁨이 되지 못한다. 이런 행동을 하게 되는 동기는 아주 어린 시절부터 나타난다. 즉, 물구나무서기를 하여 전진할 줄 아는 소년은 그냥 단순히 걷는 것에서 기쁨을 느끼지 못하는 것을 예로 들 수 있다.

기술을 겨루는 시합을 할 때 느끼는 것과 같은 즐거움을 느낄 수 있는 일들이 많이 있다. 예를 들어, 법률가나 정치가가 하는 일에는 화투놀이나 카드놀이를 할 때 느끼는 것과 같은 종류의 즐거움도 있지만, 그들이 하는 일이 주는 즐거움의 정도가 훨씬 크다. 즉, 법률가나 정치가가 하는 일에는 업무적 기술을 발휘하는 즐거움과 함께 능란한 상대자와 대결하여 이겨 나가는 묘미가 있다.

　하지만 이런 경쟁적 묘미가 아니더라도 고난도의 기술을 발휘하는 것은 그 자체로도 크나큰 즐거움이다. 또한 곡예비행을 즐기는 사람은 비행 기술을 발휘하는 즐거움이 너무나 크기 때문에 그 즐거움을 위해서 기꺼이 생명까지 걸기도 한다. 유능한 외과 의사는 그가 하는 일이 주는 중압감이나 고통이 비록 크지만 고도의 정밀한 기술을 동원하여 어려운 수술을 정확하게 완수하는 것에서 크나큰 만족감을 얻는다.

　이들보다 즐거움의 강도는 다소 덜할지 모르지만, 이와 비슷한 즐거움을 느낄 수 있는 평범한 일들도 많다. 보일러수리공이라든지, 배관공이라든지, 기타 이와 유사한 일을 하면서 자신의 숙련된 기술을 발휘하며 큰 즐거움을 느끼는 사람들도 많다.

　숙련된 일을 하는 사람은 해당 기술이 가변적이고 발전 가능성이 있을 때 훨씬 더 재미를 느낀다. 만약 이런 가능성이 없다면 자신의 일에 대해 특별한 재미를 느끼지 못할 것이다. 이미 더 이상 발전할 수 없는 최고의 경지에 도달한 사람은 그 일에 대해 권태를 느끼기 마련이며 성취 욕구가 식어 갈 수밖에 없다. 한 예로, 마라톤을 하는 사람이 있다고 하자. 이 사람은 자신의 기록을 깨뜨릴 수 있는 나이가 지나 버리면 그 일에서 더 이상 즐거움을 느끼지 못할 것이다.

그런데 다행스럽게도 새로운 환경이 새로운 기술을 요청하여 중년기에 달할 때까지 계속해서 기술을 향상시킬 수 있는 일들이 상당히 많이 있다. 예를 들어, 정치와 같이 숙련이 요구되는 일을 하는 사람들은 60대 혹은 70대에 전성기를 맞는다. 이러한 일은 사람들에 대한 폭넓은 경험이 필수적이기 때문이다. 성공한 70대의 정치가들은 같은 연배의 다른 사람들보다 훨씬 행복할 것이다. 이런 점에서 정치가들과 견줄 만한 사람은 대기업 총수 정도일 것이다.

큰 즐거움을 주는 일에는 건설이라는 또 하나의 요소가 있는데, 이것은 기술의 발휘보다 훨씬 중요한 행복의 원천이다. 모든 일이 다 그런 것은 아니지만 일을 끝내고 나면 기념비적인 것이 세워지는 경우가 있다.

우리는 다음과 같은 기준에 의해 건설과 파괴를 구분할 수 있다. 건설의 경우엔 맨 처음 업무 상태는 상당히 무질서하지만 마지막 업무 상태는 하나의 목적을 구현하고 있다. 물론 파괴는 이와 반대다. 즉, 업무의 첫 상태는 하나의 목적을 구현하고 있지만 마지막 상태는 무질서하다. 다시 말해서, 파괴자는 전적으로 어떤 목적을 구체화하지 않는 사태를 야기하려는 의도를 가지고 있다. 이러한 기준은 좀 더 구체적이고 명백한 경우, 즉 건물의 건축과 파괴에 적용된다. 건물을 세울 경우에는 미리 마련된 계획대로 진행된다. 반면에 건물을 허물 경우에는 건물 해체가 끝난 뒤, 해체된 자재들을 어디에 놓아둘 것인지를 정확히 결정하는 사람은 아무도 없다.

물론 파괴는 다음에 이어질 건설의 준비 과정으로서 꼭 필요한 경우가 있다. 이런 경우 파괴는 건설의 일부분이라 할 수 있다. 그러나 다음에 이어질 건설과는 전혀 무관하게 파괴만을 목적으로 하는 활동에 종사하는 사람도 드물지 않다. 흔히 이런 사람들은 새로운 건설을 위해 파괴하고 있는 것뿐이라고 자기 자신을 기만하는 경우가 많다. 그러나 이러한 것이 구실에 지나지 않을 경우에는 파괴한 뒤에 무엇을 건설할 예정이냐고 추궁해 보면 그 가면이 벗겨지고 만다. 즉, 그러한 사람에게 끝까지 추궁해 들어가면 새로 건설될 것에 대해서는 미온적인 태도로 모호한 이야기만 늘어놓고, 파괴적인 준비 과정에 대해서만 열띤 태도로 분명하게 이야기할 것이다.

실제로 이러한 태도를 보이는 사회 혁명가들과 폭력의 선동자들이 적지 않았다. 그들의 행동 동기는 본인들도 잘 모르고 있는 경우가 흔하지만, 이들의 행동을 있게 하는 것은 바로 증오이다. 이들은 증오하는 대상을 파괴하는 것이 진정한 목적일 뿐, 파괴 후에 장차 어떠한 일이 이루어져야 하는가 하는 건설의 문제에 대해서는 대체로 무관심하다. 그렇지만 파괴적인 일에도 건설적인 일과 마찬가지로 일종의 환희가 있을 수 있음을 부인할 수는 없다. 그러나 그러한 환희는 아주 야만적인 환희에 속한다. 건설적인 일을 할 때 느끼는 환희보다 더 강렬할 수도 있지만 파괴의 결과에서는 거의 만족감을 느낄 수 없기 때문에, 파괴적인 일을 할 때 느끼는 환희는 건설적인 일을 할 때 느끼는 깊은 만족감을 도저히 따라갈 수 없다.

당신이 당신의 적을 죽인다고 가정해 보자. 당신의 적이 죽는 순간 당신의 역할은 끝나고, 승리를 거두었다는 만족감도 눈 깜짝할 사이에 사라지고 말 것이다. 한편 건설적인 일을 마치고 나면 그 일을 생각하는 것만으로도 오랫동안 즐거움이 지속된다. 게다가 더 이상 할 일이 남지 않을 정도로 완전히 끝나는 경우는 결코 없다. 가장 깊은 충족감을 줄 수 있는 목적이란 한 가지 성공이 다음 성공으로 끝없이 이어지기 때문에 결코 완전한 종결이 있을 수 없는 목적이다. 이런 점에서 건설은 파괴보다 더 큰 행복을 제공하는 원천임을 알 수 있다. 좀 더 정확히 말하자면, 건설적인 일을 좋아하는 사람이 느끼는 만족감은 파괴적인 일을 좋아하는 사람이 파괴 과정에서 얻는 만족감보다 훨씬 크다.

당신이 언젠가 마음속에 증오심을 가득 채웠던 경험이 있는 사람이라고 가정해 보자. 당신은 건설적인 일을 하더라도 다른 사람들이 그 일을 하면서 느끼는 즐거움을 쉽게 느낄 수 없을 것이다. 습관화된 증오심을 고칠 수 있는 가장 쉬운 방법은 바로 중요한 의의를 가지는 건설적인 일에 종사할 기회를 가지는 것이다.

중요한 의의를 가지는 건설적 업무에서 성공을 거둔 끝에 느끼는 만족감은 우리가 살아가면서 얻을 수 있는 가장 큰 만족감 중의 하나다. 비록 남다른 재능을 가진 사람만이 이런 고차원적인 만족감을 느낄 수 있다는 것은 참으로 안타까운 일이지만 말이다. 중요한 일을 성취한 사람에게서 행복을 빼앗아갈 수 있는 방법은 없다. 결과적으로 그가 해놓은 일이 형편없는 것이었다는 증거가 있는 경우를 제외하고는 말이다.

이러한 만족에는 여러 가지 형태가 있다. 관개사업을 실시하여 황무지를 장미꽃이 피어나는 아름답고 비옥한 땅으로 만든 사람이 있다면, 그가 느끼는 만족감은 대단히 구체적인 만족감

당신은 행복한 사람인가

일 것이다. 그리고 혼란하기만 하던 사회를 하나의 균형 잡힌 조직체로 질서를 바로 세우는 것이 엄청난 의의를 가지는 일이 될 수도 있다. 이러한 일에 온 생애를 다 바쳤던 위대한 정치가들도 있다.

건설을 통해 구체적인 만족감을 누리는 사람들 중에서 가장 두드러지는 예는 예술가와 과학자이다. 셰익스피어는 그의 시에 대해 이렇게 말한다. "인간들의 허파가 호흡을 멈추지 않는 한, 인간들의 눈이 시력을 잃지 않는 한, 이 시는 영원히 살아 있으리라." 그가 불행할 때 이런 생각을 하면서 위안을 얻었던 것이 틀림없다. 그가 쓴 시 중에는 친구를 생각하면서 인생과 화해하게 되었다는 내용의 시가 있는데, 친구에게 보낸 그의 시들은 친구가 아니라 그 자신에게 더 큰 만족감을 주지 않았을까 하는 생각이 든다.

위대한 예술가들과 훌륭한 과학자들이 하는 일은 본질적으로 즐거운 일이다. 그들은 즐거운 일을 하면서 권위 있는 사람들에게 존경을 받으며, 그 일을 통해서 가장 중요한 힘, 즉 인간의 사상과 감정을 지배하는 힘을 얻는다. 이들은 자부심을 가질 만한 확실한 근거를 가지고 있다. 이렇게 좋은 상황들이 중첩되는데 행복하지 않을 사람이 아디에 있겠느냐고 생각하는 사람도 있을 듯하다.

그러나 사실은 그렇지 않다. 미켈란젤로를 생각해 보라. 그는 아주 불행한 사람이었고, 스스로도 가난한 친척들의 빚을 갚는 일만 없었더라면 고생스럽게 예술 작품 창작에 매달리지 않았을 것이라고 주장했다. 물론 이것을 그의 진심어린 주장이라고 생각하긴 어렵다. 위대한 예술을 창조하는 힘은 항상 그렇다고는 말할 수 없지만 불행한 기질과 관련되어 있는 경우가 많다.

그런데 이러한 기질적 불행은 대단히 심각한 것이어서, 만일 예술가에게 작품으로부터 얻는 환희가 없었다면 아마도 그는 삶 자체를 그만두었을지도 모른다. 그러므로 우리는 가장 훌륭한 일이 인간을 반드시 행복하게 만든다고 주장할 수는 없다. 우리는 다만 가장 훌륭한 일은 인간을 덜 불행하게 만든다고 주장할 수 있을 뿐이다. 하지만 과학자들은 예술가들에 비해 기질적인 면에서 불행한 경우가 훨씬 적은 편이다. 과학적으로 위대한 업적을 이루는 사람들은 대체로 행복한데, 그들이 누리는 행복의 주된 원천은 일에 있다.

현대 지식인들을 불행하게 만드는 원인은 무엇일까? 그 원인 중 하나는 상당히 많은 지식인들, 특히 문필에 재능이 있는 사람들이 독자적으로 재능을 발휘할 기회를 찾지 못하고 '속물스런 경영자'가 운영하는 부유한 회사에 고용되는 신세에서 벗어나지 못하고 있다는 사실에 있다. 속물스런 경영자들은 지식인들이 보기에 해롭고 시시하기 짝이 없는 것들을 만들어 내라고 강요한다. 만일 영국이나 미국 등의 신문기자들에게 자신이 몸 담고 있는 회사의 정책이 옳다고 생각하느냐고 물어본다면, 옳 다고 생각하는 사람의 숫자가 과연 얼마나 될까?

한 통계에 의하면, 그러한 선진국가의 언론계에 종사하는 사 람들도 자신들의 회사의 정책이 옳다고 생각하는 사람은 아주 극소수에 불과하다고 한다. 대부분의 사람들이 먹고 살기 위해 서 재능을 팔아 옳지 않다고 생각하는 목적에 봉사하고 있다고 생각한다는 것이다. 하물며 이들 나라보다 문화적 · 경제적 차원 에서 뒤떨어지는 나라의 경우에는 두말할 필요도 없을 것이다.

이런 식의 일은 결코 참된 만족감을 줄 수 없다. 자신을 달래 가며 하기 싫은 일을 마지못해서 한다면 그 일을 하는 사람은 냉 소적인 태도를 가지게 되고, 결국은 어떤 일을 하더라도 더 이 상 뿌듯한 만족감을 느끼지 못하게 된다. 그렇다고 굶기로 작정 하고 일을 그만두는 것은 너무나 가혹한 선택이니, 그런 일에 종사하고 있는 사람들을 비난할 수만도 없는 노릇이다.

그러나 전혀 굶지 않고도 건설적 충동을 만족시키는 일을 할 수 있음에도 불구하고 일의 가치를 고려하지 않고 무조건 보수 가 많은 일을 선택하는 사람이 있다면, 어떻게 사는 것이 행복 한 것인가 하는 관점에서 곰곰이 따져 볼 필요가 있다. 자기 일을 부끄럽게 여기는 사람은 결코 자부심을 가질 수 없고, 자부심이 없는 사람은 결코 진정한 행복을 누릴 수 없다.

건설적인 일을 하면서 얻는 만족은 현재로서는 소수의 사람들만이 갖는 특권일지 모르나, 그 특권을 누릴 수 있는 사람들의 수는 앞으로 점점 늘어날 것이다. 맡은 일을 주도적으로 하는 사람, 그리고 자기가 맡은 일이 쓸모가 있을 뿐만 아니라 상당한 기술을 필요로 하는 일이라고 생각하는 사람이라면 누구나 이런 만족을 느낄 수 있다.

자녀를 낳아 훌륭하게 키우는 것은 어려운 일이지만, 이는 아주 건설적이고 깊은 만족감을 얻을 수 있는 일이다. 자녀를 낳아 훌륭하게 키워 본 여성이라면 자기가 노력한 결과로, 그렇지 않았더라면 이 세상이 갖지 못했을 훌륭한 인물을 갖게 되었다고 느낄 것이다. 이런 여성이라면 훌륭한 인물을 이 세상에 존재하게 만들었다고 자부심을 가질 충분한 자격이 있다.

삶을 하나의 전체적인 관점에서 바라보는 태도를 가지는 것이 좋은가 아닌가에 대해서 사람들의 의견은 다양하게 나누어진다. 마땅히 그런 태도를 가져야 하며, 그런 태도를 가지고 만족하며 살아가는 것이 행복의 필수 조건이라고 생각하는 사람들이 있는 반면에, 인생은 일정한 방향성도 없고 통일성도 없는 고립된 사건들의 연속에 지나지 않는다고 생각하는 사람들도 있다.

당신은 행복한 사람인가

여기서 나는 앞의 사람들이 뒤의 사람들에 비해 훨씬 쉽게 행복
에 도달할 수 있다고 생각한다. 왜냐하면 앞의 사람들은 만족감
과 자부심을 느낄 수 있는 환경을 서서히 구축해 나가지만, 뒤
의 사람들은 어떤 안식처도 찾지 못하고 환경의 거센 풍파에 이
리저리 떠밀려 다닐 수밖에 없기 때문이다.

　삶을 전체적인 관점에서 바라보는 태도는 인간이 갖추어야 할
지혜와 참된 도덕의 근간이며, 교육을 통하여 길러져야 할 덕목
중의 하나이다. 시종일관 한 목적만으로 행복한 삶이 보장되는
것은 아니지만, 이것은 행복한 삶의 필수적인 조건인 것만은 분
명하다. 그리고 이러한 목적은 대개 일을 통해서 구체화된다.
결국 일을 통해서 행복한 삶의 의미를 찾게 되며, 일을 통해서
삶이 완성되는 것이다.

다양한 관심을 가진
사람

위대한 정신을 발휘할 수 있는 사람은
우주의 구석구석으로부터 불어온 바람이
자유롭게 드나들 수 있도록
마음의 창문을 활짝 열어 놓을 것이다.

앞서 나는 행복이란 주제로 여러 이야기들을 해왔다. 이제는 또 다른 각도에서 행복에 대한 이야기를 하려 한다. 바로 '관심' 과 관련된 행복 이야기이다. 그런데 여기서 이야기하려 하는 것은 한 사람의 인생을 좌우할 만한 거창한 관심사가 아니다. 단지 시간 여유가 있을 때 사람의 마음을 채워 주며, 또한 보다 심각한 일에서 생기는 긴장을 풀어 줄 수 있는 사소한 관심들에 대한 이야기를 하려 한다.

예를 들어, 과학자는 자신의 전문 분야에 있어서는 그의 연구가 시대에 뒤떨어지지 않도록 노력하지 않으면 안 된다. 이러한 연구는 자신의 일생과 밀접한 관련이 있는 것이므로 거기에 쏟는 열정은 대단할 수밖에 없다. 그러나 만일 이 과학자가 전문적인 관심을 갖지 않는 전혀 다른 분야의 과학에 대한 연구 논문을 읽는다면 그는 아주 다른 정신으로, 즉 비직업적이고 덜 비판적으로 사심 없이 읽을 것이다.

비록 거기에 쓰여 있는 것을 이해하기 위해 마음을 기울이는 경우라도 그의 독서는 그의 여러 가지 책임과는 관계가 없는 것이므로 일종의 휴식이다. 그 책이 그의 관심을 끌었다 하더라도, 그 관심이 자기 자신의 전문 분야에 관한 책에는 필적할 수 없다는 의미에서 일반적인 것이다. 여기서 내가 다루고자 하는 것은 어떤 사람의 생활의 주요 활동 밖에 놓여 있는 이러한 일반적인 관심이다.

불행의 원인이 되는 피로와 신경의 긴장은 자기 자신의 생활과 직접적으로 중요한 관련이 없는 일에 대해서는 관심을 갖지 못하게 만든다. 그 결과로 의식적인 정신은 사소한 일들에 시달려 휴식을 얻지 못하고, 그 사소한 일들마다 어떤 불안과 걱정의 요소를 심게 된다. 잠잘 때를 제외하고는 잠재적 사고가 차츰차츰 지혜를 성숙시키고 있는 동안에도 의식적인 정신은 결코 쉬지 못한다. 그러한 흥분상태는 사람을 멍하게 만들고 초조하게 하는 동시에 균형감각을 잃게 만든다.

　이러한 것들은 모두 피로의 원인인 동시에 그 결과이기도 하다. 사람은 피로해질수록 외부적 관심이 줄어드는데, 그럴수록 외부적인 관심이 제공하는 안도감이 사라져서 점점 더 피로해진다. 이러한 악순환은 결국 파멸로 귀결되기 쉽다. 외부적인 관심사에 대해서 초연하다는 것은 외부적인 관심사가 아무런 작용을 하지 않는다는 것을 의미한다. 결정을 내리고 의지력을 발휘하는 과정은 대단히 피로한 일인데, 이런 일을 잠재의식의 도움 없이 서둘러 해야 할 경우에는 피로감이 심해진다. 따라서 중대한 결정을 내리기 전에 '하룻밤 자면서 천천히 생각해 보아야겠다.'고 생각하는 사람들은 아주 현명한 셈이다.

　그러나 잠재의식은 잠잘 때만 작동하는 것이 아니라, 의식적인 사고가 다른 데 몰두하고 있을 때에도 작동한다. 일단 일이 끝나면 그 일을 잊어버리고 이튿날 다시 시작할 때까지 일을 생각하지 않는 사람은 일을 하지 않는 동안에도 줄곧 일을 걱정하고 있는 사람에 비해서 훨씬 더 일을 잘할 수 있다. 그리고 자기가 하는 일 이외의 것에도 다양한 관심을 가진 사람은 그렇지 못한 사람에 비해서 일을 마땅히 잊어야 할 때에 훨씬 쉽게 일을 잊어버릴 수 있다. 그러나 이러한 관심은 반드시 하루의 일로 소모된 능력을 더 이상 발휘하지 않아도 되는 것이어야 하며,

도박처럼 경제적 문제와 연관되는 일이 아니어야 한다. 또한 이러한 관심사는 감정을 피곤하게 하거나 잠재의식과 의식을 사로잡을 만큼 자극적이지 않아야 한다.

대부분의 취미 활동은 이러한 조건들을 다 갖추고 있다. 야구나 축구 등 운동 경기를 관람하거나, 극장에서 아주 재미있는 영화 한 편을 보거나, 테니스나 골프 등의 운동을 즐기는 것은 이러한 점에서 아주 바람직하다. 만약 독서를 즐겨하는 사람의 경우에는 자기의 전문적인 활동과는 관련이 없는 책을 읽는 것이 바람직하다. 아무리 중요한 일이 있다고 해도 깨어 있는 동안 줄곧 그것만 생각하고 있어서는 안 된다.

이러한 점에서 남성과 여성 사이에는 커다란 차이가 있다. 일반적으로 여성에 비해서 남성은 훨씬 쉽게 일을 잊어버린다. 집에서 가사 일만 하는 여성이라면 일을 쉽게 잊어버리지 못하는 것이 당연하다. 남성들은 직장 사무실을 떠날 때 새로운 기분을 느낄 수 있지만, 직장 생활을 하지 않는 여성들은 일터가 곧 집이기 때문에 장소의 변화에서 오는 기분 전환을 할 수 없다.

그런데 일터가 가정 밖에 있는 여성들도 이러한 점에서는 일터가 가정인 여성과 거의 마찬가지로 남자와 차이를 보인다. 다시 말하면, 가정 밖에 직장을 가진 여자들도 실제적인 중요성이 없는 일에 대해 관심을 갖기는 매우 어렵다. 그들의 목적은 그들의 사고와 활동을 지배하며, 따라서 그들이 전혀 관련이 없는 관심거리에 전념하는 경우는 매우 드물다.

물론 예외도 있을 수 있다는 것을 인정하지만 통상적으로 그렇다는 것이다. 예를 하나 들어 보자. 여자 대학의 여자 교수들은 남자 교수들이 빠진 저녁 모임 등에서 종종 자기 직장에 대한 이야기를 하는 경우가 많다. 하지만 남자 대학의 남자 교수들은 그러한 이야기를 하는 경우가 흔치 않다. 여자들에게는 이러한 특징이 남자들보다 자신의 일에 대한 성실한 태도라고 생각하는지 모르지만, 내가 볼 때 그런 특징이 그들이 하는 일의 질을 높여 주는 것은 결코 아니라고 생각한다. 그리고 자칫하면 여성들의 관점의 폭을 협소하게 만들고, 결국 극단적인 태도를 빚어내는 경우로 발전할 수도 있다.

모든 종류의 폭넓은 관심사는 긴장을 이완시키는 휴식으로서의 중요한 역할 외에도 여러 가지 효용성을 지니고 있다. 우선 사람들이 균형감각을 유지하는 데 도움이 된다. 자신의 삶의 목적이나 자신이 속한 집단, 그리고 자기 나름의 삶의 방식에 지나치게 몰두하다 보면, 그러한 모든 것들이 인간이 수행하는 전체 활동 중에서 얼마나 작은 부분을 차지하고 있는지, 그리고 세상에는 우리가 무슨 일을 하더라도 전혀 영향을 받지 않는 일들이 얼마나 많은지 잊기 쉽다. '그런 사실을 잊지 말고 지내야 하는 이유가 뭡니까?'라고 묻는 사람도 있을 것이다. 이 질문에 대해서는 몇 가지로 답할 수 있다. 무엇보다도 중요한 것은 꼭 필요한 활동을 하면서도 세계를 정확하게 파악하는 것이 바람직하다는 점이다.

우리는 그리 길지 않은 시간 동안 이 세상에 머무른다. 그러므로 우리는 짧은 일생 동안 이 이상한 행성과 이 행성이 우주 안에서 차지하는 위치에 대해서 알아야 하는 것은 무엇이든 습득해야 한다. 비록 불완전한 지식이더라도 그것을 얻을 수 있는 기회를 무시하는 것은 극장에 가서 연극에 귀를 기울이지 않는 것과 같다. 세상은 비극적이거나 희극적인 것, 영웅적이거나 기괴하고 놀라운 것들로 가득 차 있다. 세상이 보여 주는 이러한 구경거리에 흥미를 갖지 못하는 사람은 삶이 베푸는 여러 특권 중의 하나를 포기하는 셈이다.

다시 말해서, 균형감각은 매우 소중한 것이며 때로는 큰 위안을 가져다주기도 한다. 우리는 자신이 몸담고 있는 세계의 작은 구석이 갖는 의의와 자신이 태어나서 죽을 때까지의 짧은 순간이 갖는 의의에 대해서 지나치게 흥분하고 긴장하며 감동하는 경향이 있다. 이와 같이 우리들 자신의 존재의 중요성에 대해서 이런 식으로 흥분하며 과대평가하는 것은 결코 바람직하지 않다. 물론 이런 식의 태도를 가지면 일을 더 열심히 하게 될지는 몰라도, 더 잘하게 되지는 않을 것이다. 분투와 노력만을 인생의 신조로 삼는 사람들은 다르게 생각하는 모양이지만, 사실 일을 적게 하면서 좋은 결과를 얻는 것이 일을 많이 하고도 나쁜 결과를 얻는 것보다 훨씬 바람직하다.

자기 자신이 하는 일을 지나치게 소중히 여기는 사람들은 늘 극단주의로 빠져들 위험이 있다. 이런 극단주의의 특징은 마음에 드는 대상 중 한두 가지만 기억하고 나머지는 모두 잊고 지내며, 이런 한두 가지 대상을 추구하는 과정에서 부수적으로 일어나는 해악은 무시한다는 것이다. 이런 극단주의적인 경향을 예방할 수 있는 가장 좋은 방법은 인간의 삶과 우주 속의 인간의 위치에 대해서 폭넓게 이해하는 것이다. 이런 식으로 결부시키는 것은 너무 거창하지 않느냐고 생각할 수도 있지만, 균형감각을 유지할 수 있다는 효용성을 떠나서 생각하더라도 이런 사고방식은 그 자체로 충분한 가치를 지닌다.

오늘날의 고등교육은 특정한 기술을 습득하는 훈련에 많은 노력을 기울이다 보니 세계를 공정하게 봄으로써 지성과 감성을 폭넓게 키우는 일을 매우 소홀히 해왔다. 이것이야말로 오늘날 고등교육이 안고 있는 여러 결점들 중에 가장 심각한 문제일 것이다. 예를 들어, 당신이 정치적 투쟁에 전념해 왔고 당신이 속한 정당의 승리를 위해 열심히 노력했다고 하자. 여기까지는 괜

당신은 행복한 사람인가

찮다. 그러나 투쟁하는 과정에서 증오와 폭력 및 세상에 대한 불신을 조장하는 방법을 사용해서 승리한 경우도 있을 수 있다.

예를 들자면, 당신은 어떤 다른 나라를 모욕하는 방법이 승리로 통하는 지름길이라고 생각할 수도 있다. 만일 당신의 시야가 현재에만 갇혀 있다면, 그리고 능률지상주의를 신봉하고 있다면 당신은 아마도 이런 좋지 못한 수단을 취할 것이다. 이러한 태도를 취한다면 당장은 승리를 거둘지 모르지만 머지않아 그로 인해 재난을 겪게 되는지도 모른다.

인류가 탄생한지 얼마나 되었는지, 인류가 미개상태로부터 지금에 이르기까지의 그 과정이 얼마나 느리고 불완전한지, 천문학상의 셀 수 없을 정도로 많은 시간에 비하면 인류가 존재해 온 역사는 얼마나 짧은지를 생각해 보라. 당신 마음속에 늘 이런 생각이 깃들어 있다면, 당신은 자신이 벌이고 있는 극히 순간적인 싸움이 인류가 서서히 벗어나고 있는 암흑시대로의 퇴보를 무릅쓸 만큼 중요하지 않음을 깨닫게 될 것이다. 설사 비열한 수단을 사용하지 않았기 때문에 당면한 목적을 달성하지 못했다고 하더라도, 당신은 그 당면한 목적이란 것 역시 극히 순간적인 것에 불과하다는 생각에서 힘을 얻을 수 있을 것이다.

당신은 당면한 목적에 그치지 않고 서서히 펼쳐 나갈 원대한 목적을 가지게 될 것이다. 이 원대한 목적 속에서 보자면 당신은 고립된 개인이 아니라, 인류를 문명적 존재로 만들어 온 수많은 사람들 중의 한 사람인 것이다. 이러한 관점이 확립된 사람은 개인적으로 어떤 운명을 산다고 해도 강한 행복감이 곁을 떠나지 않을 것이다. 삶은 앞선 시대를 살았던 위인들과의 교제가 될 것이며, 죽음은 하찮은 사건에 지나지 않을 것이다.

만일 내게 교육제도를 내가 원하는 대로 바꿀 수 있는 권한이 주어진다면, 기존의 종교에 대한 일반적인 지식들을 다른 것으로 바꾸고 싶다. 그런데 이것은 명확히 확증된 사실에 대해서만 관심을 집중시키는 것들이므로 종교라고 부르기에는 다소 어려울 듯하다. 오래 전부터 공인되어 온 기존의 종교들은 소수의 젊은이들과 반계몽적인 성향이 강한 사람들에게는 분명 나름의 설득력을 지닌다.

그런데 나는 젊은이들에게 과거에 대한 명확한 지식을 가지고, 인류의 미래는 지나온 과거에 비하면 헤아릴 수 없을 만큼 길다는 점을 분명히 알려 주고 싶다. 그리고 우리가 살고 있는 행성이 얼마나 작은지, 지구에 존재하는 생명이 얼마나 순간적인 것에 지나지 않는지를 정확히 인식하도록 해 주고 싶다. 나는 이런 사실들을 통해 개인이 얼마나 미미한 존재인지를 강조하는 한편, 동시에 다른 여러 가지 사실들의 제시를 통해 한 개인이 발휘할 수 있는 능력의 위대함과 우주 공간 어디에도 인간

당신은 행복한 사람인가

과 같은 능력을 지닌 생명체의 존재가 밝혀진 바가 없다는 점을 젊은이들의 마음속 깊이 새겨 주고 싶다.

일찍이 서양 근대 철학자 스피노자는 '인간의 속박과 자유'에 대해 쓴 바 있다. 그 글은 형식과 문체가 대단히 어려워서 철학 전공자가 아닌 보통의 사람들은 이해하기기 쉽지 않은데, 스피노자가 쓴 글의 요지와 내가 지금 말하고자 하는 요점은 크게 다르지 않다.

비록 잠정적이고 순간적이라도 인간 정신의 위대함을 느껴 본 사람은 비열한 행동이나 이기적인 행동을 하거나 사소한 불안에 안달하거나 자신에게 닥쳐올 운명을 두려워하는 데서는 결코 행복을 느끼지 못한다. 위대한 정신을 발휘할 수 있는 사람은 우주의 구석구석으로부터 불어온 바람이 자유롭게 드나들 수 있도록 마음의 창문을 활짝 열어 놓을 것이다. 이런 사람은 인간적 한계가 허용하는 것만큼 올바르게 자신과 인생과 세계를 바라보게 된다.

그는 인간의 생명은 짧고 하잘것없지만 인간 개개인의 정신에는 우주 안에 존재하는 모든 가치 있는 것들이 집약되어 있다는 점을 깨달으며, 세계를 반영하는 정신을 가진 인간은 어떤 의미에서는 세계만큼 위대한 존재가 된다는 것을 알게 될 것이다. 그는 상황에 따라 움직이는 사람에게 늘 따라다니는 두려움을 느끼지 않기 때문에 강렬한 기쁨을 느낄 것이며, 표면적인 생활이 갖는 곡절을 겪는다고 해도 마음 깊은 곳에서는 늘 행복한 사람일 것이다.

잠시 철학적 사유를 해 보았다. 우아한 사색은 이 정도로 하고, 본 주제였던 일반적이고 폭넓은 관심의 가치에 대한 문제로 되돌아가 보자. 폭넓은 관심이 행복에 크게 기여한다는 점을 다른 면에서 고찰해 보자.

더할 나위 없이 행복한 생활도 꼬일 때가 있는 법이다. 기혼 남자치고 부부싸움 한번 안 해 본 사람은 없을 것이다. 아이가 아파서 크게 마음 졸여 보지 않은 부모도 없을 것이다. 경제적 곤란을 겪어 보지 않은 사업가도 없을 것이다. 실패를 경험해 보지 않은 전문가도 없을 것이다. 이런 어려움에 처했을 때, 걱정의 원인이 아닌 다른 일에 흥미를 가질 수 있는 능력이 있다면 그것은 실로 큰 은혜이다. 걱정이 태산 같은데도 당장 어떻게 할 도리가 없을 때, 어떤 사람은 바둑이나 장기 놀이를 하고, 어떤 사람은 추리소설을 읽고, 어떤 사람은 아마추어 천문학에 열중하고, 어떤 사람은 구석기 시대 발굴에 대한 서적을 읽으면서 마음을 달래고, 어떤 사람들은 좋아하는 운동을 격하게 한다. 이런 사람들은 모두 현명한 사람들이다.

반면에 기분을 전환할 수 있을 만한 일은 하지 않고 걱정에 치우쳐 옴짝달싹하지 못하는 사람은 현명하지 못하다. 이들은 문제를 해결하기 위한 행동이 필요한 순간에 발휘해야 할 힘을 소진하고 있는 셈이다.

진심으로 사랑하던 사람이 죽은 경우처럼 엄청난 슬픔에 대해서도 비슷한 논리를 적용할 수 있다. 그런 일을 당한 사람이 슬픔에 잠기도록 놓아두는 것은 전혀 바람직하지 않다. 슬픔은 피할 수 없는 것이고, 당연히 찾아올 것이라고 예상은 하겠지만, 그 슬픔을 최소한으로 줄이기 위해서 할 수 있는 일은 무엇이든 찾아서 해야 한다. 일부 사람들이 하듯이 자신에게 닥친 불행으로부터 일부러 최대한의 슬픔을 느끼려고 하는 것은 감상주의에 지나지 않는다.

물론 슬픔 때문에 파멸하는 사람도 있다는 점을 부인하지는 않는다. 여기서 내가 말하고 싶은 것은 모든 이들이 이러한 운명으로부터 벗어나기 위해 최선을 다해야 하며, 본질적으로 해악이 없고 품위를 떨어뜨리지 않는다는 전제만 충족한다면 아주 하찮은 것이라도 좋으니 반드시 기분을 전환할 거리를 찾아야 한다는 점이다. 내가 해악을 끼치고 품위를 떨어뜨린다고 생각하는 기분 전환 방법은 아주 짧은 시간 동안이라 할지라도 사고 작용을 파괴하는 효과를 지닌 음주와 마약, 그리고 도박이 모두 포함된다.

올바르고 적절한 기분 전환 방법은 사고 작용을 파괴하는 것이 아니라, 사고를 새로운 방향으로 돌리거나 적어도 현재의 불행과는 거리가 먼 방향으로 돌리게 된다. 그런데 이제까지 극히 적은 관심사에만 생활이 집중되어 있고, 그 얼마 안 되는 관심사마저 슬픔에 압도되어 버린 경우에는 이런 긍정적인 기분 전환 방법을 사용하기 어렵다. 불행이 닥쳤을 때 불행을 제대로 극복하기 위해서는 행복할 때 폭넓은 관심사를 기르는 것이 현명하다. 그럼으로써 현재 상황을 견디기 어렵게 만드는 생각과 감정이 아닌 다른 생각과 감정을 제공할 수 있는 평온한 마음을 가질 수 있도록 준비해야 한다.

생명력과 열정을 가진 사람은 설사 한 가지 관심 분야에서 좌절을 겪더라도 삶과 세계에 대해 가지고 있는 관심사 하나하나를 협소하지 않게 유지할 수 있다면, 어떤 위기 상황이 닥쳐도 그 불행을 극복해 낼 수 있다. 만약 한 가지 또는 몇 가지 관심 분야에서 실패했다고 크게 좌절하는 사람이 있다면, 그는 민감한 감수성의 소유자라고 보호받을 것이 아니라 생명력이 부족하다고 스스로 탄식해야 마땅하다. 죽음은 불시에 찾아와 우리가 사랑하는 사람들을 쓰러뜨릴 수 있으며, 우리가 사랑하는 모든 대상들은 죽음의 처분을 기다릴 수밖에 없는 처지다. 그러므로 우리는 결코 삶의 폭을 협소하게 제한해서는 안 된다. 삶의 폭이 협소할수록 우연한 사건이 우리 삶의 모든 의미와 목적을 마음대로 주무를 수 있게 된다.

위에서 말한 여러 가지 이유에서 알 수 있듯이, 현명하게 행복을 추구하는 사람이라면 자신의 삶을 지탱해 주는 핵심적인 관심사 이외에도 여러 가지 부차적인 관심사를 갖기 위해 부단히 노력할 것이다. 그리고 그러한 노력이야말로 행복을 성취하는 지름길임을 알게 될 것이다.

균형 잡힌 삶을 사는
사람

노력과 체념 사이에
균형을 이루기 위해서는
반드시 중용을 지켜야 한다.

본 절에서는 '균형 잡힌 삶'과 행복에 관한 이야기를 하려 한다. 균형 잡힌 삶이란 사전적 의미로는 지나치게 어느 한쪽에 치우치지 않는 중용적 삶을 의미하는데, 그러한 삶이 곧 행복한 삶의 바탕이 됨을 말하려 한다. 특히 나는 '노력'과 '체념' 사이의 균형에 초점을 맞추어 글을 전개해 나갈 것이다.

사실 중용은 별 재미없는 이론이라고 생각하는 사람들이 있다. 나도 젊은 시절 비교적 대담하고 진보적인 이론을 좋아했기 때문에 중용적 이론은 이것도 저것도 아닌 어중간한 태도를 유발한다고 비웃고 무시했던 적이 있었다. 그러나 진리라고 해서 늘 재미있는 것은 아니며, 실제로는 사람들의 지지를 받을 만한 별다른 증거가 없는데도 재미있다는 이유만으로 인정받는 이론들이 많이 있다. 중용 이론이 바로 그런 예이다. 중용은 별 재미없는 이론일지는 모르지만 상당히 많은 문제에 관한 한 정확한 이론이다.

노력과 체념 사이에 균형을 이루기 위해서는 반드시 중용을 지켜야 한다. 노력의 중요성을 주장하는 이론과 체념의 중요성을 주장하는 이론은 저마다 극단적인 옹호자를 가지고 있다. 성자(聖者)들과 신비주의자들은 체념의 이론을 설파했고, 효율성을 주장하는 사람들이나 열정적인 기독교인들은 노력의 이론을 설교했다. 상반되는 이 두 가지 입장에는 저마다 부분적인 진리가 들어 있기는 하지만, 그 자체로 완전무결한 진리는 아니다. 중도적 관점에서 이들 두 입장의 이론들을 살펴봄에 앞서, 먼저 노력의 이론이 더 유리한 경우부터 살펴보자.

아주 드문 경우를 제외하고는 행복은 마치 무르익은 과실처럼 운 좋게 저절로 입안으로 굴러들어오는 것이 아니다. 이 세상은 피할 수 없는 불행과 질병, 그리고 정신적 갈등과 투쟁뿐만 아니라 가난과 온갖 악의로 가득 차 있다. 이런 세상에서 행복하게 살기를 원하는 사람은 개개인을 둘러싸고 있는 엄청나게 많은 불행의 원인들을 극복할 수 있는 방안을 찾아내야 한다.

드문 경우이긴 하지만, 그다지 많은 노력이 필요하지 않은 경우도 물론 있다. 예를 들어, 충분한 재산을 상속받고 단순한 취미와 함께 변함없는 건강을 즐기는 낙천적 기질을 가진 사람이 있다고 하자. 그는 일생 동안 유유자적하게 지내면서 '도대체 사람들은 무엇 때문에 야단법석을 떨며 살아갈까?' 하고 의아하게 생각할 것이다. 또한 아름다운 미모에 느긋한 성격을 가진 여성이 특별히 성가시게 하지 않는 부유한 남편과 살면서, 자녀들까지 별 탈 없이 자라 준다면, 마찬가지로 유유자적한 생활을 즐길 수 있을 것이다.

그러나 이러한 경우는 매우 드물다. 대부분의 사람들은 부자가 아니며, 많은 사람들은 낙천적인 기질을 타고나지도 못한다. 많은 사람들이 나름의 열정을 가지고 있어서 그냥 조용하고 규칙적이며 무미건조한 생활은 참을 수 없이 지루하다고 느낀다. 건강이라는 축복을 유지할 수 있다고 장담할 수 있는 사람은 아무도 없다. 또한 결혼 생활이 늘 행복이 솟아나는 원천이 되는 것도 아니다. 이런 모든 이유 때문에 대부분의 사람들에게 행복은 신이 내리는 선물이 아니라 어렵게 성취해야만 하는 대상이고, 행복을 성취하기 위해서는 내적으로나 외적으로 많은 노력을 기울여야만 한다. 내적인 노력에는 꼭 필요한 경우에 체념을 하려는 노력도 포함될 것이다. 그러므로 지금은 외적인 노력만을 고찰하기로 하자.

일을 해서 생활비를 벌어야 하는 사람들의 경우에 외적인 노력의 필요성은 너무나 분명하기 때문에 굳이 역설할 필요가 없다. 인도의 수도승들은 신앙심이 깊은 신도에게 바리때를 내밀기만 하면 별다른 노력 없이도 먹고살 수 있다. 하지만 다른 많은 나라에서는 이러한 방법으로 수입을 얻는 것을 온당하게 보지 않는다. 게다가 이런 나라들의 기후는 인도처럼 덥고 건조하지 않기 때문에 일하지 않고 먹고살기에는 훨씬 어려운 조건이다. 어쨌든 추운 겨울에 따뜻한 방 안에서 일하는 것보다 집 밖에서 놀고 지내는 것을 더 좋아할 만큼 게으른 사람은 거의 없다. 그러므로 체념하는 태도만으로는 결코 행복에 도달할 수 없다.

세상의 대부분의 사람들이 행복에 도달하기 위해서는 가까스로 생계를 유지하는 수준을 넘어 성취감을 느껴야 한다. 예컨대, 과학 연구와 같은 일부 직업에 종사하는 사람들이 수입을 올리지 못하면서도 큰 성취감을 느낄 수 있는 경우가 있긴 하다. 하지만 대부분의 직업에서는 수입이 성공의 척도가 된다. 여기서 우리는 대부분의 사람들에게 바람직한 체념의 태도는 어떤 것인가 하는 문제에 부딪힌다. 생존 경쟁을 해야 하는 사회에서 현저한 성공은 극히 소수의 사람들에게만 가능한 것이기 때문이다.

결혼은 상황에 따라 노력이 필요하기도 하고, 필요하지 않기도 한 문제이다. 남성이 수적으로 부족한 나라의 경우나 여성이 부족한 나라의 경우처럼 여성이나 남성 중 어느 한쪽이 부족한 사회에서, 부족한 성에 속하면서 결혼을 원하는 사람들은 결혼하기 위해서 별다른 노력을 기울일 필요가 없다. 하지만 남아도는 성에 속하는 사람들의 경우에는 많은 노력을 기울여야만 한다. 여성이 수적으로 많은 사회에서는 여성들이 결혼에 성공하기 위해서 대단한 노력을 기울이고, 또한 이 문제를 해결하기 위해 수많은 연구를 하게 된다. 이것은 여성 잡지의 광고란을 대충만 살펴보더라도 누구나 쉽게 알 수 있는 사실이다.

또 남성이 수적으로 많은 사회의 남성들은 예컨대 사격 솜씨와 같은 보다 신속한 방법을 택한다. 이것은 당연한 일이다. 왜냐하면 남자의 과다 현상은 문명의 미개척지에서 가장 흔히 볼 수 있는 일이기 때문이다. 만일 어느 나라에 여성들만 공격하는 전염병이 돌아서 남성들의 수가 상대적으로 많아진다면, 남자들이 어떤 태도를 취할까? 어쩌면 그들은 그 옛날 서양의 기사들처럼 여성들에게 아주 친절한 태도를 취할지도 모른다.

자녀를 성공적으로 기르려면 많은 노력을 기울여야 한다는 것은 그 누구도 부정할 수 없는 명백한 사실이다. 체념적인 인생관을 신봉하는 사회에서는 대체로 유아사망률이 높다. 의학과 위생, 적절한 영양 섭취 등은 현실에 대한 집착이 없다면 결코 이룰 수 없는 일들이다. 이러한 일들은 물질적 환경을 개선하려는 열정과 지식이 요구된다. 그런데 물질적 환경의 문제를 환상에 지나지 않는다고 생각하는 사람들은 불결한 오물에 대해서도 마찬가지로 생각하기 쉬운데, 부모가 가진 이런 생각 때문에 많은 아이들이 방치되어 죽기까지 한다.

이를 좀 더 일반화시켜서 이야기해 보자. 어떤 힘은 자연적 욕망을 위축시키지 않고 모든 사람의 정당하고 합법적인 목적을 형성한다고 할 수 있다. 어떤 사람이 어떤 종류의 힘을 원하는가 하는 문제는 그 사람이 어떤 분야의 특별한 열정을 가지고 있느냐에 달려 있다. 다른 사람들의 행동을 지배하는 힘을 가지기를 원하는 사람이 있는가 하면, 다른 사람들의 사상을 지배하는 힘을 원하는 사람도 있고, 다른 사람들의 감정을 지배하는 힘을 가지고 싶어 하는 사람도 있다. 물질적 환경을 변화시키기를 원하는 사람이 있는가 하면, 전문적 지식을 갖추는 데서 힘을 느끼기를 원하는 사람도 있다.

위법한 행위를 통한 재산 증식을 목적으로 갖는 것이 아닌 한, 모든 종류의 공적 사업에는 어떤 성취욕이 내포되어 있다. 사람들이 처한 불행한 광경을 보면서 순수한 의미의 이타적인 고통을 느끼는 사람은 그가 느끼는 고통이 거짓이 아니라면, 그 불행한 상태를 소멸시켜 줄 수 있는 힘을 가지기를 원할 것이다. 이러한 힘에 대해 전적으로 관심이 없는 사람은 다른 사람에 대한 관심이 전혀 없는 사람들이다. 그렇기 때문에 특정한 형태의 권력욕은 좋은 사회를 만들 수 있는 사람들의 자질 중 하나임을 인정하지 않을 수 없다.

그리고 모든 성취욕은 그것이 방해를 받지 않는 한 노력과 관련이 있다. 서구적 관점에서 보자면 이러한 결론은 당연한 것이지만, 서양인들 중에는 최근 들어 동양의 지혜(절제, 절욕, 무욕 등등)에 호감을 가지는 사람들이 조금씩 늘어나고 있다. 오히려 동양에서는 그러한 지혜가 진취적인 사유가 필요한 오늘날에 맞지 않는다고 갈등하고 있기도 하지만. 이러한 일부 서양 사람들이나 여전히 동양의 전통을 고수하고 있는 동양인들에게는 아마 앞서 내가 말해 온 것들에 대해 의아해할지 모르겠다. 설사 그렇다고 하더라도 여기서 그런 말을 전혀 할 가치가 없었다고는 생각되지 않는다.

이제는 체념의 이론이 유리한 경우를 살펴보자. 체념 역시 행복을 쟁취하는 데 일정한 역할을 담당하고 있으며, 체념이 담당하는 역할은 노력이 담당하는 역할에 못지않게 중요하다. 현명한 사람은 막을 수 있는 불행을 감수하지도 않겠지만, 피할 수 있는 불행을 만나도 결코 시간과 감정을 낭비하지 않을 것이다.

또한 피할 수 있는 불행이긴 하지만 그렇게 하기 위해서 들여야 하는 시간이나 노력이 보다 중요한 목적을 추구하는 데 방해가 된다면 그 불행을 감수할 것이다. 사소한 일들이 뜻대로 되지 않을 때마다 안달하고 화내면서 더 유용하게 사용할 수 있는 막대한 정력을 낭비하는 사람들이 많다. 참으로 중요한 목적을 추구하는 경우에도 감정적으로 너무 깊이 몰두해서 실패하지 않을까 하는 생각이 마음의 평화를 끊임없이 갉아먹게 놓아두는 것은 현명하지 못하다.

이러한 경우, 어떤 종교에서는 절대자의 뜻에 따르라고 가르친다. 설사 이런 표현을 받아들일 수 없는 사람일지라도 자신이 하는 행동 하나하나에 이런 생각이 스며들게 하는 것이 좋다. 실제적인 일에 있어서의 능률은 우리가 그 일에 쏟는 감정과 비례하는 것은 아니다. 사실상 감정은 때로 능률에 장애가 되기도 한다. 최선을 다하면서 그 결과는 운명에 맡긴다는 태도가 필요하다.

체념에는 두 가지 종류가 있다. 하나는 절망에 근원을 둔 체념이고, 다른 하나는 도달할 수는 없는 원대한 희망에 근원을 둔 체념이다. 전자의 경우는 바람직하지 못한 체념으로, 후자의 경우는 바람직한 체념으로 평가할 수 있다. 중요한 일에 실패해 원대한 성공을 향한 희망을 포기해 버린 사람은 절망적 체념을 몸에 익히기 쉽다. 절망적 체념을 몸에 익힌 사람은 진지한 활동이라면 뭐든지 단념할 것이다. 그는 종교적인 관용구나 명상이야말로 인간의 참된 목적이라고 주장하면서 자신의 절망감을 감추기도 한다. 하지만 내면의 좌절을 숨기기 위해서 어떤 위장을 한다고 해도 이런 사람은 본질적으로 쓸모없는 인간, 철저히 불행한 인간에서 벗어나지 못할 것이다.

도달할 수 없는 희망 때문에 체념하는 사람은 전혀 다른 방식으로 행동한다. 도달할 수 없는 희망은 개인적 관심의 범위를 벗어난 원대한 것이다. 내가 어떠한 개인적 활동을 하든 간에 결국 나는 죽음에 의해, 그리고 어떤 종류의 질병에 의해 패배당할 수도 있고 또한 적에게 정복당할 수도 있으며, 성공으로 이끌어 줄 수 없는 현명하지 못한 과정을 밟아 왔다는 것을 깨닫기도 하리라. 그러나 순수한 개인적 희망의 좌절을 불가피한 것으로 만드는 수천 가지 국면이 있다 하더라도, 개인의 목적이 인류를 위한 보다 원대한 희망과 부합하는 경우에는 실패를 하더라도 절망적 체념을 하는 사람처럼 극단적인 실패를 하지는 않을 것이다.

위대한 발견을 원하는 과학자도 실패를 하는 경우가 있고, 또는 머리에 타격을 받아 일을 포기하는 경우도 있다. 그러나 그

당신은 행복한 사람인가

가 단지 과학에 대한 개인적인 공헌을 바란 것이 아니라 진심으로 과학의 발전을 원했다면, 순전히 이기적인 동기에서 연구해 온 사람과 동일한 절망을 느끼지는 않을 것이다. 절실한 개혁을 위해 일하는 사람이 전쟁 때문에 그의 모든 노력이 수포로 돌아가 그가 살아 있는 동안에는 그 노력이 결실을 맺지 못한다는 것을 깨닫게 되는 경우도 있다. 그러나 그가 오직 인류의 장래에 관심을 기울일 뿐 그것을 위해 자신이 노력해 온 것에는 연연해하지 않는다면, 그는 이 때문에 완전히 절망에 빠지지는 않을 것이다.

지금까지는 체념이 상당히 어려운 경우들을 살펴보았다. 그러나 체념이 쉬운 경우도 상당히 많다. 삶의 주요한 목적은 성공할 가능성이 있는데, 부차적인 목적만 실패를 겪는 경우가 있다. 예를 들어, 중대한 일에 종사하는 사람이 불행한 결혼 생활로 인해 정신적인 혼란을 겪는다면 결코 긍정적인 체념을 하기는 어렵다. 그러나 자신의 일이 참으로 열중할 만한 일이라면 그는 그런 부차적인 고통들은 궂은 날씨를 만난 것 같은 사소한 불편으로 여겨야 한다. 갑자기 비가 오는 것을 가지고 안달복달해 봐야 아무 소용이 없다.

사소한 문제들이 생겼을 때 참을성 있게 버티지 못하는 사람들이 있다. 사실 이런 사소한 문제들은 자칫 그대로 놓아두면 생활의 대부분을 차지하게 된다. 이런 사람들은 기차가 제시간보다 조금만 늦게 와도 씩씩거리고, 저녁 식사 반찬이 조금만 간이 맞지 않아도 노발대발하고, 굴뚝에서 연기만 나도 절망하고, 세탁소에 맡긴 옷이 분실되는 경우라도 생기면 산업체 전체에 대해 분풀이를 하려 든다. 이러한 사람들이 사소한 문제 때문에 낭비하는 정력을 만일 좀 더 현명하게 사용한다면 새로운 제국을 세울 수도 있고, 그 제국을 다시 무너뜨릴 수도 있을 것이다.

현명한 사람은 가사도우미가 미처 닦아 내지 못한 먼지가 있는지, 요리사가 제대로 익히지 않은 감자가 있는지, 자동차세차부가 제대로 닦아 내지 않은 얼룩이 있는지 감시하지 않는다. 충분한 시간이 있는데도 이런 문제를 바로잡을 수 있는 조치를 취하지 않는다는 이야기가 아니다. 내가 말하고자 하는 것은 현명한 사람은 이러한 일들을 감정적으로 처리하지 않는다는 것이다.

걱정과 안달과 짜증은 자신에게 어떤 도움도 줄 수 없는 감정들이다. 이러한 감정을 강렬하게 느끼는 사람들은 도저히 감정을 이기지 못하겠다고 말할지도 모른다. 앞에서 말한 근본적인 체념에 도달하지 않는 한, 이들은 결코 이러한 감정을 극복할수 없다. 개인적인 일의 실패나 불행한 결혼 생활의 고통을 참아 낼 수 있게 하는 것은 개인적이지 않은 원대한 희망에 집중하

당신은 행복한 사람인가

는 태도이다. 이런 태도를 가지면 기차가 제시간보다 늦게 오거나, 설사 세탁소에 맡긴 옷이 없어져도 참을성 있게 버틸 수 있다. 이것은 성격이 까다로운 사람이 성격을 유연하게 고칠 수 있는 가장 좋은 방법이다.

걱정의 지배에서 벗어난 사람은 늘 짜증을 내던 때에 비해서 인생이 훨씬 즐겁다는 것을 알게 될 것이다. 이전 같으면 비명을 지르게 만들던 친구들의 개인적인 특성도 이제는 단지 재미있게 여겨질 것이다. 할머니가 호랑이와 곶감 이야기를 아흔 아홉 번째 한다고 해도, 다음에 또 들으면 '백 번째로군.' 하고 재미있어 할 뿐, 쓸데없이 자신이 알고 있는 일화를 말해서 훼방을 놓으려 하지 않을 것이다. 새벽 기차를 타기 위해 뛰어가다 구두끈이 끊어져도 그는 적절한 감탄사만 내뱉은 후 우주의 광대한 역사에 비추어 보면 이런 일쯤은 너무나 사소한 일이란 것을 알게 된다. 청혼을 하고 있는 중요한 순간에 이웃 사람이 불쑥 찾아와 쓸데없는 말로 훼방을 놓더라도 이 정도의 재난은 그동안 모든 인류가 겪어 온 것이니 자신이라고 예외이겠느냐고 생각한다. 심지어 성경에 나오는 아담과 하와에게도 뱀의 유혹이 훼방을 놓지 않았느냐고 위로할 것이다.

작은 불행이 닥쳤을 때 기상천외한 비유나 절묘한 비교를 동원해서 위안을 찾는 방법은 무궁무진하다. 문명인이라면 누구나 마음속에 자화상을 가지고 있고, 그 자화상을 더럽힌다고 생각할 만한 일이 일어나면 속이 상할 것이다. 이런 경우 가장 좋은 방법은 자화상을 하나만 가지고 있는 것이 아니라, 여러 가지 자화상으로 가득 찬 화랑을 통째로 가지고 있다가 문제 상황에 맞는 그림을 하나 골라내는 것이다. 그 화랑에 우스꽝스러운 작품을 몇 점 걸어 두면 더 좋겠다.

하루 종일 자기 자신을 굉장한 비극의 주인공이라고 생각하는 것은 현명하지 못하다. 그렇다고 자기 자신을 항상 희극 속의 광대처럼 생각하라고 주장하는 것은 아니다. 그렇게 하다가는 짜증이 더 솟구치게 될 테니까 말이다. 상황에 알맞은 역할을 골라내려면 약간의 재치가 필요하다. 물론 당신이 자기 자신을 완전히 망각하고 아무런 역할도 맡지 않는다면 가장 찬양할 만하다. 그러나 어떤 역할을 맡는 것이 몸에 뱄다면 몇 가지 역할을 번갈아 연기하면서 단조로움에서 벗어나야 한다.

능동적이고 적극적인 사람들은 대체로 조금이라도 체념의 기색을 보이거나 보잘 것 없는 유머라도 나타내면 그들이 하는 일에 기울이는 정력과 성공을 달성시킬 수 있는 결의가 손상받는다고 생각한다. 이는 물론 바람직한 생각이 아니다. 자신이 맡은 일의 중요성이나, 또는 그 일의 쉽고 어려움에 대해 자기를 기만하지 않는 사람만이 보람 있는 일을 할 수 있다. 자기기만의

당신은 행복한 사람인가

도움을 받아야만 자기 일을 할 수 있는 사람들이라면, 그 일을 계속하기 전에 우선 진실을 받아들이는 법을 배우는 것이 좋다.

신화와 같은 가공의 이야기에 의지해야 한다면, 그들이 하는 일은 조만간 유익하기는커녕 해로운 일이 될 것이다. 해로운 일을 하느니 아무 일도 하지 않는 편이 낫다. 세상에 존재하는 유익한 일의 태반은 해로운 일과 맞붙어 그것을 물리치는 것이다. 사실을 인정하는 법을 터득하기 위해 쓴 얼마간의 시간은 결코 낭비가 아니다. 이런 과정을 겪고 난 사람이 하는 일은 열정을 자극하기 위해서 끊임없이 자아를 부풀려야 하는 사람들이 하는 일에 비하면 훨씬 덜 해로울 것이다.

어떤 종류의 체념에는 우리들 자신의 진실한 모습을 직시하는 용기가 내포되어 있다. 이러한 종류의 체념은 비록 처음에는 고통스러울지 모르지만, 궁극적으로는 자신을 기만하는 사람이 흔히 빠져들기 쉬운 절망과 환멸로부터 이 사람을 보호해 준다. 우리를 가장 피로하게 만들고 결국엔 격분하게 만드는 것은 매일매일 점점 더 의심스러워지는 일을 매일 같이 믿으려고 노력하는 것이다. 따라서 이러한 노력을 포기한다는 것은 확실하고 지속적인 행복의 불가결한 조건이다. 적절한 노력과 체념이야말로 안정적인 행복을 찾을 수 있는 또 하나의 바람직한 요건임에 틀림없다.

행복함을 아는
사람

행복한 사람은
자신이 우주를 구성하고 있는
하나의 구성원임을 자각하고,
우주가 베푸는 아름다운 광경과 기쁨을 누린다.

자명한 사실이지만, 행복은 부분적으로는 외부적 환경에, 또 부분적으로는 자기 자신에게 달려 있다. 그런데 나는 그동안 행복은 주로 자기 자신에 달려 있다는 부분을 고찰해 왔다. 그리고 이 부분에만 한정해서 본다면, 행복의 비결은 매우 간단하다는 견해에 도달했다.

정도의 차이는 있겠지만, 많은 사람들이 다소간의 종교적인 신념이 없으면 행복은 불가능하다고 생각한다. 즉, 종교적 신념을 가지고 있어야만 행복을 누릴 수 있다고 생각하는 것이다.

당신은 행복한 사람인가

그런데 스스로 불행하다고 생각하는 대부분의 사람들은 자신이 느끼는 슬픔이 매우 복잡하고 지적인 요인을 가지고 있다고 생각한다. 나는 그런 것들은 그들이 느끼는 행복이나 불행의 진정한 원인이 아니라, 그저 하나의 징후에 지나지 않는다고 생각한다. 일반적으로 불행한 사람은 불행한 신조를 선택하고, 행복한 사람은 행복한 신조를 택한다. 행복한 사람이나 불행한 사람이나 각기 자신의 행복이나 불행이 자신의 신념 탓으로 돌리기 쉽지만, 진정한 인과관계는 사실 다른 데에 있다.

대부분의 사람들에게 있어 행복에 빼놓을 수 없는 것들이 있는데, 그것은 주택, 식량, 건강, 성공적인 사업, 사회적 존경 등 비교적 단순한 것들이다. 어떤 이는 자식을 낳아 기르는 것이 무엇보다 중요하다고 생각하기도 한다. 이러한 것들이 없는 경우 오직 소수의 특별한 사람만이 행복을 성취할 수 있다. 그러나 이러한 것들이 충족되거나 제대로 노력만 하면 얻을 수 있는 경우에도 여전히 불행한 사람들이 있다. 이런 사람들은 어떤 특정한 심리적 부적응을 겪고 있는 것이다. 심리적 부적응이 매우 심각한 사람들은 정신과 의사의 치료를 받을 필요가 있지만, 그리 심하지 않은 경우에는 환자 자신이 문제를 올바른 방식으로 처리하기만 하면 스스로도 치료할 수 있다.

외부적 환경이 결정적으로 불행하지 않는 한, 인간은 그의 열정이나 관심이 자기 내부가 아니라 바깥 세계에 쏟는 것만으로도 누구나 행복을 성취할 것이다. 그러므로 우리는 교육을 통해서, 그리고 우리 자신을 세계에 적응시키기 위한 여러 시도들을 통해서 감정적으로 나 자신에게 몰입하는 것을 피하고, 늘 자신에게만 집중하는 것을 막을 수 있도록 애정과 관심거리를 찾기 위해 노력해야 한다.

대부분의 사람들의 경우, 감옥에 갇힌 상태에서 행복을 누린다는 것은 본질적으로 불가능하다. 이런 위험한 감옥 중의 하나가 자신을 스스로 자기 안에 가두는 감정들이다. 이러한 감정들 가운데 가장 흔한 것은 두려움과 죄의식, 질투, 자기 연민, 그리고 자기도취이다. 이런 감정에 빠진 사람의 욕망은 자기 자신에게 집중된다. 이런 사람은 외부 세계에 대해서는 아무런 관심도 없고, 그저 외부 세계가 우리들을 손상시키거나 우리의 이기심을 만족시키지 못하게 하는 건 아닌가 하는 걱정만 할 뿐이다.

사람들이 사실을 인정하기를 싫어하고, 신화라는 따뜻한 외투로 자신을 감싸고 싶어 하는 주요한 이유는 바로 두려움이다. 그러나 따뜻한 외투가 가시에 찢기면 그 틈으로 차가운 바람이 스며든다. 따뜻한 데 익숙한 사람은 처음부터 찬바람을 맞으며 몸을 단련해 온 사람보다 더 큰 고통을 겪는다. 게다가 스스로를 기만하고 있는 사람들은 일반적으로 자기들이 그렇게 하고

당신은 행복한 사람인가

있다는 것을 마음속 깊은 곳에서는 알고 있으며, 혹시라도 불행한 사건이 일어나 바라지 않던 자각을 강요하지나 않을까 하는 불안 속에서 살아간다.

자기중심적인 감정들이 지닌 커다란 약점 중 하나는 다채로운 생활을 허용하지 않는다는 점이다. 확실히 자기 자신만을 사랑하는 사람은 애정 관계가 복잡하다는 비난을 받지는 않겠지만, 결국에는 자신이 열정을 바치는 대상이 늘 변함없다는 것 때문에 심한 권태에 빠지게 된다. 죄의식 때문에 괴로워하는 사람은 특별한 형태의 자기애 때문에 번민하게 된다. 이 광대한 우주에서 그에게 가장 중요한 것은 오직 자기 자신이 도덕적이어야 한다는 사실뿐이다. 이 같은 특별한 형태의 자기도취를 조장해 왔다는 것은 일부 전통적 종교의 중대한 결함이요, 실수이다.

행복한 사람은 자유로운 애정과 폭넓은 관심을 가지고 객관적으로 살아가야 한다. 그는 이런 애정과 관심을 통해서, 또한 이런 애정과 관심을 베풀면 자신도 다른 많은 사람들의 애정과 관심의 대상이 된다는 사실을 통해서 자신의 행복을 확고히 한다. 사랑을 받는 것은 행복을 부르는 가장 유력한 원인이지만 사랑은 조른다고 해서 받을 수 있는 것이 아니다. 넓은 의미에서 보면, 사랑을 베푸는 사람이 사랑을 받는다. 그러나 이자를 받을 생각으로 돈을 빌려주듯이 되돌려 받을 것을 계산해서 베푸는 사랑에는 허망함이 따른다. 계산된 사랑은 진정한 사랑이 아니며, 사랑을 받는 사람도 그것이 진정한 사랑이라고 느끼지 않을 테니까 말이다.

그렇다면 자기 안에 갇혀 있기 때문에 불행한 사람은 어떻게 해야 하는가? 자신이 겪고 있는 불행의 원인이 무엇일까 하는 생각에서 벗어나지 못하는 사람은 자기중심적인 생각에서 벗어나지 못하고, 따라서 악순환에서 벗어나지 못한다. 이 악순환에서 벗어나려면 단순히 임시방편으로 선택한 거짓 관심이 아니라 진정한 관심을 가져야 한다. 이와 같이 하는 것은 사실 매우 어려운 일이겠지만, 일단 자신이 안고 있는 문제를 정확하게 진단하고 있는 경우라면 여러 가지 방법을 사용할 수 있다.

예를 들어, 의식적이든 무의식적이든 죄의식으로 인해 고민하고 있다면, 그는 우선 죄의식을 느낄 만한 이유가 전혀 없음을 자신의 의식에 각인시키고, 다음에는 이런 이성적인 확신을 무의식 속에 각인하되, 그 사이에 크든 작든 중립적인 활동에 관심을 기울인다. 이때는 앞의 여러 장에서 이미 살펴본 방법들을 다양하게 사용해 보면 될 것이다. 이렇게 해서 죄의식을 없애는 데 성공하면 순수하게 객관적인 관심이 자연스럽게 생겨날 것이다.

자기 연민이라는 문제를 안고 있는 사람이라면, 우선 자신의 환경이 특별히 불행한 것이 아님을 자각한 후, 앞에서 제시한 방법에 따라 이 문제를 처리하면 된다. 또한 두려움이라는 문제를 안고 있는 사람이라면, 여러 가지 연습을 통해서 용기를 길러야 한다. 전투 시의 용기는 고대로부터 아주 중요한 미덕이었고, 젊은 남자들에게 실시했던 훈련의 대부분은 전투 시 대담한 태도를 가질 수 있는 용기를 기르는 데 할애되었다.

그러나 도덕적 용기와 지적 용기에 대한 연구는 거의 없었으므로 그러한 것들을 함양하는 기술 또한 전무하다. 그렇다고 아예 방법이 없는 것은 아니다. 적어도 하루에 한 가지씩 고통스러운 진실을 스스로 인정해 보라. 그러면 이 방법이 날마다 친절한 행동을 연습하는 보이스카우트 훈련법처럼 유익하다는 것을 깨닫게 될 것이다. 도덕성이나 지성의 측면에서 다른 친구들보다 월등하게 탁월하든 탁월하지 않든 간에 인생은 살 만한 보람이 있는 것이라는 것을 느끼도록 자신을 훈련시켜라. 이러한 훈련을 오랫동안 계속하다 보면 주저하지 않고 사실을 인정할 수 있는 능력을 갖출 수 있을 것이고, 이와 같이 되면 매우 광범한 분야에 걸쳐서 두려움의 굴레에서 해방될 것이다.

자기도취라는 병을 극복하고 나서 어떤 객관적인 관심이 마음속에서 생겨나느냐 하는 것은 그 사람의 본성과 외부 환경의 자연스러운 작용에 맡겨 두어야 한다. 관심이 자연스럽게 자라나기도 전에, 예를 들어 '골동품 수집을 취미로 삼으면 행복할 것이다'라고 단정하여 바로 골동품 수집을 시작하는 일이 없도록 하라. 골동품 수집에서 전혀 흥미를 느끼지 못하는 경우도 있을 테니까 말이다. 철저하게 관심이 끌리는 것만이 당신에게 도움을 줄 수 있으며, 당신이 자아에 빠져들지 않게 될 때 진정한 객관적인 관심이 커지기 시작한다는 것을 확신해도 좋을 것이다.

행복한 삶은 매우 광범한 면에서 올바른 삶과 흡사하다. 전문적인 도덕론자들은 자기 부정을 지나치게 중요시해 왔고, 그 과정에서 잘못된 점을 강조하게 되었다. 의식적인 자기 부정은 사람들을 자기도취에 빠지게 하며, 자기가 희생했다는 사실을 생생하게 기억하도록 만든다. 이로 인해서 의식적인 자기 부정은 당면한 목적을 달성하지 못하는 경우가 많을 뿐만 아니라, 거의 대부분의 경우 최종적인 목적을 달성하지 못한다. 중요한 것은 자기 부정이 아니라 관심을 외부로 돌리는 것이다. 관심을 외부로 돌리게 되면 선행의 추구에 전념하는 사람이 의식적인 자기 부정의 방법을 통해서만 수행할 수 있는 것과 동일한 행동이 본능적으로 자연스럽게 나오게 마련이다.

나는 지금까지 '행복이 곧 선'이라는 입장에서 이 글을 전개해 왔거니와, 이러한 입장에서 권장하는 행동은 고매한 도덕론자들이 권장하는 행동과 크게 다르지 않다. 그러나 물론 보편적으

당신은 행복한 사람인가

로 적용되는 말은 아니지만, 도덕론자들은 마음의 상태보다는 오히려 행동을 강조하는 경향이 강하다.

어떤 행위가 그 행위를 하는 사람에게 어떤 영향을 미치느냐는 것은 행위를 하는 순간의 마음 상태에 따라서 여러 가지로 달라질 수 있다. 만일 당신이 물에 빠진 아이를 보고 도와주어야겠다는 직접적인 충동을 느껴 그 아이를 구해 냈다면 도덕성에 아무런 문제가 없다. 그런데 '곤경에 빠진 사람을 돕는 것은 선한 행위이고, 나는 선한 사람이 되길 원하니까 이 아이를 구해야 한다.'고 생각한다면 당신은 그런 생각을 하지 않았을 때와 비교할 때, 도덕적으로 훨씬 더 나쁜 사람일 것이다. 이는 아주 극단적인 예에 해당한다. 하지만 이보다 극단적이지 않은 다른 많은 경우에도 적용된다는 사실을 알아야 한다.

내가 권장하는 생활 태도와 전통적인 도덕론자들이 권장하는 생활 태도 사이에는 또 한 가지 차이점이 있는데, 그것은 앞의 것에 비해서 약간 미묘한 것이다. 예를 들어, 전통적인 도덕론자들은 주로 사랑은 이기적인 것이 아니어야 한다고 말한다. 어떤 의미에서는 그 말이 옳다. 사랑은 어떤 한도를 넘어설 만큼 이기적이어서는 안 된다. 그러나 누구나 알고 있듯이 어떤 사람이 사랑에 성공하느냐 하는 것은 그 사람 자신의 행복과 절대 무관할 수가 없다.

어떤 남자가 어떤 숙녀에게 당신의 행복을 열망하므로 나와 결혼해 달라고 간청한다고 하자. 동시에 당신 덕분에 나의 행복을 완전히 단념할 기회를 갖게 되었다고 말한다면, 과연 그 숙녀는 전적으로 기뻐하겠는가? 우리는 우리가 사랑하는 사람들의 행복을 바라야 하며, 이것은 의심의 여지가 없는 일이다. 하지만 우리 자신의 행복을 완전히 포기하면서까지 상대방의 행복을 바라는 것은 옳지 않다.

사실상 자기 부정의 이론은 자아와 나머지 세계(다른 사람이나 사물)와의 대립을 전제로 하는 개념인데, 자아와 나머지 세계와의 대립은 우리가 우리 자신의 밖에 있는 사람이나 사물에 대해 진정한 관심을 갖게 되면 곧 사라져 버린다. 이러한 관심을 가지게 된 사람은 자신이 당구공처럼 다른 존재와 충돌하는 것 말고는 아무런 관계를 맺을 수 없는 단단하고 고립된 존재가 아니라, 마치 강물처럼 부드럽게 흘러가면서 다른 것들을 포용하는 삶의 일부임을 깨닫게 된다.

모든 불행은 어떤 종류의 분열, 또는 통합의 결여에서 생긴다. 의식과 무의식이 조화를 이루지 못할 때 자아 내부에 분열이 생기고, 객관적인 관심과 사랑의 힘에 의해 자아와 사회가 결합되어 있지 않으면 자아와 사회는 통합될 수 없다. 행복한 사람은 자아의 내적인 통합이나 자아와 사회가 이루는 통합의

당신은 행복한 사람인가

실패로 고통받지 않는 사람이다. 행복한 사람의 인격은 분열되어 있지 않으며, 세상에 대항하여 맞서고 있지도 않다.

행복한 사람은 자신이 우주를 구성하고 있는 하나의 구성원임을 자각하고, 우주가 베푸는 아름다운 광경과 기쁨을 누린다. 행복한 사람은 자신의 뒤를 이어 태어나는 사람들과 동떨어진 존재가 아니라고 생각하기 때문에 죽음에 대해서도 극히 초연해진다. 행복한 사람은 마음속 깊은 본능을 좇아서 강물처럼 흘러가는 삶에 충분히 몸을 맡기게 되며, 그럴 때 가장 큰 환희를 맛보게 된다.

마무리하는 말

행복으로 가는 길

...

　지금까지 나는 다양한 시각에서 행복하지 못한 사람의 모습과 행복한 사람의 모습에 대해 그 요인을 중심으로 비교적 심층적으로 고찰해 왔다. 그런데 사실 행복은 그냥 주어지는 것이 아니라 평생을 두고 성취해야 할 인생 최대의 목표 아닌가? 그럼에도 우리는 종종 직장과 결혼, 가정, 쇼핑 같은 과정을 통하여 얻어지는 부산물 정도로 여기는 경우가 많다. 행복은 엄연히 우리가 있는 힘을 다해 노력해서 달성해야 할 목표이자 본질인데 말이다. 사람들은 흔히 자신의 결핍과 욕망, 편견, 충동과 마주하는 것을 불편해하지만, 그러한 것들과 당당하고 의연하게 맞서는 것이야말로 행복으로 가는 길이라는 것을 잊지 말아야 한다. 이러한 관점에서 그동안 고찰해 온 내용들을 바탕으로 '행복으로 가는 길'을 정리해 보면 다음과 같다.

첫째, 망설이지 말고 변화를 감행하라

세상을 바라보는 시각이 어리석을 만큼 절망적인 사람들이 있다. 비록 해피엔딩을 보장할 수 없는 곳에서도 여전히 희망을 가질 필요가 있다. 전쟁, 가난, 자연재해, 범죄, 불공평 등의 사건들이 보여 주는 잔인함에 우리가 불행이라는 반응을 보이는 것은 당연하다. 하지만 이렇듯 불행하다고 느끼는 것이 자연스러운 현상이라고 해도 미래의 가능성을 생각하며 한껏 들떠 볼 필요가 있다. 새로운 사건은 우리에게 행복한 삶의 가능성을 보여 줌으로써 우리를 변화하게 만든다.

따라서 불행이라는 한쪽 면만 보면서 좌절하기보다는 그 어떤 보장도 없지만 세상을 있는 그대로 품으면서 인생의 기쁨을 만끽하는 편히 훨씬 낫다. 이력서에 한 줄 끼워 넣으면 근사해 보일 일을 하면서 불행을 질질 끌고 있거나 별로 달라질 것도 없다면서 자신의 상황을 변화시키지 않고 있는 사람이야말로 불행의 노예이다. 우리는 결코 불행의 노예로 살아서는 안 된다. 과감히 자신을 변화시켜 새로운 행복의 길을 열어 나가야 한다.

둘째, 자신감으로 비방에 대응하라

우리들의 삶 속에는 일상적으로 사사로운 비방이 있게 마련이다. 즉, 우리 곁에는 시시때때로 사소한 비방이 나타난다는 것이다. 동료의 성공을 보고 우리는 대놓고 불쾌해하기보다는 남 몰래 시기한다. 또한 인터넷상에서도 논쟁을 넘어 인신공격성 글이 달리기도 한다. 비방은 경쟁에 임한 상태에서 자신이 가지고 있는 것이 부정적인 책략밖에 없을 때 상대를 약화시킬 목적으로 사용된다. 인터넷, SNS, 문자 등은 아마추어 비방꾼들이 활개 칠 장을 잔뜩 넓혀 놓으며, 우리 중 많은 사람들이 비방에 천부적인 재능을 보인다.

하지만 이러한 비방꾼들도 상대방의 자신감 있는 태도 앞에서는 맥을 못 추는 법이다. 누군가가 당신이 쥐꼬리만 한 월급을 받는다고 비웃으며 당신의 직장이 형편없는 곳이라고 무례하게 떠들어 댄다고 하자. 그러면 당신은 그 회사를 택한 이유가 돈 때문이 아니었음을 분명히 알려 주어야 한다. 또한 누군가 당신의 옷차림과 패션센스에 대해 놀린다고 하자. 그러면 그 사람이 당신의 자신감을 부러워해서 심술을 부리는 것일 수도 있음을 기억할 필요가 있다. 자신감이야말로 온갖 비방을 잠재우고 마음의 평정을 얻어 행복의 길로 나아가게 한다.

셋째, 자극을 찾아서 헤매지 마라

남녀노소, 빈부 격차를 막론하고 우리들은 하나같이 재밌는 일이 일어나기를 끊임없이 기대하고 있다. 하지만 잠깐의 흥미

당신은 행복한 사람인가

진진함이 행복을 가져다주지는 않는다. 갈수록 자극을 좇는 사람은 병적으로 후추를 갈구해서 계속 후추를 먹어대는 사람과 다를 바 없다. 끊임없이 자극을 받게 되면 즐거움을 느끼는 미각이 둔해지기 마련이다.

자극의 유혹에서 벗어나려거든 명상을 해 보라. 명상은 단지 머릿속에 있는 목소리를 잠재우는 것이 아니다. 그 소리를 경청하기 위해 스스로에게 고요한 시간을 허락하는 것이다. 내 안의 소리를 듣기 위해 명상을 인도하는 스승이나 CD 같은 것이 꼭 필요한 것은 아니다. 하지만 한 가지 반드시 필요한 것은 바로 재밌는 일이나 자극을 좇는 습성을 끊으려는 의지이다. 매일 의지의 30분만 투자해 보라. 점점 자극의 노예에서 벗어나 행복의 길로 들어설 것이다.

넷째, 차분히 숙고하는 시간을 가져라

우리가 불행한 이유 중 하나는 바로 지나친 자극과 그에 따른 불가피한 결과인 피로 때문이다. 신경과민과 피로는 우리 모두에게 해당되는 불행의 주된 원인이다. 자신이 신경과민이거나 감정이 폭발하는 성향임을 인지한다면, 이를 하루 빨리 치유할 수 있는 대책이 필요하다.

이러한 신경과민은 현대에는 흔히 스트레스라고 불리는데, 현대 심리학자들이 말하는 훌륭한 스트레스 대처방법은 차분하게 숙고하는 능력이다. 예를 들어, '내 차 앞으로 불쑥 끼어든 저 운전자는 정말 앞지르기를 한 것일까, 아니면 내가 너무 천천히 가고 있었던 것은 아닐까?' 하고 차분하게 생각해 보는 것이다. 또한 '복잡한 버스 안에서 사람들이 나를 밀어붙이는 게 너무 짜증나는데, 혹시 나 또한 그 사람들을 밀치고 있는 것은 아닐까?' 하고 깊이 생각해 보라.

그리고 아무짝에도 쓸모없는 분노가 느껴진다면 잠시 시간을 내어 자신의 느낌을 글로 써 보는 방법도 매우 효과적이다. 그 감정을 정당화하려고 애쓰지도 말고 수치심을 느낄 필요도 없다. 그저 자신이 경험한 감정에 대해 솔직해지면 된다. 자기감정을 표현하는 것이야말로 자신의 감정을 정화할 수 있는 첫걸음이 된다.

다섯째, 생각은 덜하고 행동은 더하라

자신의 우유부단함 때문에 괴로워하고 있다면 혹시 자신이 불행하다고 생각해서 우유부단함이라는 증상이 나타난 것은 아닌지 생각해 보라. 일찍이 한 철학자는 "보다 나은 인생철학과 정신 수양으로 걱정이라는 병을 예방할 수 있다."고 말했다. 또한 "지혜로운 사람이 자기 문제에 대해 생각하는 것은 고민에 어떤 목적이 있을 때뿐이다."라고 덧붙였다.

말인즉슨, 심각한 중병이 아닌가 의심스러운 상황에서 병에 대한 걱정을 아예 차단해 버리라는 뜻이 아니다. 새벽에 찾아온 통증에 초조해하면서 걱정하기보다는 실력 있는 의사를 찾아가야겠다고 고민하는 게 더 낫다는 뜻이다. 즉, 문제가 생기면 가능한 모든 정보를 수집해서 분석해 본 다음 결정을 내리고, 새로운 사실이 나타나지 않는 한 결정을 번복하지 말라는 것이다. 그다음으로 필요한 것은 생각 그만하기다.

영국의 전 수상 존 메이저는 결정을 내릴 사안이 생기면 종이 한 장을 반으로 접어서 한쪽에는 찬성을, 다른 한쪽에는 반대에 관한 내용을 적어 내려갔다고 한다. 우리 마음속에서 찬반을 다투는 문제가 있다면 이 방법을 사용해 보면 좋을 것이다.

여섯째, 자기 연민에 빠지지 마라

자기 연민에 빠지는 것도 불행의 한 요인이다. 자기 연민에 빠졌을 때 아주 좋은 치료약을 제시해 보면 다음과 같다. 첫 번째는 위선자가 되지 말아야 한다. 우리는 다른 사람들이 내게 살가운 애정과 깊은 존경을 보여 주기를 기대한다. 내가 나 자신에게 보내는 그런 존중 같은 것이다. 뒤에서 남 험담하기는 좋아하지만 정작 내 험담을 듣는 건 질색하는 것이 우리이다. 두 번째는 자신과 남을 평가하는 방식에 일관성을 가져야 한다. 친구들에게 단점이 있어도 우리는 그 친구를 좋아한다. 하지만 친구들 역시도 나의 단점에도 불구하고 나를 좋아하느냐 하는 데에 대해 확신을 가지지 못하는 사람들이 많다. 세 번째는 친구들이 고의로 그런 말이나 행동을 한 것이 아니라고 생각하라. 즉, 멀쩡한 친구를 음모가로 몰지 말고 다른 설명에 귀를 기울여 보는 것이다.

어떤 사람 때문에 견딜 수 없이 괴롭다면 그 문제의 중심부에 내가 있지 않다고 상상해 보라. 자신은 그저 어쩌다가 문제에 말려든 구경꾼일 뿐이라고 생각하면 훨씬 마음이 편하고 행복해질 것이다.

일곱째, 핑계를 대지 마라

스스로 불행하다고 느낀다면 제 손으로 불행을 제조하는 것이나 다름없다. 사람은 누구나 자신을 사건의 중심에 두기 마련이다. 그래서 외부 사건 역시 자연스럽게 자신과 연결을 시킨다. 하지만 머리만 좀 쓰면 그 불필요한 연결고리, 세상만사 모든 것과 내가 연관돼 보이지만 사실은 그렇지 않은 연결고리에서 호기롭게 벗어날 수 있다. 또 인과관계가 존재한다고 해도 그 연결고리는 우리가 상상하는 것만큼 견고하지 않을 때도 있다.

당신은 행복한 사람인가

세상은 나를 위해서 준비되어 있는 곳이 아니다. 때때로 우리가 원하는 것을 얻지 못할 때도 있기 마련이다. 이러한 세상에서 우리가 할 수 있는 것은 최대한 활용해야 하는 부분을 역량껏 써먹는 것이다. 그리고 일을 성공하지 못했을 때 다른 사람을 탓하지 않는 배짱을 갖추는 것이다. 우리는 종종 노력하지 않은 것에 대한 핑곗거리로 외부 사건의 예측 불가능성을 말하곤 한다. 하지만 성공도 실패도 궁극적으로는 자신의 책임이다. 늘 제2안을 세워 놓고 변명이나 핑계를 대지 않는 삶의 자세를 가져 보라.

여덟째, 타인의 취향을 존중하라

음식을 즐기는 방법 또한 행복의 척도가 되기도 한다. 앞서 우리는 음식을 먹는 방법에 따라 사람들을 다섯 가지로 분류한바 있다. 첫 번째는 모든 음식을 넌더리나는 것으로 대하는 사람, 둘째는 음식을 의무라고 여기면서 일종의 필요악으로 취급하는 사람이다. 세 번째는 미식가로, 음식을 두고 까탈을 부리는 이들에게 백퍼센트 흡족한 음식이란 없다. 네 번째는 식욕을 억제할 수 없는 폭식가이다. 다섯째는 기대감과 식욕을 갖춘 행복한 사람이다. 간단한 음식을 통해서도 기쁨을 찾고, 식욕은 있지만 배가 터질 만큼 먹어 대지는 않는 사람을 말한다. 이 다섯 번째 삶이야말로 풍미를 제대로 즐기는 삶이라고 말할 수 있다. 하지만 실생활에서는 많은 사람들이 무시하는 삶이기도 하다.

당신이 딸기를 좋아하는지 아닌지는 중요하지 않다. 딸기를 좋아한다면 먹고, 좋아하지 않는다면 먹지 않으면 된다. 대신 자신과 취향이 다른 사람을 비난하지 마라. 야구를 좋아하는지 아닌지, TV시청이 책 읽는 것보다 더 좋다고 생각하든지 아니면 더 나쁘다고 생각하든지…. 이런 개인의 선호도 차이가 도덕적 우위를 판가름하는 것은 아님을 명심해야 한다.

아홉째, 일상에서 벗어날 피난처를 만들어라

우리에게는 일상 속의 걱정거리에서 벗어날 피난처가 필요하다. 매일 걱정한다고 해서 그 근심들이 사라진다면 모르지만, 현실은 그렇지 않다. 만약 모든 에너지를 가족과 일, 돈에 모두 쏟아붓는다면 그중 어느 하나도 제대로 작동시키지 못할 것이다. 그것 말고 다른 것은 생각하지도 못하기 때문이다.

앞서 살펴보았듯이, 일단 일이 끝나면 다음 날 그 일이 다시 시작될 때까지 머릿속에 떠올리지 않는 사람은 틈날 때마다 일에 대한 걱정을 달고 사는 사람보다 훨씬 일을 더 잘할 확률이 높다. 그 이유는 다음과 같은 기능을 담당하기 때문이다. 첫 번째이자 가장 중요한 기능은 균형감각을 준다는 것이다. 두 번째

당신은 행복한 사람인가

는 위안을 주고, 세 번째는 시종일관 문제에 관해 걱정하는 것을 막아 준다. 일에 대한 강박은 더 열심히 일하게 할 수는 있지만, 일을 더 잘하게 만들어 주지는 않는다. 네 번째는 광신자가 되지 않게 해 준다. 무엇인가에 광신적으로 매달리는 것은 집중력을 높여 줄 수는 있지만 행복을 키워 주지는 못한다.

한 유명 가수는 '작고 구석진 방에서 작곡과 음악 활동에 전념하는 일'과 '산악자전거를 격렬하게 타는 일' 두 가지를 병행하면서 삶의 균형을 유지하고 있다고 한다. 일 때문에 머릿속이 아프다면 그 일과 전혀 다른 무언가를 택해 시도해 보라.

열째, 수동적인 태도를 벗어던져라

우리는 문제를 무력하게 받아들이기만 해서는 안 된다. 행복은 마침 알맞게 잘 익은 열매가 나무에서 떨어지듯 저절로 우리 입속으로 굴러들어오는 게 아니다. 넋 놓고 집에 앉아 누군가가 나를 행복하게 해 주길 기다린다면, 기약 없이 시간만 흘려보낼 것이다. 영원히 기다리기만 할 것인가? 행복은 제 발로 뚜벅뚜벅 걸어 들어오는 녀석이 아니다.

우리는 툭하면 아내나 남편, 직장 상사나 동료, 친구에 대한 불평을 늘어놓는다. 우리가 원하는 걸 그들이 주지 않기 때문이다. 나한테 관심을 좀 더 가져 줬으면 좋겠고, 책임감을 보여 줬

으면 좋겠고, 잘 도와 줬으면 좋겠는데 그렇게 하지 않는다는
것이다. 여기서 우리가 취할 해결책은 수동성을 벗어던지는 것
이다. 자신이 원하는 것을 직접 그들에게 말해 주고, 그 의견을
받아들일지 말지를 그들이 선택하게 하라. 견딜 수 없었던 상황
에 어쩌면 빛나는 변화가 찾아올지도 모른다.

당신은 행복한 사람인가